教職教養講座 第1巻
教職教育論

京都大学白眉センター特任教授　　高見 茂
京都大学名誉教授　　　　　　　　田中 耕治　編著
京都大学大学院教育学研究科教授　矢野 智司

高見 茂・田中 耕治・矢野 智司・稲垣 恭子　監修

協同出版

刊行の趣旨

『新・教職教養シリーズ』が、和田修二先生、柴野昌山先生、高木英明先生の監修で刊行されて以来、早や4半世紀が経とうとしています。まだ駆け出しの研究者であった私達は、先生方のご指導の下、シリーズ刊行のお手伝いをさせて頂いたことを昨日の如く鮮明に記憶しています。

この間わが国の教育は、国際環境の変化、国内の経済・産業構造や人口動態の変化、児童・生徒の興味・関心や父母の教育要求の多様化等、従来には見られなかったダイナミックな変化に晒され、同時多面的な対応を迫られて参りました。こうした実情に対応すべく、教育行政、学校教育、教育課程、教員養成等の改革・改善を志向する教育政策が矢継ぎ早に打ち出されました。

何れの時代においても、教育界の基幹的任務は人間の育成であります。取り分け変化が激しく先行きの見通しが不透明な今日、変化を的確に捉え時代の要請に柔軟に応答できる人間の育成が求められています。そのためには、現職の教員もまた生涯学び続ける能力の獲得が重要となると考えられます。同じ基準の下、国民全般にわたって広く人間の育成を担うのは、学校教育現場の教員であり、教員自身の資質・能力の向上が今ほど求められている時代はありません。最先端の知見を吸収し、日常の教育指導実践に活かせることが大切です。

今回刊行される『教職教養講座』全15巻は、『新・教職教養シリーズ』の継嗣に当たるもので、京都大学大学院教育学研究科・教育学部の現職スタッフが中心となり、教職課程の教科書として編まれたものです。編集方針としては、京都帝国大学文科大学の「教育学教授法講座」以来の伝統を受け継ぎ、人間・心・社会と教育の関係を軸に、教職に関わる最先端の研究成果と教職の在り方を全国に発信・提案することをねらいとしています。本講座が読者の知的好奇心を満たし、今後の糧となり道標になることを祈って止みません。

京都大学白眉センター特任教授　　高見　茂

京都大学名誉教授　　田中　耕治

京都大学大学院教育学研究科教授　　矢野　智司

京都大学大学院教育学研究科長・教授　　稲垣　恭子

まえがき

　人類の歴史を紐解くと、教育という営為は本源的には家族機能の一部として位置づけられるものであった。部族の長老による生存のための技―狩猟、農耕等の手法、武器、器具、生活必需品の製作技法等の伝授はその典型である。その過程のコア部分には、「伝授者」と「被伝授者」、すなわち「教育者」と「被教育者」の間の教育・学習という相互作用（＝「教育の素型」）が成立していた。このことは、時間と空間を超えて、教育機能が家族機能の中に包摂されていた時代から、人類社会の発展に伴い教育機能が家族外の社会的機能集団に専門的に担われるようになっても、不易のものであった。

　近代国家成立以降、教育の社会的影響力が無視できないほど大きくなったり、国家社会の盛衰をも左右するとの認識が普及するにつれ、公権力は教育サービスの供給を自らの統治機能の一環として認識する。そして教育制度の整備を進め、当然教員養成・研修等の教職教育も重要な政策課題となる。

　本巻は、児童・生徒・親の関心が多様化する現代社会において、教職を目指す学生、教職教育に取り組んでおられる教員養成課程担当者や教育行政機関の教員研修担当者、学校教育現場の初任者研修担当者等に、教職教育を巡る最先端の多元的な知見を分かり易く提示することをねらいとしている。

　第1章では、歴史的観点から教職の系譜を探索しようとするもので、教職の確立は人類史を革新するほどの画期的出来事であること等を丁寧に論証している。第2章では、現行の法的枠組みにおける教職の位置づけについて、職種、資格・免許、職務、任用、服務、分限・懲戒、研修、評価に焦点を当てて解説する。第3章では、2000年代の日本人の意識の変化を踏まえ、この期の教育改革を社会学的組織論の観点から検討し、様々なデータに基づき教職の魅力について考察する。第4章では、教師・生徒関係と教師文化について、教育環境を取り巻く環境の変化による変容を検討し、「教師・生徒関係のツール化とロマン化」という新しい視座が提起される。

　続く第5章、第6章では、主に教師の力量、資質の能力に関わる内容が取り扱われる。第5章では、教師に求められる力量の内実として、「不確実性に対処す

る実践的知恵」に注目し、実践的知恵（タクト）を「わざ」にまで鍛え上げる大切さを説く。また第6章では、教職に求められる必須の具体的力量として「カリキュラムづくり」と「授業づくり」に焦点を当てて考察している。

　さらに第7章と第8章では、教育対象である児童・生徒の脳神経系ネットワークや心の発達が重点的に取り扱われる。第7章では、ヒト特有の脳神経系ネットワークの発達を踏まえて成長発達を支援することが大切であり、何よりも「エビデンス・ベースト」の発達支援の重要性を説いている。第8章では、教育現場における心へのアプローチの歴史的経緯の確認と学校への定着を確認した上で、スクールカウンセラーと教師の役割分担と連携について考察を深める。

　第9章では、近年その重要性が注目され教育基本法にも規定された家庭・地域の連携、親の学校参加、コミュニティ・スクールを取り上げ、教師に期待される役割と課題を丁寧に検討している。そして第10章では、教師の熟達化と生涯発達を取り上げ、新機軸である「チーム学校」についても言及する。第11章では、歴史的観点からわが国における教師教育の改革について検討し、専門性に関わる議論や教師教育のカリキュラム改革を考察している。

　第12章では、大学における教師教育を取り上げ、教員養成全般の制度と政策を踏まえ、京都大学の教職課程の取り組み、特に現場とのユニークな交流事業であるE.FORUMの取り組みの紹介がある。第13章では、諸外国の教員養成・教師制度を取り上げ、わが国の制度との比較を試みている。

　本巻は、教職教養講座の第1巻として編まれたものであり、シリーズのキーストーンとして位置づけられるものである。教育は極めて労働集約的営為であり、本源的な「教育の素型」の質は教育者の側の資質・能力に優れて規定されると言える。ゆえに教員養成・研修といった教職教育の重要性が指摘されるのである。本巻は、以上に鑑み、多元的に教職教育を取り扱い、今日的なトピックスについてもできる限り取り上げた。さらに学習を深めたい読者は、各章末に推薦図書が掲げられているので参照されたい。

　最後に、出版事情の極めて厳しい状況の中、本シリーズを企画・立案して下さった協同出版株式会社の小貫輝雄社長と、編集・出版でご尽力頂いた同社の諏訪内敬司編集顧問に、この場をお借りして心から御礼を申し上げたい。

　2017年11月

編著者　高見　茂・田中耕治・矢野智司

教職教養講座　第1巻　教職教育論
目　次

まえがき・1

第Ⅰ部　教職の意義と役割

第1章　先生の系譜学——人類史のなかで先生について考える——
……………………………………………………………………9
第1節　人類史のなかの先生という謎・9
第2節　人類史を革新する先生の出現・10
第3節　「国民教育の先生」と「子どもの先生」・15
第4節　学校の教師の背後に先生をみる・21

第2章　教職の法的規定 ………………………………… 29
はじめに・29
第1節　教職員の職種・30
第2節　教職員の資格および免許・31
第3節　教職員の職務・35
第4節　教職員の任用・37
第5節　教職員の服務・38
第6節　教職員の分限・懲戒・39
第7節　教職員の研修・40
第8節　教職員の評価・43

第3章　ゼロ年代の社会変化と教師の仕事 ………………… 47
はじめに・47
第1節　ゼロ年代の社会意識と教育改革・48
第2節　日本の教育の「逆説」・54
第3節　制度派社会学からみた教育組織・56
第4節　改革を改革する・62
第5節　あいまいさの魅力・68

第4章　教師・生徒関係と教師文化 …………………………………… 71
第1節　教師・生徒関係をどう見るか・71
第2節　近代的組織としての学校・75
第3節　学校の揺らぎと教師文化・78
第4節　市場化のなかの学校と教師・81
第5節　教師・生徒関係の変容と現在・85

第Ⅱ部　教師に求められる力量

第5章　教師の力量の基底 ……………………………………………… 93
第1節　教師に求められる力量とは・93
第2節　専門的知識と技倆・100
第3節　人類学的思考を手がかりにした力量形成・106

第6章　教職に求められる資質・能力 ………………………………111
第1節　カリキュラムづくりに求められる教師の資質・能力・111
第2節　授業づくりに求められる教師の資質・能力・118

第7章　発達支援と教師の仕事 ………………………………………127
第1節　ヒト特有の心的機能と発達・127
第2節　他人の心を理解するための神経系ネットワーク・129
第3節　学齢期〜思春期／青年期の脳と心の発達・135
第4節　「エビデンス・ベースト」の発達支援・142

第8章　心理臨床と教師の仕事 ………………………………………147
はじめに・147
第1節　歴史的経緯・148
第2節　スクールカウンセラーに対する評価と課題・151
第3節　教員とスクールカウンセラーとの連携・154
おわりに・160

第9章　家庭・地域との連携と教師の仕事 ………………………163
はじめに・163

第1節　家庭・地域と学校をめぐる関係構図と課題・166

第2節　成人学習者としての保護者の学びと学校参加・170

第3節　スクール・コミュニティを展望する地域住民の学校参加と学び・179

第4節　教師に期待される役割と課題、示唆・183

おわりに・185

第10章　教師の熟達化と生涯発達 ………………………………189

第1節　熟達化と生涯発達・189

第2節　熟達教師とは・191

第3節　教師の自己成長力・193

第4節　若手教師の育成・194

第5節　教師のライフサイクル・197

第6節　「チーム学校」の中の教師・200

おわりに・202

第Ⅲ部　教師教育改革の展開

第11章　現代日本における教師教育改革の展開 ………………207

はじめに・207

第1節　日本における教師像の史的展開・208

第2節　教職の専門性をめぐる議論の構図・213

第3節　現代日本の教師教育改革をめぐる課題・216

第4節　教師教育のカリキュラム改革をどう構想するか・221

第12章　大学における教師教育 …………………………………229

はじめに・229

第1節　教員養成の制度と政策・230

第2節　京都大学教職課程の取り組み・236

第3節　教員研修の制度と政策・243

第4節　E.FORUM の取り組み・246

おわりに・248

第13章　諸外国の教員養成・教師教育制度 ……………………………253
　　第1節　教員養成の機関とレベル・253
　　第2節　教員免許制度と教職課程・257
　　第3節　教育実習・259
　　第4節　教員の任用と教員評価・262
　　第5節　勤務環境・給与・265

索引・272

第Ⅰ部

教職の意義と役割

第1章

先生の系譜学
──人類史のなかで先生について考える──

◤ 第1節　人類史のなかの先生という謎 ◢

　あなたは学校の教師についてすでによく知っている。児童として、生徒として、学生として、これまでの人生の大半ともいうべき12年以上もの長きにわたって、毎日のように教師と向かいあってきたのだから。「教師」という仕事は、親の仕事を除くと、もっともよく知っている職業であるはずだ。しかし、あらためて「先生」とは何者かについて考えはじめると、先生という存在はそれほど自明でないことがわかる。教師は職業だが、先生は職業ではない。「教える－学ぶ」という出来事が生起したとき、人は先生と出会い、人は先生となる。本章では、先生という存在を人類史のスパンで見直すことで、先生とはいったい何者なのかを探究し、よく知っていると思っていた「教師」と「教育」について、自身の限定された経験をこえて、広くそして深く考え直すための手がかりを見いだしてみよう。

　先生とは何者だろうか。この問いに答えるために、まず人類史における最初の「哲学者」が同時に「先生」であったことを思いだす必要がある。この最初の哲学者とは古代ギリシャのソクラテス（Σωκράτης）のことである。ソクラテス以前にもピタゴラスやヘラクレイトスやパルメニデスのように、優れた思

9

第Ⅰ部　教職の意義と役割

想家や学者は数多くいたが、「善とは何か」「勇気とは何か」「徳は教えられるか」といった人間の課題について考えを深め、人々と対話し、議論を吟味したのはソクラテスが最初であり、哲学の歴史はソクラテスからはじまるといわれる。

　私たちにとって重要なことは、この最初の哲学者がなにより先生であったことである。もちろんこの時期には、すでに職業的教師であるソフィストたちがいた。彼らはポリスを遍歴し有益な知識や弁論の技術を貨幣と交換していた。「ソフィストとは、（中略）魂の糧食となるものを、商品として卸売りしたり、小売りしたりする者なのではないだろうか」[1] と、ソクラテスはソフィストを批判している。学校の教師の系譜ということで言えば、ソフィストの方が正統な先祖だと言えなくもない。しかし、このソクラテスこそが「人類の先生」として人類史において決定的な意味をもつ「先生」であった。ソクラテスはソフィストたちとは異なり、何ら見返りを求めることなく、アテネの街の広場に立って道行く青年をつかまえては、よく生きることの根幹にかかわる人間の問題について、問いを贈り続けた。この贈与者としての性格にこそ、ソクラテスの先生としての特質をみるべきだと考える。節をあらためて詳しく述べよう。

▶ 第2節　人類史を革新する先生の出現 ◀

第1項　問いを贈る先生

　問うことあるいは問われることは教育の出発点だ。教える者が問う場合もあれば、反対に学ぶ者が問う場合もあるが、いずれにしても優れた問いは、さまざまな事象群のなかからある特定の事象を取りだし焦点化し際立たせることで、その事象と連関していた他の事象との新たな関連の発見へと導き、布置の在り方を変更させる。そして、既知の世界を、日常化した価値観や関心を、決まり切った前提や慣習化した立場を揺さぶり、世界の見方を更新する。問いの問い方は、それ自体が答え方を方向づけるため、問いはその問い方において、すでに応えようとする者の思考の質を規定してしまうところがある。

第1章　先生の系譜学──人類史のなかで先生について考える

　たとえば、「教育は何の役に立つのか」と問われれば、私たちは「役に立つ」ことを前提として教育について考えはじめるだろう。そのとき、「役に立つ」こと以外の教育の諸事象は思考の背景に退くことになる。それにたいして、「なぜ教育は役に立たなければいけないのか」と問われれば、問いの前提自体が問い直されることになるだろう。そして、この新たな問いにたいして答えようとすると、最初の問いにたいして答える場合とは、答える立場が異なるだけでなく、「役に立つ」と「役に立たない」の差異を対象化するのみならず、「この教育についての問いはどのような問いなのか（問いへのメタ的問い）」といったように、教育にかかわる複数の次元を横断することを思考に課することになるだろう。教育がなぜ「役に立つのか（有用性）」という観点で問われるのかが、問いとして問い返されるのだ。

　ソクラテスは「善とは何か」と問うた。今日でこそありふれた問い方とも言えようが、「本当は何か」と問われるとき、探究はとどまるところがなく、古代アテネの市民には驚きの問いである。この問いは市民の生き方に直結した中心課題であるため、問いに答えることをないがしろにすることはできない。しかも、対話者が問いに答えても、その答えはソクラテスによって厳しく吟味され、問い直され、対話者の反省は思いもよらなかったところにまで深められることになる。極限に到るまでの論理の徹底によって、対話者はにっちもさっちもいかないアポリアに追い込まれる。また対話に時折織り込まれる多義性をもった比喩に富んだ物語や神話は魂を揺さぶる。そして、当初のナイーブな答えが予想もしなかった背理を含んでいることに気づかされるのだ。しかも問いを発したソクラテスは、問いへの正しい答えを与えてはくれない。『メノン』では、ソクラテスとメノンが「徳は教えられうるか」をめぐって対話する。対話のなかで、メノンはソクラテスによって困難に直面させられてしまい、あなたはシビレエイのような人だ、「心も口も文字どおりしびれてしまって、何をあなたに答えてよいのやら、さっぱりわからないのですから」と言うと、ソクラテスは次のように答える。

　そのシビレエイが、自分自身がしびれているからこそ、他人もしびれさせるとい

11

第Ⅰ部　教職の意義と役割

うものなら、いかにもぼくはシビレエイに似ているだろう。だがもしそうでなければ、似ていないことになる。なぜならぼくは、自分では困難からの抜け道を知っていながら、他人を行きづまらせるというのではないからだ。道を見うしなっているのは、まず誰よりもぼく自身であり、そのためにひいては、他人をも困難に行きづまらせる結果となるのだ。いまの場合も例外ではない。徳とは何であるかということは、ぼくにはわからないのだ。君のほうは、おそらくぼくに触れる前までは知っていたのだろう。いまは知らない人と同じような状態になっているけれどもね。だがそれでもなおぼくは、徳とはそもそも何であるかということを、君といっしょに考察し、探求するつもりだ⁽²⁾。

　重要なことは、ソクラテスは正しい知識を与えるために問うているのではなく、対話者自身の自覚が自身の反省によって深まるために問うているということである。最初にいだいていた答えの自明性や確実性はもろくも崩れ、同時に理由なき確信によって支えられていた自己の同一性もまた危うくなる。対話者はポリスへの無自覚な内続性を断たれ、「個人」として生まれかわることで、共同体の互酬的な交換を基調とした道徳の外に拡がる倫理の課題に立ち向かうことが促される。だからこのような問答法は「産婆術」と呼ばれることになる。

第2項　自らを贈る先生

　先生としてのソクラテスは、ソフィストのように貨幣との交換によって有益な知識や技能を伝授する教師ではなかった。彼は職業教師としてではなく、見返りを求めず無償で問いを贈る者、純粋贈与者として対話者と向かいあった。しかも、この先生は死に際しては、哲学者はどのように死ぬべきかまで、供犠として自らを差しだし、弟子たちに身をもって示したのだった。ソクラテスは、青年たちを腐敗させ、かつポリスの信ずる神々を信ぜず別の新しい神霊を信じている、という罪で告発された。たしかにソクラテスのアポリアへと追い込む問答や多様な解釈を喚起させる比喩は、青年のポリスへのナイーブな絆を破綻させ、共同体に閉ざされた思考の制限を突破した生へと向かわせるため、

第1章　先生の系譜学——人類史のなかで先生について考える

アテネ共同体にとっては危険な企てにほかならなかった。ソクラテス自身も、自分がアテネ市民の目覚めにとって不可欠な使命をもった人間であること、それゆえに危険な試みをなす人間であることを、自覚していた。『ソクラテスの弁明』でソクラテスは次のように弁明している。

　思うに諸君にしてもし私を死刑に処したならば、他に再び私のような人間を見出すことは容易ではあるまい。その人間というのは、少し滑稽に響くかも知れぬが、まさしく神から市にくっつけられた者である、そうしてその市は、例えば巨大にして気品ある軍馬で、しかも巨大なるが故に少しく運動に鈍く、これを覚醒するには何か刺す者を必要とするものなのである。で、思うに、神が私を本市にくっつけたのはこの為であろう、またそれだからこそ私は、終日、到る所で、諸君に付き纏って諸君を覚醒させ、説得し、非難することを決してやめないのである⁽³⁾。

　虻のように「刺す者」としてのソクラテスの問答は、博識を誇るためのパフォーマンスでもなければ、討論に勝利するための弁論術の訓練でもない。対話者の「覚醒」とつながるものなのだが、覚醒は覚醒する者自身による根本的立場の全面的な変革によるものだから、容易なことではない。真剣に問答に対面した者には、禅の修行者がそうであるように、大きな苦痛がともなうのだ。そして覚醒へと到らなかった者にとっては、問答で圧倒され混乱させられた負の記憶が敗北感や恥辱や憎悪となって、人類史上もっとも強力な先生であったソクラテスの告発へとつながる。

　裁判によって死刑を宣告されたソクラテスは、逃亡の機会があったにもかかわらず、死に対してどのように向かいあうべきかを弟子に伝え、法にしたがい自ら毒杯をあおって死ぬ。この弟子たちへの最後にして最大の贈与というべき死のレッスンは、ブッダやイエスの最期の死のレッスンがそうであったように、弟子たちに深い感銘を与え、さらにその後を生きる勇気を与えることになった。そうして、先生の遺志を受け継ぎ教えを伝承する弟子がここに誕生する。この弟子たちは先生の言行を記録しようとする（ブッダ・孔子・イエス……「人類の先生」たちは自らは本を書かない）。

13

第Ⅰ部　教職の意義と役割

　そして弟子たちは先生の言行を振り返りながら、「先生はなぜ死んだのか」と自問する。この問いそして最期の死の教訓は残された弟子たちにとって逃れがたい最大の謎となる。そして自らの命を賭けた先生からの贈与は、使命感（あるいは返済不能な負債感）となって弟子を捉えるだけでなく、弟子たちのなかには自ら贈与する「先生」へと転回する者も現れる。先生の死とそれにつづく弟子の再生、そして「先生」への生成変容が起こる。このようにして贈与者の死（命の贈与＝供犠）が新たな贈与者の誕生をもたらすのだ。ソクラテスの弟子のプラトン、その弟子のアリストテレス、その弟子の弟子の……ストア派の哲学者たち、このようにして先生であるソクラテスから惜しみなく贈与された「哲学をすること」の勇気が、今日まで伝達される。

　「人類の先生」はソクラテスだけではない。ブッダや孔子やイエスらもまた「人類の先生」と呼ぶことができる。ブッダやジャイナ教の開祖マハヴィーラあるいは老子や孔子が生まれたのは、紀元前6世紀頃で、ほとんど同時代に生まれた。彼らの思想に共通する特徴の一つは、彼らがそれまでの宗教の特質であった魔術を信じなかったことである[4]。魔術とは交換をもとにしており、供物や犠牲を神々に捧げることで、豊漁や豊作といった願いを叶えようとした。彼らの思想の特徴は、それまでの互酬的な交換を基調とした共同体の道徳のように、仲間のうちに閉じてはおらず、仲間ではない他者に向けての倫理を語っているところにある。贈与は無条件になされるのである。その意味において、彼らはすべからく共同体の外に一度開かれた人たちであり、共同体の外から贈与者となって共同体に再び戻ってきた人たちである。戻ってくるということにおいて、彼らはどこまでも「贈与する先生」であったことを示している。

　ここまで読んできて、あなたは、道徳や公民を教える教師には関係あるかもしれないが、これから数学（物理・化学・生物・地学……）の教師になろうとしている自分と、このソクラテスの話といったいどのようにつながっているのか、と訝しげに思うかもしれない。しかし、教師という仕事はこの贈与する先生と無関係ではないのだ。それはどうしてなのか、先へ進もう。

第3節 「国民教育の先生」と「子どもの先生」

第1項 戦争の後に現れた「国民教育の先生」

　ブッダ、孔子、ソクラテス、イエス、……「人類の先生」たちは、古代・中世において教師たちの模範となった。世俗化が進む以前においては、最初の「先生」に倣い、先生の言行を弟子たちが記録した書籍が「聖典」(仏典・論語・対話編・福音書) として位置づけられ、その聖典によって先生の教えを広めることが教師たちの務めとなった。そして、その教えが変質したり、堕落したり、あるいは衰退したりしたときには、改革者や革新者が現れ、「先生の教えに還れ！」という呼びかけがなされ、その最初の先生の生きた精神を取りもどそうとした。そうした人々も教師から贈与的先生へと転回したものたちである。世俗世界から遠く離れた場所に建てられた学園や修道院や寺院は、聖典をすべて暗唱し、正確に書き写し、綿密に読解し、先生の教えを守り、次の世代に伝達する教育機関として、その役目を果たしてきた。

　しかし、近代になり世俗化が進むなかで、新たな役割を担う二つの異なるタイプの先生が登場する。その先生たちは、フランス革命につづくナポレオン戦争時に同時に登場した。近代の指標はいろいろとあげることができるが、そのなかでも大きな指標の一つは「国民国家」の誕生である。国民国家では、国家の主権は皇帝や王ではなく国民が担うものとされた。国民主権はさまざまな権利とともに義務を国民に課すようになった。フランス革命時にそうであったように、国家の独立と主権を守ることは国民の義務となり、それまでの傭兵が中心となる軍ではなく、徴兵制に基づいた国民軍が生まれる。それと同時に、主権者である主体としての国民を形成する国民教育のための学校制度も生まれる。明治期の日本でもそうだが、近代国家の建設のためには、国民軍の軍隊制度と国民教育の学校制度とを共に必要とするのである。

　こうした国民教育の誕生とつながる最初の先生の一人にフィヒテ (Johann Gottlieb Fichte) がいる。フィヒテはカントの啓蒙主義的哲学の批判的後継者、

第Ⅰ部　教職の意義と役割

ドイツ観念論の哲学者として知られているが、「先生」としてのフィヒテは、プロシアがナポレオン軍に敗北したところに登場する。1806年にプロシアはナポレオンとの戦いに敗れ、国土はフランス軍によって占領された。国民軍としてのフランス軍による占領は、ヨーロッパ各地で民衆に民族精神・国家意識を目覚めさせることになり、その後のヨーロッパでの国民国家成立の重要な契機となったが、このことはドイツもまた例外ではない。1807年から翌年にかけて、占領下のベルリンにおいて、フィヒテは民衆に向けてドイツ国民（民族）としての目覚めを訴え、さらにそのための国民教育の必要性を論じる、連続講演会を決行する。当時はフランス軍による厳しい思想検閲があり、そのために処刑される者もいて、このフィヒテの連続講演は命がけの行為であった。そのこともあり、この連続講演はドイツの聴衆とりわけ青年に深い感銘を与えることになった。フィヒテは次のように語っている。

　　……こうした教育が行われれば、われわれがはじめにかかげ、われわれのこの講演の動機ともなっている目的は、疑いもなく、達成されるでありましょう。真の祖国愛を身につけるのも、地上の生命［生活］を永遠の生命として、またこの永遠の生命のにない手としての祖国として、理解させてくれるのも、かの、［われわれの新しい教育によってつくり上げられる］精神でありますが、この精神がドイツ人のなかに確立されるとき、そこから、ドイツ人の祖国愛が、祖国にとって絶対に欠くことのできない要素の一つとして、生じてくるのであります (5)。

　この短い引用からだけでも、国民教育がフィヒテにとってどれほど切実な課題として考えられていたかを、理解することができるだろう。この連続講演は後に『ドイツ国民（民族）に告ぐ』（1808年）というタイトルで出版され、以降、国民教育の聖典というべきテクストとして位置づけられることになる。この引用ではフィヒテは祖国愛と国民教育を唱えるナショナリストと解されるかもしれないが、しかし、ここで見落としてならないのは、フィヒテがこの引用のすぐ後で、この教育によって国民の形成のみならず、人間全体（人類）があらゆる面から完成されると言っている点である。フィヒテにおいては、国民形

16

第1章　先生の系譜学——人類史のなかで先生について考える

成は人間形成へとつながるプロジェクトなのである。

　当時のドイツは、まだ統一された国民国家としての形をとってはおらず、王国・大公国・公国・侯国といった多数の小国と自由都市とに分裂していた。「国語」「歴史」「神話」「民話」は、国民（民族）というアイデンティティを形成するために不可欠なものであった。フィヒテは国民（民族）を祖先と結びつけて論じ、いまは死者となった祖先の声に祖国愛を語らせることで、ドイツ国民（民族）の再生と新たな国民教育の必要性とを論じる。国民国家は、フィヒテにかぎらず、建国の父、革命の犠牲者、維新の士、独立の尊い犠牲者……と、国家の誕生や防衛にかかわった者を「贈与者」として讃え、その贈与者・犠牲者への負い目や負債感をもとに「想像の共同体」を構築し維持していく。死者となった祖先の声を呼びだし、「共通」の「言語」と「神話」「歴史」「文化」とに生きている運命共同体の一員と想像させることによって、見ず知らずの人々との間に「同じ民族」「同胞」という擬制的な絆を生みだしていくのである。フィヒテはこのような国民形成論の先駆者と言える。

　さらにフィヒテは、文化的優位をもっていた当時の国際語であるフランス語を暗に否定しつつ、ドイツ語こそが古代ギリシャ語と同じ純粋な言語としてどれほど優れているかについて語ったりすることで、民族の誇りを高め結束を呼びかける。啓蒙主義者のカントが個人と人類との間で考えていたのにたいして、ロマン主義の思想家フィヒテは、その個人と人類の間に国家（民族）を入れて考えている。このように『ドイツ国民（民族）に告ぐ』は、当時の時代状況の課題として国民という在り方に焦点が当たったテクストであるが、しかし、他方でたんなる国家主義的・自国中心主義的な思想にとどまらず、国民として人類に貢献しようというのであり、世界市民へのつながりが強く維持されてもいる。その意味で両義性をもったテクストと言える。

　このテクストは、戦時やあるいは敗北に接したときの教育者の聖典ともなっていく。ドイツでは、第一次世界大戦においてこの本を前線の兵士たちにもたせて国民意識を鼓舞した。当時の日本の文部省は、戦時における総動員体制の研究関心から、このテクストの意義に着目し日本語に翻訳させたが、たちまち複数の日本語訳が出版されることになった。そして第二次世界大戦の戦時下に

おいては、民族意識や祖国愛を高揚させる最適なテクストとして教育学者によって繰り返し言及された。驚くべきことに、戦後は評価の規準が一転して、フィヒテの思想はナチズムによって曲解されたが、本当は狭隘な民族主義などではなくヒューマニズムの思想であるとし、敗戦から立ち上がり民族・国家を再建する教育思想として、戦後の新しい社会建設のための聖典として読まれることになった。

　フィヒテのこのテクストにたいする評価は、両義性をもった政治思想への評価がそうであるように今日でも分裂しているが、今日の学校教育制度が、国民国家によって作られたことを考えると、「国民教育の先生」であるフィヒテは、後の学校教育の教師たちのまぎれもない祖先の一人ということができる。

第2項　子どもに寄り添い援助する「贈与的先生」の出現

　戦争の後に別のタイプの革新的な「先生」が登場する。その先生とはスイスの教育者・社会改革者ペスタロッチ（Johann Heinrich Pestalozzi）である。ペスタロッチは共和制、フランス革命をそしてナポレオンを支持した。ナポレオン戦争は、生活基盤である共同体を破壊し、多くの戦争孤児たちを生みだした。それまでにも戦争孤児は存在してきたのだが、孤児に関心を向け、社会問題としてではなく、教育の問題として孤児たちと向かいあったのは、ペスタロッチが最初であった。

　ペスタロッチ以前にも、ルソー（Jean-Jacques Rousseau）の『エミール』（1762年）のように、大人とは異なる在り方としての「子ども」という存在を、教育との関係で捉えようとする思想は存在していた。それは教育を必要とし大人とは異なる固有の特性を持つ者としての「子ども（期）の発見」であり、教育思想史において画期的なことであった。今日の私たちからみれば不思議に思うかもしれないが、当時まで「子ども（期）」という在り方は、ライフサイクルのなかで特別な時期として捉えられてはおらず、子どもは言わば「小さな大人」とみなされていた。多くの場合において、子どもは早い時期から大人と同じ労働に従事しており、特別な配慮を必要とする存在とはみなされなかった。子どもらしい服も、子どものための文学も、子どもを対象とする法もなかっ

第1章　先生の系譜学——人類史のなかで先生について考える

た。今日のような子ども観は、家族形態の変化とそれにともなう感情の変化
や、学校制度の拡充と結びついており、この時代にようやく大人とは異なる存
在として子どもは独自の価値を持つようになりはじめていた。ルソーはその子
どもという固有の在り方を教育の思想として表現した。

　しかし、ルソー自身は革新的な教育思想家ではあったが、教育者ではなかっ
た。ペスタロッチは、「子ども」という存在と実際に向かいあい、子どもを教
育するなかで人間について考え、人間への省察から教育を問い直し考察を深め
実践した先生である。ペスタロッチは1798年にスイスのシュタンツに戦争孤
児のための教育施設を設立する。孤児たちとどのように向かいあったのか。
『シュタンツ便り』（1799年）から引いておこう。

　　　いやしくもよい人間教育というものは、日々刻々、子どもの心の状態のどんな些
　　　細な変化でも、その眼や口や額から読みとる母親の眼を必要といたします。／よ
　　　い人間教育は、教育者の力が、純粋な、そして家庭環境のすみずみまで行きわたっ
　　　ていることによって家庭全体に活気を与えている、父親の力であることを、本質
　　　的に必要としています。／こういうよい人間教育という基礎のうえに私は仕事を
　　　始めました。つまり、私の心情は子どもたちに捧げられているということ、かれ
　　　らの喜びは私の喜びであるということ、そういうことを私の子どもたちは、朝早
　　　くから夜遅くまで、絶えず私の額から読みとり、私の唇から感じるというようで
　　　なくてはなりませんでした。（中略）私はかれらと共に泣き、かれらと共に笑いま
　　　した⁽⁶⁾。

　ペスタロッチは、子どもに人間として尊厳を認め、子どもの自発的で主体的
な活動を重視した生活主義の教育の可能性を開いていった。ペスタロッチは子
どもたちと寝食を共にし、生活を共にした。教育学が長きにわたりペスタロッ
チの業績を高く評価し、折に触れてその思想と実践に立ち返り、研究し続けて
きたのには理由がある。ペスタロッチの思想と教育的実践において、青年では
なく子どもにたいして、古代の最初の先生たちの贈与的な愛と、近代の認識理
論に立脚した教育方法とを結合した教育を実現したからである。ペスタロッチ
のテクストには、「教育」という事象を考えるためのさまざまな手がかりが含

まれている。ペスタロッチは、その意味で、単純に国民教育には回収することのできない、制度的な施設や学校では実現できなかった教育の新たな次元を具体的に提示し、「子どもの困難に寄り添い援助する先生」の新たなモデルを示してみせた。

キリスト教への信仰とヒューマニズムに裏打ちされた教育思想、そして直観教授という子どもの生活と結びついた斬新な教育方法、ペスタロッチの教育思想と実践は、フレーベルがその影響を受けて「幼稚園」を創設するように、多くの教育関係者に強いインパクトを与えた。そして、ペスタロッチの精神は、「子どもに教育（生活）を与えること」を教えとして、広く伝達されていった。先に論じたフィヒテもまたその影響を受けた者の一人である。フィヒテはペスタロッチと知り合い、『ドイツ国民に告ぐ』のなかでも、ペスタロッチに全面的に依拠しているわけではないが、自らの国民教育論がペスタロッチの思想と実践の成果と結びついていることを明らかにしている。

そして、この教育改革者の精神は、同時代のドイツにとどまらず、「教育改革運動」として国境をこえ、暴力によってではなく教育によって世界の革新を実現するという情熱的な希望とともに、世界中に広まっていった。ペスタロッチの死後も、教育による社会改革や世界革新を唱えるときには、あるいはよるべない子どもに向かいあうときには、「ペスタロッチに還れ！」という呼びかけがなされてきたのである。戦争が起き戦争孤児が生まれるたびに、教育関係者は「ペスタロッチ」の名前を思いだすことになった。

第二次世界大戦は、日本でも多くの戦争孤児を生みだしたが、文部省は戦後の教育方針を立てることができないでいた。現場の教師たちは、どのように教育を進めればよいかわからず現場は混乱していた。文部省は1946（昭和21）年から47年にかけて、「新教育指針」と題するパンフレット５分冊を全国の教師と師範学校生徒に配布した。「第６章　結論——平和的文化的国家の建設と教育者の使命」の最後の箇所に、ペスタロッチの名が登場する。「フランス革命のあらしがかれの祖国スイスにも荒れくるつて、親を失ひ家を焼かれたみなし児・貧児たちは、たよる力もなくちまたをさまよつてゐた。青年時代から革命運動に深い関心をいだいてゐたペスタロッチは、結局その一生がいの力をそ

第1章　先生の系譜学——人類史のなかで先生について考える

れらあはれな子供たちの教育にそそいだのである。『こじきを人間らしく育てるために自分はこじきのやうに生活した。』といふのがかれ自身の告白である。今日の日本の教育者にこじきの生活をせよといふのではないが、生活のなやみの中にも高い理想を仰ぎ、貴いつとめによつて自ら慰めたこのペスタロッチの精神こそは、永遠に教育者の力であり光でなければならない」[7]。「ペスタロッチ」という名が、当時の教育関係者の間でどのような意味をもっていたかが理解できる文章である。

◤ 第4節　学校の教師の背後に先生をみる ◢

第1項　日本の学校のなかの先生

これまで述べてきた先生たちは、いま・ここから時間と空間が遠く隔たった、人類史において現れた革新的な先生たちであった。しかし、こうした革新的な先生の精神を受け継いでいる先生は、いつの時代にもどの場所にも存在している。ここで取りあげるのは、無着成恭という日本の中学校教師である。この教師は子どもの綴方集である『山びこ学校』（1951年）を指導した先生として知られている。

生活綴方の実践記録『山びこ学校』は、戦後まもない1951（昭和26）年に山形県の山元村立山元中学校での、23歳の教師無着と農村の子どもたちとの緊密な教育的交流から生まれた。この本は当時のベストセラーになった。ちなみに同年には、長田新編の『原爆の子——広島の少年少女のうったえ』も出版されている。子どもたちの声は、フィヒテが呼びだした祖先の声とは異なり、戦争を告発する声であり、死者への追悼の声であり、生き残った者への癒やしの声でもあり、未来とつながる希望の声でもあった。戦争の記憶はとても生々しく、上野駅の周辺ではまだ戦争孤児たちが生活していた時期である。そのような時期に、教育に全存在を賭けた若い教師の情熱的な姿と、貧困をのりこえて、村落共同体での日々の生活の課題に主体的に取り組む子どもたちのひたむきな姿は、子どものシンプルな言葉で表現されて、読者に大きな感動を与え

第Ⅰ部　教職の意義と役割

た。それとともに、この実践は、敗戦の混迷状況から立ち直ることのできなかった教育界に大きな衝撃を与え、学校教育に新たな希望の風を吹き込むことになった。卒業生代表の佐藤藤三郎の答辞は、無着の目指した教育の方向と、戦後教育において「人間」という言葉が担った理想とをよく伝えている。

　私たちが中学校で習ったことは、人間の生命（いのち）というものは、すばらしく大事なものだということでした。そしてそのすばらしく大事な生命も、生きて行く態度をまちがえば、さっぱりねうちのないものだということをならったのです。（中略）私たちはもっと大きなもの、つまり人間のねうちというものは、「人間のために」という一つの目的のため、もっとわかりやすくいえば、「山元村のために」という一つの目的をもって仕事をしているかどうかによってきまってくるものだということを教えられたのです（8）。

　無着はフィヒテ－ペスタロッチの系譜とつながる先生と言うことができるだろう。この時期、子どもは農村においてはまだ労働の重要な担い手であったため、子どもは生活の主体としても生きており、子どもの力によって共同体を内部から改善していく可能性を現実にもっていた。無着はペスタロッチを意識することなく、ペスタロッチのように、子どもと生活を共にし、共に泣き共に笑い、そのなかから生活の問題と教育の課題とを見いだしていく。そのとき力を発揮したのは生活綴方という教育のメディア（媒介物）であった。無着は、子どもに生活綴方を書かせることで、よく生きたいと願う子どもの自覚を深め、言葉によって問題を対象化させた。さらに書かれた生活綴方を教室で発表させることで、問題を子どもの間で共有させ、集団的思考を喚起させて、問題の改善に取り組ませていった。

　重要なのは、このとき、子どもの生活の主体者としての能力を形成しつつも、その力の向かうべき方向を「人間」の理念へとつなげていくことに注意が払われていることである。「人間」は、村落共同体での狭い互酬的な関係を超えた、贈与の倫理とつながる言葉である。このようにして、この学校教師は先生となって、よるべなき子どもと共に生き、強力な教育のメディアを介しつ

22

つ、導き手として子どもを新たな共同体の建設の担い手へと育て、さらに人類（世界市民）へと開いていく。

第2項　先生とは誰のことか

これまでの考察をまとめて、それをもとに教師から先生への道を考えてみよう。

私たちは、注意深く「教師」と「先生」とを分けて、教師をより深く知るために、先生とは何者かという問いから出発した。そして、先生の起源を求めた古代ギリシャから、国民国家が誕生したフランス・ドイツ・スイス、そして敗戦後の日本まで、先生の系譜をめぐって時空を駆け抜けてきた。

この考察の旅は、呪術師、霊媒師、予言者、また芸能者といった者たちの検討からはじめることもできたかもしれない。なぜなら、彼らは超越的な存在との媒介者（霊媒＝メディウム）と言うことができ、眼に見えないものからの声を伝える聖なる者である。「聖」という字は、つくりに耳と口（耳の孔）があることからもわかるように、普通の人には聞こえない神の声を聴き取りそれを告げる（与える）人のことで、聖なる者はその意味で日常的な生を変容させる先生であるとも言えるからだ。しかし、彼らは「人類の先生」の先駆けにすぎない。彼らは共同体の間を遍歴しても、その精神は共同体の外部にでることはできなかった。共同体が外部に接するところで、「教える－学ぶ」という出来事が、共同体内部での互酬的な社会化の水準を超えでたときに、「教育」ははじまる。それを可能にしたのは「人類の先生」である。「先生」という在り方が明確な形をとるのは、「人類の先生」の登場以降のことである。

「人類の先生」の特徴は、なによりもその贈与的性格にある。彼らの教えに違いがあることは言うまでもないことだが、彼らは「先生」としての資格を一切の見返りを求めない問いの贈与という贈与的性格に負っている点で共通している。その贈与的特性を教えの内容と結びつけるなら、「愛」や「慈悲」や「仁」といった言葉で代表することもできるだろう。それは、誰かから「〜してもらう（受贈）」、そのお返しにその人に「〜してあげる（返礼）」といった、仲間内での互酬的な交換を基調とする共同体の道徳を超えた倫理である。この

第Ⅰ部　教職の意義と役割

倫理は、仲間ではない見知らぬ他者を無条件に受け入れようとする「歓待」や、謝罪しようとしまいと、あるいは回心しようとしまいと無条件に「赦すこと」ともつながっている。仕返し（復讐）はお返し（返礼）と同じ交換の原理に立っているから、この原理に立つかぎり無条件の「赦し」はありえない。それでもイエスは赦すようにいい、ブッダは慈悲を語る。つまり彼らの言行が端的に示しているのは、閉じられた社会のなかで仲間との互酬的な生ではなく、人類あるいは人類を超えて生命全体へと開かれた生へと、生の方向を根本的に転回する革新的な教えであった。この教えを「宗教」や「哲学」という名前で捉えることをやめ、人類が到達した倫理の次元と考えてみよう。

　「人類の先生」は、以降の教師の原型的なモデルであり続けてきたが、近代になると新たに二つのタイプの先生が登場した。一つ目は「国民教育の先生」である。国民国家の誕生は国家の担い手たる国民の教育を必要とする。国民は古代ギリシャ市民に似てもいるが、古代ギリシャでは市民と区別された奴隷がおり、彼らは義務も権利も市民とは異なるものであった。すべての国民が国民として等しく教育を受ける権利と義務を有するようになるのは、国民国家においてである。国民国家が国民教育を必要とする理由は、産業社会の進展によって有能な労働者を必要とするためでもあるが、他方で国民としてのアイデンティティを形成することが不可欠であったからである。そのとき民族の言語や歴史の教育が重要な役割を果たすことはすでに述べた。教師は国家のエージェントとして、霊媒者のように「建国の父」や「祖先」の声を呼びだし、「民族の精神」の代弁者として位置づけられる。しかし、そのようなときにでも、フィヒテの場合には国民であることは人類の一員であることと結びつけられており、国家のうちに閉ざされているわけではない。古代に生まれた「人類の先生」の教えは、その意味で近代においても働いている。

　同時代に生まれたもう一人のタイプの先生は、「子どもの困難に寄り添い援助する先生」であった。ペスタロッチの思想と実践は、子どもを守りその心を育む先生の原型を形作っていると言えるだろう。ペスタロッチのような先生の形を生みだした淵源は、古代の先生であるイエスの教えである。もちろんこうした先生のイメージが、「聖職」としての教師像の形成に荷担してきたことに

は注意が必要である。戦前には教師を聖職とすることによって、国家へ忠誠を尽くさせようとした。しかし、この「聖職」にたいして「労働者」という像を対置しても、先生の秘密に近づくことはできない。これまで述べてきたことからも明らかなように、先生には人のケアとかかわる他の仕事と同様に、賃金と交換するサービスの提供といったことに回収できないところがある。

　こうした先生を、今日の教師と無関係だと考えるのはまちがいだ。あなたは児童・生徒・学生のときに、教師の言行に失望したりいらだったりしたことはなかっただろうか。その理由を考えてみると、それはあなたが「教師」のうちに「先生」の姿を期待していたからではないだろうか。学園生活を描いたマンガや物語や映画に登場する教師は、しばしば贈与的な先生の姿をとっているが、それはよく生きることを願う自分を援助してくれる「本当の先生」と出会いたいという、子どもの切なる思いを、形象化したものであるように思える。この子どもの願いのうちにも、古代の先生の姿が継承されている。

　今日の教師は、国語・地理歴史・公民……といった教科を教えることで国民形成に寄与する。しかし、同じ教科によって、国民概念を自国民以外の他者を排除するものとしてではなく、人類へと開く可能性を持ったものへと変更させることもできる。数学の教師が、自身が数学的天才でなくとも、次の時代の参入者に人類史の極限の数学知を教えることができるように、教師は、自身が倫理や科学＝学問や芸術・スポーツの領域で革新的な「人類の先生」でなくても、人類史の文化的到達点を教科内容にした教材を用いることで、次の世代に人類が到達した次元を示し教えることができる。そのとき教師が意識していようといまいと、教科というメディアを介して授業をすることにおいて、先生であることを部分的に実現してもいる。さらに、この事実を理解し意識化するとき、教師は自覚的な先生となることもできる。そのとき、教師という仕事をとおして実現されている歴史的な契機に、自覚的に参与することになる。人類に開いた世界市民の形成に向かうのか、あるいは人類への道を閉ざした狭隘なナショナリズムの国民形成に向かうのかは、こうした自覚の深度とかかわっているように思われる。

　また、教師の「教える」「伝える」ということ自体が、「与える」「贈与する」

第Ⅰ部　教職の意義と役割

という側面をもっているということでは、教師はいつでも子どもという存在に、自分の時間（有限な存在にとって「時間」は「命」の別名だ）を贈与することができる関係を生きている。仕事をする教師の背後には、いつもすでに先生が息づいている。つまり教師であるということは、思わず仕事の枠をこえて、いつでも「本当の先生」になる可能性に開かれていることになる。先生の系譜の出発点には、「人類の先生」の純粋贈与が働いていることを自覚するとき、よく知っていると思われた教師の仕事の奥行きの深さに驚くことができるだろう。このとき「教育とは何か」という問いは、切実な問いとなるはずだ。

〈注〉

(1) プラトン（藤沢令夫訳）『プロタゴラス』岩波文庫、1988年、22頁。

(2) プラトン（藤沢令夫訳）『メノン』岩波文庫、1994年、44-45頁。

(3) プラトン（久保勉訳）『ソクラテスの弁明・クリトン』岩波文庫、改版1964年、39-40頁。

(4) 柄谷行人『哲学の起源』岩波書店、2012年、3-15頁。

(5) フィヒテ、ヨハン・ゴットリープ（椎名萬吉訳）『ドイツ国民教育論』明治図書、1970年、102頁、鍵括弧内は訳者による補足。

(6) ペスタロッチ、ヨハン・ハインリッヒ（長尾十三二・福田弘・山岸雅夫訳）『シュタンツ便り他』明治図書、1980年、15-18頁。

(7) 文部省「新教育指針」1946年、60頁。「こじき」は今日では不適切な表現だが、歴史的資料としてそのまま引用しておく。

(8) 無着成恭編『山びこ学校』岩波文庫、1995年、298-300頁。

〈参考文献〉

スタイナー、ジョージ（高田康成訳）『師弟のまじわり』岩波書店、2011年。

田中毎実「ホスピタリズムと教育における近代——人間形成論的再検討」近代教育思想史研究会『近代教育フォーラム』第2号、1993年。

村井実『ソクラテスの思想と教育』玉川大学出版部、1972年。

矢野智司『贈与と交換の教育学——漱石、賢治と純粋贈与のレッスン』東京大学出版会、2008年。

————「愛と自由の道徳教育——スピリチュアルな道徳教育のための簡単なスケッチ」鎌田東二編『スピリチュアリティと教育』ビイング・ネット・プレス、2015年。

————「それからの教育学」山名淳・矢野智司編『災害と厄災の記憶を伝える——教育学は何ができるのか』勁草書房、2017年。

和辻哲郎『孔子』岩波文庫、1988年。

〈推薦図書〉

スタイナー、ジョージ（高田康成訳）『師弟のまじわり』岩波書店、2011年。

矢野智司『贈与と交換の教育学——漱石、賢治と純粋贈与のレッスン』東京大学出版会、2008年。

第2章

教職の法的規定

はじめに

　「教員」に類似する概念として「教諭」「教師」等が使われるが、両者はどう関わるのであろうか。法的枠組みからその相違を検討すると、「教員」は「教育職員」の略称であり、主として学校教育に従事する「教職員」を指す概念として用いられている [1]。さらに広義に見てみると、学校は学校教育を目的とする人的および物的施設の総合体であり、そのうち人的施設については、教育系職員（校長・教諭等）と事務系職員（事務職員、技術職員、用務職員等）からなるが、これらの総称として「教職員」という言葉が慣用的に用いられている。「教職員」は学校組織を構成する不可欠の要素で、学校教育法はその設置すべき職種等を法定しており、国・公・私立を問わず、すべての学校を規制している。この全国的統一基準は、教育の機会均等を制度的に保障する一要因をなす。法定基準は、学校種別ごとにその教育の性質に応じて学校設置基準で定められている [2]。

　以下教職の法的規定について、i) 教職員の職種、ii) 教職員の資格および免許、iii) 教職員の職務、iv) 教職員の任用、v) 教職員の服務、vi) 教職員の分限・懲戒、vii) 教職員の研修、viii) 教職員の評価の側面から検討する。

29

第１節　教職員の職種

教職員の職種は、①義務設置、②設置義務の免除可能、③任意設置の３種類がある。教育水準の維持向上の観点から、学校ごとの設置状況は大差ないように措置されているが、任意設置の教職員の存在により、学校によっては若干の特色が現れる。学校種を問わず設置が義務付けられている職種は、校長（園長）と教諭のみである。高等学校については、実習助手と事務職員は義務設置であるが、技術職員は任意設置となっている。小・中学校については、特別の事情がある場合、事務職員の設置が免除される。幼稚園については事務職員は任意設置である。副校長（副園長）を置く場合は、教頭は設置義務が免除される。また近年制度化された主幹教諭、指導教諭はいずれの校種においても任意設置である。養護教諭については、幼稚園・高等学校では任意設置の扱いとなっており、小・中学校においては養護を司る主幹教諭を置く場合は設置義務が免除され、また当分の間置かないことができるとされている（以上、詳しくは学校教育法27条、37条、49条、60条、62条参照）。特別支援学校と中等教育学校の場合、それぞれの課程に準ずる規定が準用される。

これ以外に、学校内の保健管理に関する専門的事項に関し、技術及び指導に従事する学校医、学校歯科医、学校薬剤師を置くこととされている。

さらに、今日、i）次代を生きる力を育むための教育課程の改革や授業方法の革新を実現するための体制整備や、ii）複雑化・多様化した課題を解決するための体制整備、iii）子供と向き合う時間の確保等のための体制整備が求められており、その処方箋の一つとして「チームとしての学校」の創成が注目されている。成熟した現代社会において、新たな価値を創造するためには児童・生徒一人一人の異なる背景を尊重し、様々な得意分野の能力を伸ばすことが強く求められ、「何を教えるか」という知識の質・量の改善に加えて、「どのように学ぶか」という学びの質の深まりも重視することが重要となる。他方、児童・生徒指導上の課題や特別支援教育等の学校の抱える課題は拡大・多様化し、教職員が心理、福祉等の専門家や関係機関、地域との連携によるチームとして課

第2章　教職の法的規定

題解決に取り組む体制整備が不可避となる。

　加えてわが国の教育系職員は、授業業務が大半の欧米の教職員と比較すると、授業に加えて生徒指導、部活指導等の多様な業務を管掌しているため、週当たりの勤務時間時間は極めて長い（2014（平成26）年度6月公表のOECD国際教員指導環境調査）。そのため教員以外の専門スタッフ——スクールカウンセラー、スクールソーシャルワーカー、部活動指導者等——が教育活動や学校運営に参画し、多様な人材の専門性を活かした「チームとしての学校」が求められている。

　ゆえに教職員の範囲は、「チームとしての学校」の創成に伴い、従来の教育系職員、事務系職員の枠を超えて、専門スタッフも含めて今後制度的により広くなる可能性が高い。

▶ 第2節　教職員の資格および免許 ◀

第1項　校長・副校長・教頭の資格

　校長および教員の資格としては、便宜上これを積極的資格と消極的資格に分けることができるとされる。積極的資格とは任用資格・免許資格のことであり、消極的資格とは欠格条項のことである[3]。教育基本法第6条第1項には、「法律に定める学校は、公の性質を有するもの」と規定されている。そして同法第9条第1項では、法律に定める学校の教員は、国・公・私を問わず当然に自己の崇高な使命を深く自覚し、絶えずその研究と修養に励み、その職責の遂行に努めることを求めている。このことは、教職資格は、極めて高い社会性ないし公共性を内包することの証左であろう。

　校長の資格は、学校教育法施行規則第20条に、ⅰ）教諭の専修免許状又は一種免許状を有し、かつ教育に関する職に5年以上あった者（学校の実態に習熟、熟知している）、ⅱ）教育に関する職に10年以上あった者（幅広く教育に関して熟知している）と規定されている。特にⅱ）については特段の免許状を必要としない。また同規則第21条では、私立学校に関する特例規定を設け、特別

31

第Ⅰ部　教職の意義と役割

の事情のある場合に限り、「5年以上教育に関する職又は教育、学術に関する業務に従事し、かつ、教育に関し高い識見を有する者」[4] を校長として採用することができると規定している。さらに、同規則第22条には校長資格の特例が規定されており、任命権者は、第20条に掲げる資格を有する者と同等の資質を有すると認める者を校長として任命し又は採用することができるとする（2006（平成18）年の同規則の改正）。これは、教育に関し高い識見を有し、民間等で活躍してきた実績のある人材の校長への任用を念頭に置いたものと指摘できる。

　次に、副校長および教頭の資格について見てみよう。同規則第23条では、校長に関わる資格規定は、副校長および教頭の資格に準用するとされる。副校長は2007（平成19）年の学校教育法の改正で制度化された（学校教育法第37条③、④、⑤）。また教頭は、1974（昭和49）年の改正で独立の職として制度化され、2006年の改正により副校長共々校長資格の特例により「民間人教頭（副校長）」の任用が可能となった。

　こうした資格要件に関わる規制緩和の推進は、学校の経営環境の変化およびそれに伴う校長・副校長・教頭の役割期待の変化に起因するものと思われる。すなわち近年、児童・生徒、父母、地域住民の興味・関心が多様化し、校長・副校長・教頭は学校や地域課題を的確に把握しながら学校経営に当たることが求められている。そのためには、教員の意欲を引き出し、効果的・効率的なマネジメントを推進することが不可欠であり、変化の激しい競争環境の中で経営ノウハウを蓄積している民間企業出身の有能な人材の登用が期待されるのである。

第2項　教員の免許

　1条校の教員については、その資格に関する事項は、学校教育法第8条で「別に法律で定めるもののほか、文部科学大臣がこれを定める（相当免許状主義の原則）」とされる。教育職員免許法で「相当の免許状を有する者でなければならない」（教育職員免許法第3条）と規定されるのみである[5]。また司書教諭については、小・中・高校に、学校図書館の専門的職務を司らせるために置かれ（2003（平成13）年より必置事項）、数多い教諭の「充当職」のうちで

32

第 2 章　教職の法的規定

唯一、その資格についての具体的な規定が見られる[6]。司書教諭は、主幹教諭、指導教諭、又は教諭をもって充て、「司書教諭の講習を修了した者」でなければならないとされる（学校図書館法第5条第2項）。

　次に校長・教員の欠格事由についてであるが、学校教育法第9条に規定されている。公立学校の校長・教員については、地方公務員法第16条の欠格条項も併せて適用される。具体的には、i）成年被後見人又は被保佐人、ii）禁固刑以上の刑に処せられた者、iii）免許状が効力を失い、当該失効の日より3年を経過しない者、iv）免許状取り上げの処分を受け、3年を経過しない者、v）憲法およびその下で成立した政府を暴力で破壊することを主張する政党その他の団体の結成者又はそれへの加入者が、それに該当する。教育公務員たる校長・教員の場合は、一般公務員に比して欠格条項の内容がより厳格になっているが、これは教職の社会的重要性を考慮したもの[7]と捉えられる。

　現行の教員養成と教員免許制度は、「開放制の教員養成の原則」と「（相当）免許主義の原則」に支えられている。わが国の教員養成は、戦前、師範学校や高等師範学校等の教員養成を目的とする専門の学校で行うことを基本としていた。しかし戦後、幅広い視野と高度の専門的知識・技能を兼ね備えた多様な人材を広く教育界に求めることを目的として、教員養成の教育は大学で行うこととした（「大学における教員養成」の原則）。また、国・公・私立のいずれの大学でも、教員免許状取得に必要な単位に係る科目を開設し、学生に履修させることにより、制度上等しく教員養成に携わることができることとした。これが「開放制の教員養成の原則」である。「開放制の教員養成の原則」を尊重することは、安易に教員養成の場を拡充したり、希望すれば誰もが教員免許状を容易に取得できるという開放制に対する誤った認識を是認するものではない。むしろ、教員としての専門性の確立・向上を図ることも含まれていると解すべきであろう。

　現行制度の下での免許取得者は、卒業者全体の4分の1に近いが、そのうち実際に教員として就職する者の割合は、中・高等学校教諭免許状取得者の場合は低く、ともに1割に満たないという[8]。現行の「開放制」教員養成のもとにあっても、免許状の授与（取得）件数と実際に教員として就職する者とのア

33

第Ⅰ部　教職の意義と役割

ンバランス状況（いわゆる「免許状の乱発」）は、全ての学校種別の、すべての教科の免許状に普遍的にみられるものではなく、中・高等学校教諭免許状における極端なアンバランスと、小学校、特別支援学校教諭等の各教諭免許状における相対的に健全なバランスが併存している[9]。このように教職に就かない形式的な免許取得者の大量輩出は、教職課程学習者の学習意欲の減退と教育効果の低減につながる事態となり、近年問題視される「指導力不足教員」や「教職大学院の創設」、「教員免許更新制」導入の一因となる等、少なからぬ影響を及ぼした。

　他方「（相当）免許主義の原則」は、教員に各学校種相当の教員免許状を取得していることを求めるものである。これは、「（相当）免許状主義」と呼ばれるものであり、「相当する学校種の免許状を持つ者しか教壇に立ってはならない」という原則である（教育職員免許法第3条）。免許状を有しない者を教員に任命した場合、その任用・雇用は無効であり、任命・雇用した者、またはそれにより教員となった者は30万円以下の罰金に処せられる（教育職員免許法第22条）。

　次に、免許状の種類と効力について見てみよう。免許状の種類は、1988（昭和63）年の改正により、普通免許状、特別免許状、臨時免許状の3種類に整理された。普通免許状は、学校種（義務教育学校、中等教育学校、幼保連携型認定子ども園を除く）ごとの教諭の免許状、養護教諭、栄養教諭の免許状とし、それぞれ専修免許状、一種免許状及び二種免許状（高等学校教諭の免許状にあっては、専修免許状及び一種免許状）に区分されている（教育職員免許法第4条第2項）。一種免許状は大学学部卒で、専修免許状は大学院修士課程または専門職学位課程修了で、また二種免許状は短期大学卒でそれぞれ取得できる。特別免許状は、学校種（幼稚園、義務教育学校、中等教育学校及び幼保連携型認定子ども園を除く）ごとの免許状とされ、社会的に信望があり、教員の職務を行うのに必要な熱意と識見を有する社会人の登用のために創設されたものである。同免許状は、前記の条件の充足を前提に教育職員検定に合格した者に授与される。その効力は、免許状の授与権者の置かれている都道府県においてのみ10年間有効である（教育職員免許法第9条第2項）。臨時免許状は、学

校種（幼稚園、義務教育学校、中等教育学校及び幼保連携型認定子ども園を除く）ごとの助教諭および養護教諭の免許状とされる。その効力は、授与権者の置かれている都道府県においてのみ3年間有効である（教育職員免許法第9条第3項）。これは、普通免許状を有する者を採用することができない場合に限り、免許状授与の欠格条項⁽¹⁰⁾に該当しない者で教育職員検定に合格した者に授与される。

　こうした免許状については従来は終身有効であった。しかし、2006（平成18）年の中央教育審議会答申「今後の教員養成・免許制度の在り方について」における提言を受け、翌年に免許法が一部改正され教員免許更新制度が導入され、2009（平成21）年度から本格実施された。普通免許については、授与する日の翌日から起算して10年を経過する日の属する年度の末日まで、一部教科を除きすべての都道府県で効力を有するとされた。免許の有効期限満了の際には、大学等で行われる免許更新講習を修了することが免許更新の要件となっている。したがって有効期限満了後更新手続きを完了しないと教壇に立つことはできない。免許状更新講習は、30時間以上と法定されており、2014（平成26）年の免許状更新講習規則の改正により、講習内容はi）必修領域（6時間以上）、ii）選択必修領域（6時間以上）、iii）選択領域（18時間以上）に再編された。i）必修領域は全ての受講者の受講が義務付けられ、改正により内容がより精選された。またii）選択必修領域は、受講者の所有免許の種類、勤務する学校の種類又は教育職員としての経験に応じ、選択受講する領域である。iii）は、受講者が任意選択して受講する領域である⁽¹¹⁾。

　免許更新制創設のねらいは、教員として必要な最新の知識を獲得し、資質・能力の維持向上に努め、自信をもって新たな気持ちで今後10年の教員生活を送ることに資する機会とすることである。決して不適格教員の排除を直接目的とするものではないとされる。

▶ 第3節　教職員の職務 ◀

学校教育法第37条（中学校、義務教育学校、高等学校、中等教育学校、特

別支援学校に準用）では、校長、副校長、教頭、主幹教諭、指導教諭、教諭、養護教諭、栄養教諭、事務職員、助教諭、講師、養護助教諭についての職務を規定している。校長については、校務をつかさどり、所属職員を監督するとされる。その他懲戒（学校教育法第11条）、卒業証書の授与（学校教育法施行規則第58条）等の個別的・具体的な法令規定も存在する。副校長は校長を助け、命を受けて校務をつかさどり、校長に事故がある時はその職務を代理し、校長が欠けた時はその職務を行う。教頭は校長・副校長を助け、校務を整理し、必要に応じ児童・生徒の教育をつかさどり、校長・副校長に事故がある時はその職務を代理し、校長・副校長が欠けた時はその職務を行う。主幹教諭は校長・副校長、および教頭を助け、命を受けて校務の一部を整理し、並びに児童・生徒の教育をつかさどる。指導教諭は、児童・生徒の教育をつかさどり、並びに教諭その他の職員に対して、教育指導の改善及び充実のために必要な指導及び助言を行う。教諭は児童・生徒の教育を、養護教諭は養護を、栄養教諭は栄養の指導及び管理をそれぞれつかさどる。事務職員は事務に、講師は教諭又は助教諭に準ずる職務に従事するとされる。そして助教諭は教諭の職務を、養護助教諭は養護教諭の職務をそれぞれ助けるとされる。

　以上が法制上の教職員の職務規定の概要であるが、校長・副校長・教頭・主幹教諭に含まれる「校務」については、特に教諭職等の内容である「教育」概念との関係に関し解釈の対立が見られる。すなわちそれは、i）学校の仕事のすべてを含むと広く解釈し、教育活動をも含めるもの、ii）学校の仕事の内、総括的なもの、iii）教育・養護等の他職種の職務内容を除外したその他の限定された学校の仕事（全校的業務）の三つに類型化される。校務概念と教育概念との関係については、i）ii）のごとく各職務規定は職務内容の主要な性格を概括的に定めるもので、相互に重複するとする見解と、iii）のごとく明確に範囲の異なる分業関係で相互に職務権限は独立しているとする見解がある。しかしiii）については、範囲の明確な区分を説明できない弱点があり、また他の機関の長の職務規定の解釈と著しく異なる点も説得性に乏しいとされる⁽¹²⁾。

第2章　教職の法的規定

第4節　教職員の任用

　任用とは、公務員の採用、昇任、転任、配置換え、降任についての制度とその運用のことを指す。わが国では試験・勤務成績等の能力の実証に基づくメリット・システムが採られている [13]。任用に当たっては、欠格条項に該当しないことは言及するまでもない。また、能力の実証については、競争試験の他、特に教育公務員にあっては、その免許資格や職務の特殊性から選考によるとされる。

　採用は、基本的は現に職員でない者を職員の職に充当することを指すが、教育公務員特例法では、現に校長、教頭、教諭等の何れかの職にある者を他の職の教育公務員に充当することを指す場合もある。教諭を指導主事に、教頭を校長にそれぞれ充当する場合が典型である。昇任は、職員が現に充当されている職よりも上位の職に就かせる場合——教頭を校長に就かせる場合を言う。教頭から校長への充当は、校長への採用であり教頭からの昇任でもあるとも捉えられよう。降任は充当されている職から下位の職に就かせることを指す。近年、健康上問題や家庭の事情などによって、職務の責任を全うできない公立の小・中・高等学校の校長や教員の職階や職位の降格希望を認める仕組みが制度化された。そのため、校長から教頭へ、校長から教諭へ、教頭から教諭へ、部主事から教諭へなど職階1段階や2段階降格の事例が見られるようになった。転任とは、職員が現に任用されている職と上下関係にない職で、同等または別職種の職に就かせることである。国家公務員法上は、任命権者を異にする他の官職に任命することを指し、任命権者を同じくする他の官職に任命することを指して配置換えと定義されている。

　なお、教育公務員にあっては、職務遂行能力を見極めることをねらいとして条件附採用制度が設けられており、教諭等についてはその期間は1年と定められている（教育公務員特例法第12条第1項）。そしてこの条件附採用期間中の1年間で、初任者研修を受けることが義務付けられている（同法第23条）。

37

第5節　教職員の服務

　服務とは、一般に職に就き職務に従事する上で遵守しなければならない義務のことを言う。地方公務員としての教職員の服務には、職務に従事する間遵守を求められる「職務上の服務」と、教育公務員としての職にある限り遵守を求められる「身分上の服務」に大別される。「職務上の服務」には、i）法令等および上司の職務上の命令に従う義務（地方公務委員法第32条）、ii）職務専念義務（同法第35条）が含まれる。また「身分上の服務」には、i）信用失墜行為の禁止（同法第33条）、ii）秘密を守る義務（守秘義務）（同法第34条）、iii）政治的行為の制限（同法第36条）、iv）争議行為等の禁止（同法第37条）、ⅴ）営利企業等の従事制限（同法第38条）が含まれる。

　具体的な服務の内容は上記の概要であるが、憲法第15条第2項に規定する「全体の奉仕者」概念や、教育基本法第9条第1項に規定される「使命の自覚、研修の督励、職責遂行義務」は、教育公務員の服務の根本基準として重要である。

　服務については、地方公務員、教育公務員に多くは共通であるが、三つある「義務」規定、二つある「禁止」規定と異なり、二つある「制限」規定については、教育公務員特例法においてその制限範囲の違いが示されている。すなわち「政治的行為の制限」については、「国家公務員の例による」とされ（教育公務員特例法第18条）、地方公務員に認められている所属自治体以外での政治的活動も制限される。他方「営利企業等の従事制限」については、地方公務員の場合は任命権者の許可なしでは兼業は認められないが、教育公務員においては「本務の遂行に支障がないと任命権者において認める場合」に教育に関する兼職・兼業が認められる[14]。

　なお一般的には、服務監督者はその任命権者とされるが、県費負担教職員についてはその扱いに留意する必要がある。すなわち、公立義務教育学校の教職員の任命権者は、政令市を除き都道府県教育委員会であるが、日常の服務監督権限は勤務校の存在する市町村教育委員会に委ねられている。

第2章　教職の法的規定

第6節　教職員の分限・懲戒

第1項　分限

　分限とは、公務員の地位に不利益な変動を与える行為を言う。それは、公務能率の維持とその適正な運営の確保を目的に任命権者に与えられた権限であり、公務員がその職責を十分に期待できない場合に措置される[15]。地方公務員法第28条には、分限として免職、休職、降任、降級が規定されており、処分該当事項として、勤務成績不良、心身の故障、職務遂行上の支障、適格性欠如、刑事事件に関し起訴された場合等が挙げられている。ただし、分限処分は、職員にとってその意に反して行われる重大な身分上の変動を伴う不利益処分であることから、その手続きと効果については、法律に定めのある場合を除く他、条例で定めなければならないとされる（地方公務員法第28条第3項）。

　地方公務員法上の分限処分に関する一般的な規定とは別に、2001（平成13）年の地方教育行政の組織運営に関する法律の改正に伴い、指導力不足教員の免職および他業種への再任用をセットで運用する旨の規定が追加された（同法第47条の2）。

第2項　懲戒

　懲戒とは任命権者が職員の義務違反・職務怠慢、全体の奉仕者に相応しくない非行に対する制裁として、公務員関係の秩序維持の観点から科される懲罰である。懲戒処分該当事項としては、戒告、減給、停職または免職がある（地方公務員法第29条第1項）。処分を行うに当たっては、公正であること、その事由が法律に根拠を持つことが原則とされる（地方公務員法第27条）。

　県費負担教職員の懲戒に際しては、任命権者である都道府県教育委員会は、原則として直接の服務監督権者である市町村教育委員会の内申を待って処分の行使ができる手順になっている。ただし、内申すべき事由が明白にもかかわらず、内申されないような異常事態が生じた場合は例外的に内申抜きで処分権を

39

第Ⅰ部　教職の意義と役割

行使できると解される[16]。

　なお分限免職と懲戒免職の違いであるが、前者は、公務員に対する「身分保障の限界」という意味で、組織の能率的運営の維持・確保を目的として行われる免職のことを指す。通常は退職手当が満額支給される。

　他方後者は、上記のように懲罰の意味で行う免職のことを指し、職務に関するあらゆる懲戒処分の中で最も重い処分である。任命権者は、懲戒免職を行う前に、国にあっては人事院に、地方にあっては人事委員会もしくは公平委員会に解雇予告の除外を申請し、認定が得られた場合には通常の退職手当を支給せずに即日（即時）免職できる。懲戒免職の宣告を受けた場合、対象者が成人であれば氏名・職名などが公表され、再就職も非常に困難となる。また諭旨免職とは、任命権者が公務員の非行を諭し、自発的に辞職するように促す退職勧奨の通称を指す。趣旨としては懲戒に近いものがあるものの、履歴書上の扱いは免職ではなく自己都合退職として取り扱われる。退職手当は懲戒処分により一定割合を減額したうえで支給されるが、処分が国家公務員法・地方公務員法上の懲戒処分未満（訓告や注意など）の場合は減額されない。

▶ 第7節　教職員の研修 ◀

第1項　教員研修

　研修とは、職務上必要とされる知識・技能を高め、豊かな教養を獲得することを目的として一定期間、特別に研究と修養（＝研修）に従事することを指す。現代社会では、研修はあらゆる職業、職種において求められる行為であり、広く日常語としても使用されている[17]。

　教育公務員の研修については、教育基本法第9条第1項で「研究と修養に励み」と規定され、一般職の地方公務員よりもその職務の特殊性および専門性に鑑み、「研究と修養に努め」る義務が課されている（教育公務員特例法第21条）。そのため、任命権者が教育公務員には研修を受ける機会を与える義務を負う旨の規定（同第22条）や、「勤務場所を離れて行う研修」（同条第2項）、

40

「現職のままで、長期にわたる研修」等の職務専念義務を免除される研修（職専免研修）機会等の設置が義務付けられている。

　法定研修機会としては、ⅰ）文部科学省、ⅱ）都道府県・政令指定都市・中核市教育委員会、ⅲ）大学院が提供するものが指摘できる。ⅰ）については、独立行政法人教員研修センターの実施する学校の中核的経営機能を担う校長・副校長・教頭対象の学校経営研修や、喫緊の重要な課題に関して地方公共団体が実施する研修の講師や指導者を養成する研修等が実施されている[18]。次にⅱ）の場合であるが、教員の経験・能力、専門分野に照らして、①初任者研修、②10年経験者研修に大別される。①は、教育公務員特例法第23条に基づくもので、採用日から1年間の条件付採用期間中に指導教員の下で実践的な研修を行うものである。また②は、同法第24条第1項に根拠付けられるもので、在職期間が10年に達した者を対象に、地方公共団体の教育センターや校内で実施される研修である。教員個々の能力・適性等に応じて、教諭等としての資質の向上を図るために必要な事項に関する研修である。研修機会の提供義務は任命権者に課せられているが、県費負担教職員については都道府県教育委員会に加えて、市町村教育委員会にも研修実施権が付与されている（地方教育行政の組織及び運営に関する法律第45条第1項）。そして同条第2項で、市町村教育委員会の都道府県教育委員会の研修に対する協力義務が課されている。

　ⅲ）については、第一に教育公務員特例法第26条を根拠とするもので、教育公務員の資質能力の向上をねらいとして平成13（2001）年度より制度化された大学院修学休業制度を指摘できる。それは、3年を超えない範囲内で年を単位として定める期間、大学の大学院の課程若しくは専攻科の大学の課程又はこれらの課程に相当する大学の課程に在学してその過程を履修するため休業することができるということをその内実とする（教育公務員特例法第26条第1項）。休業中は地方公務員としての地位は保障されるが、その期間の給与は支給されない（同法27条第1項、同第2項）。そのねらいは、教職免許法に規定する教諭の専修免許状の取得機会を拡大し、学校や地域における中核となる現職教員を養成するとともに、延いては教育水準の維持・向上を図ることにある。

　第二に、平成21（2009）年度から導入された教員免許更新制に伴う免許状

第Ⅰ部　教職の意義と役割

更新講習も研修機会として捉えることができる。上記のように、これは教員免許制度に10年ごとの有効期限を設定し、有効期間の更新と延長を制度化したものである。有効期限終了までに、大学等（都道府県・政令指定都市・中核市の教育委員会、国立大学法人法に規定される大学共同利用機関等を含む）での30時間以上の免許状更新講習の修了が求められている。

第2項　指導力不足教員と指導改善研修

　平成19（2008）年の教育公務員特例法の改正によって、指導改善研修の規定が盛り込まれた。翌年度から、子どもに対する指導が不適切だと任命権者に認定された教員は、指導改善研修を受け、研修終了時に専門家等からの意見聴取の上、適切な指導を行えないと認定された場合は免職とされうることになり、免許状も失効することとなった[19]。指導改善研修では、受講者の能力・適性に応じて個別に計画書の策定が求められており、受講者に自らが指導に不適切な状況にあることを気づかせることが重要とされる。そのため同研修では、個別面接の実施等、「気づき」の機会を設けることが望まれている。

　また、指導が不適切な教員の特徴としては、人間関係構築の困難性を抱えるものも多く、指導改善研修に人間関係構築に資するプログラムを組み込むことが重要となる。研修機会としては、都道府県教育委員会等が設置する教育センター等高度な専門性と十分なノウハウの蓄積のある機関の活用が推奨されている。そしてこの研修の目的は、指導を改善させ児童・生徒の前で単独で授業を実施できるようにすることであることから、必要に応じて所属校での実地研修を行うことも重要とされる。

　研修の期間は、研修を開始した日から1年を超えない範囲（延長して2年を超えない範囲）で任命権者が決めることになっている。

第3項　事務職員研修

　事務職員は、学校運営において極めて重要な役割を果たしており、その研修機会の充実が図られなければならない。それは、学校教育法上は、幼稚園を除き小・中・高等学校においては必置職となっている。今日、地方分権推進、自

律的・自主的な学校経営への移行という政策トレンドの中で、多くの事務・権限が地方自治体および学校に分権される状況にある。そのため、事務職員の権限およびそれに伴う責任は、以前にも増して大きくなり、確実な業務執行を遂行する上においても、事務職員の専門性の高度化が求められている。それゆえ任命権者によって、初任者研修や経験年次別研修については広く実施されているところである。しかし、「選択研修・その他の研修」についてはその取り組みは不十分であり、取り分け市町村のレベルでは研修への関わりと充実が求められている[20]。

　事務職員の持つ機能は、総務機能、児童・生徒・保護者サービス機能、財務機能、教育活動支援機能、経営企画機能等広範にわたり、それぞれに対応する職務に関する事務が存在する。そのためその任務遂行に当たっては、学校現場の経験と教育理解、幅広い視野と確かな行政手腕、使命感・情熱・気概、といった資質・能力が求められている[21]。そして総体的には、事務職員は学校運営全体を俯瞰できる立場にあり、単なる業務執行を超えて積極的に政策提言できる人材足り得る可能性がある。したがって、研修制度の設計に当たっては、こうした資質・能力の開発が体系的・組織的に行われる仕組みにすることが肝要であろう。また、研修担当者は教員出身者が多く、学校事務に通暁した研修担当者の育成も課題である。

◣ 第8節　教職員の評価 ◢

　学校教育の質の維持・向上は、やはり児童・生徒と直接向き合う教職員の質が担保されることによって確保される。そのため従来から、研修制度の充実、優秀教員の表彰、給与面への反映、教員免許更新制度の導入、指導力不足教員の指導改善研修等の仕組みが組み込まれてきた。何れも教職員の職能開発をねらいとする点では軌を一にするが、2000年代後半から始まった教職員評価は、教員政策としてのその規模・教育政策的含意に照らしても、極めて重要な取り組みと指摘できる。

　こうした制度導入の淵源は、教育改革国民会議の報告を契機として、教員の

第Ⅰ部　教職の意義と役割

業務遂行に関する画一的な見方を改めることを求められたことにある。2001年には「公務員制度改革大綱」において、「能力等級を基礎とした新任用制度の確立」が打ち出された[22]。学校教育現場における相次ぐ問題の発生——教員の指導力不足、保護者対応、児童・生徒の問題行動の多発等への対処策として、厳しい財政事情の中で希少化する教育資源の効果的活用を迫られる政策環境の中で、有効に機能する政策手法の一つとしての期待も込められている。

　2000年以降東京都を皮切りに導入され始めた教職員評価は、かつてわが国で激しい反対運動の原因となった「勤務評定」と、職員の能力・業績を評価し結果に応じた措置を採る点では共通性が見られる。しかし新しい評価制度は、勤務評定に加えて、自己評価の仕組みを組み込んでいる。すなわち教職員が、校長・副校長・教頭との面接を通じて自己目標を設定し、目標に対する成果等の自己評価を行う自己申告制度と、教職員の職務遂行の成果やその過程における努力等を評価する業績評価制度を柱とする。自己申告制度を導入することによって、評価が双方向的な仕組みの中で行われることになり[23]、単なる業績評価ではなく、能力開発型の人事考課として捉えられる点に特徴が見られる。なぜなら、自己目標の策定時および自己評価結果に基づく達成状況の確認のための面談時に、校長・副校長・教頭の指導助言を受け、次年度以降の改善方策を促進し職能成長を図るシステムになっているからである。

　教員評価システムの取り組み状況であるが、文部科学省の資料によると[24]、都道府県、政令指定都市のうち、地方公務員法に定める勤務評定として実施している自治体が48団体、それとは別途実施しているものが19団体となっている。実施方法としては、概ね能力評価と業績評価の2本立てであるが、これらに加えて「意欲の評価」を取り入れている自治体も多く、「業績評価・能力評価を基にした総合評価」を取り入れている事例も散見される。

　評価結果の活用については、「人材育成・能力開発・資質向上」が最も多く（59団体）、「条件附採用期間の勤務状況判定」がそれに次ぐ（25団体）。以下「昇給・降格」、「昇任」（24団体）、研修（23団体）、「勤勉手当」（19団体）、「配置転「配置転換」、「表彰」（18団体）、「指導改善研修の認定」（16団体）と続く。

　教職員評価制度にあっては、教職員は年度当初に学校の目標・方針・教育計

画に基づき自己目標を策定する。ゆえに学校全体の目標・方針・教育計画策定に、教職員の参加をより一層奨励すべきである。また校長・副校長・教頭が、評価と指導助言を通じて教職員の職能成長を図るカギを握っていることから、管理職層には豊富な経験と知見に裏付けられた高度な専門性に基づく指導助言能力が必要となる[25]。そして評価制度を通じて教職員の職能成長を図る場は、学校教育現場（教職員の職場）であることから、管理職層は評価結果の効果的な活用・展開が期待される職場環境の創出にも配慮することが強く求められる。

〈注〉

(1) 高見　茂・開沼太郎・宮村裕子編著『教育法規スタートアップver3』昭和堂、2015年、138頁。

(2) 若井彌一他編『2017年度版　必携教職六法』協同出版、2016年、820頁。

(3) 高見・開沼・宮村編著、前掲書、836頁。

(4) ここで要件とされる「教育に関する高い識見」とは、憲法の教育条項、教育基本法等の教育法規に対する理解と、学校教育に加えて家庭教育、地域の教育、社会教育、生涯学習等の教育制度全般に関わる高い関心と深い知識、および学習指導要領に規定される教育課程の編成・実施に関する具体策等を指すものと思われる。

(5) 高見・開沼・宮村編著、前掲書、142頁。

(6) 若井他編、前掲書、837頁。

(7) 若井他編、同上。

(8) 若井他編、前掲書、840頁。

(9) 若井他編、同上。

(10) 教育職員免許法第5条第1項参照。校長・教員の欠格条項に加えて、①18歳未満の者、②高等学校を卒業しないものを授与対象者から除くとされている。

(11) 必修領域には、「国の教育政策や世界の教育の動向」「教員としての子ども観、教育観についての省察」「子どもの発達に関する脳科学、心理学等における最新の知見（特別支援教育に関するものを含む）」「子どもの生活の変化を踏まえた課題」が含まれることとなった。また、選択必修領域には、必修領域から分離される形で、「学校を巡る近年の状況の変化」「学指導要領の改訂の動向等」「法令改正及び国の審議会の状況等」「様々な問題に対する組織的対応の必要性」「学校における危機管理上の課題」「教育相談（いじめ及び不登校への対応を含む）」「進路指導及びキャリア教育」「学校、家庭並びに

第Ⅰ部　教職の意義と役割

地域の連携及び協働」「道徳教育」「英語教育」「国際理解教育及び異文化理解教育」「教育の情報化（情報通信技術を利用した指導及び情報教育（情報モラルを含む）等）」「その他文部科学大臣が必要と認める内容」が含まれることになった。選択領域には、「幼児、児童又は生徒に対する教科指導及び生徒指導上の課題」が指定されている。

(12)　若井他編、前掲書、822頁。

(13)　https://kotobank.jp/word/% E4% BB% BB% E7% 94% A8-159265

2016年7月31日確認。

(14)　高見・開沼・宮村編著、前掲書、150頁。

(15)　堀内　孜編『公教育経営概説』学術図書出版、2014年、126頁。

(16)　若井他編、前掲書、825頁。

(17)　若井他編、同上書、829頁。

(18)　堀内編、前掲書、130頁。

(19)　若井他編、前掲書、831頁。

(20)　http://zenjiken.jp/?action=common_download_main&upload_id=354

2016年7月31日確認。

(21)　http://miyazaki-edjimu.com/wp-content/uploads/51a9885a28664bfbc3f231331031d29f.pdf

　2016年7月31日確認。

(22)　堀内編、前掲書、244頁。

(23)　http://www.kyoiku.metro.tokyo.jp/buka/jinji/jinjikouka/kento.htm

2016年7月31日確認。

(24)　http://www.mext.go.jp/a_menu/shotou/jinji/__icsFiles/afieldfile/

2013/02/19/1331017_01.pdf　2016年7月31日確認。

(25)　若井他編、前掲書、830頁。

〈推薦図書〉

高見　茂・開沼太郎・宮村裕子編著『教育法規スタートアップver.3　教育行政・政策入門』
　　　　昭和堂、2015年。

高見　茂・服部憲児編著『教育行政提要（平成版）』協同出版、2016年。

菱村幸彦『改訂新版　初めて学ぶ教育法規』教育開発研究所、2015年。

文部科学省法令研究会監修『文部科学法令要覧　平成28年度版』ぎょうせい、2016年。

若井彌一監修、河野和清・高見　茂・結城　忠編『2018年版　必携教職六法』協同出版、
　　　　2017年。

第3章

ゼロ年代の社会変化と教師の仕事

はじめに

　バブル景気が崩壊した1990年代前半から2000年代前半にかけての10年余りの期間は、「失われた10年」と称されてきた。金融機関の破綻や長期的な経済不況だけではなく、社会不安を助長するような出来事も相次いで生じ、この時期を境として、戦後日本社会の発展を支えてきた政治・経済・教育システムの全体が大きく疑問視されるようになった。またグローバルに見ても、東西冷戦終結後の世界において、日本の位置づけが問い直されてきた。

　学校教育、就業、家族形成、退職後など、人生段階のそれぞれで生じた現象を簡単に振り返っておこう。1970年代半ばより35～38％程度で推移してきた高等教育進学率が、18歳人口の減少にともない90年代から上昇を続け、高等教育の改革が提唱され、多岐にわたって実施されてきた。学力の低下や少年犯罪の凶悪化、道徳の荒廃などの教育問題がメディアをにぎわし、教育改革が繰り返し提唱されてきた。正規雇用が拡大せず、新卒者の就職難が深刻化し、非正規雇用の拡大によって、とくに若者層の職業的キャリアが不安定化した。所得が向上せず、安定した正規雇用層とそれ以外の格差が拡大した。出生率の低下傾向に歯止めがかからず、晩婚化も進み、出生率は先進諸国の中でも最低水

47

準を推移していた。少子高齢化の急速な進行とともに、世代間の相互扶助関係も変化を余儀なくされてきた(1)。

本章では、2000年代（ゼロ年代）における日本人の意識の変化を踏まえ、その時期の教育改革を社会学的な組織論から検討した上で、教師の仕事の魅力を考察したい。まず、統計資料からゼロ年代の社会意識を見ておこう。

第１節　ゼロ年代の社会意識と教育改革

第１項　ゼロ年代の不安感

様々な社会指標の動きに注目してみると、いわゆる「ゼロ年代」は、戦後日本社会の安定を支えてきた要因に綻びが目立ち、未来への不安が高まった時期であった。「失われた10年」と呼ばれるのも、ゼロ年代の現象があったためである。この時期の雰囲気は、一般的な社会意識のトレンドからも読み取れる。

図3-1は、内閣府の「社会意識に関する世論調査」において、「国を愛する気持ち」が「強い」（「非常に強い」と「どちらかといえば強い」の合計）と回答した人の割合の推移を示している。その割合が、1990年代の終わり頃から2000年代の初めにかけて落ち込んだことがわかる。図3-2は、NHKの放送文化研究所が実施している「中学生・高校生の生活と意識調査」から「今の日本は良い社会だ」について「そう思う」と回答した人の割合の推移を示している(2)。1987（昭和62）年の中高生では、45％程度が「良い社会だ」としていたが、2002（平成14）年には15、16％まで低下している。この調査では同じ質問について父母の意識も調査されており、父母の場合、「良い社会」の低下はより大きい。1987年に父親の59％が「良い社会」と回答していたが、2002年にはその割合が23％まで落ち込んでいた。ゼロ年代は、日本社会に対する否定的な評価が急速に高まった時期であった。

その他にも興味深い時系列データがいくつもある。たとえば、少年犯罪の増減を見ると2000年代前半に少年犯罪（人口比からみた刑法犯検挙人数）が増え、一つの山となっていた(3)。大卒就職内定率が50％台まで落ち込み、雇用

第3章　ゼロ年代の社会変化と教師の仕事

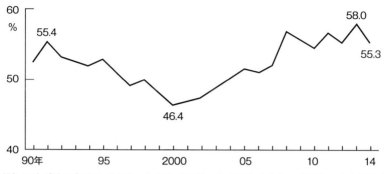

注）国を愛する気持ちが「強い」(「非常に強い」+「どちらかといえば強い」と答えた人の割合（内閣府世論調査より））

図3-1　国を愛する気持ちの推移

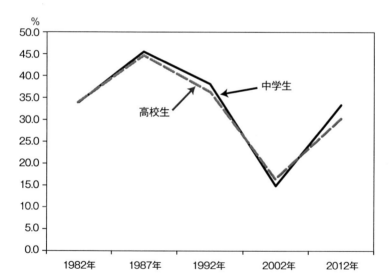

出典：NHK 中学生・高校生の生活と意識調査：「今の日本はよい社会だ」に「そう思う」と答えた％

図3-2　「今の日本はよい社会だ」の推移

者の中で非正規雇用の割合が30％を超えるようになったのもこの時期であった。自殺者数を見ても、1997年の24,391人が1998年に32,863人に急上昇し、

49

第Ⅰ部　教職の意義と役割

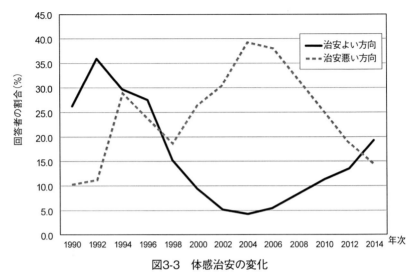

図3-3　体感治安の変化

出典：内閣府「社会意識に関する世論調査」（隔年）。
「あなたは、現在の日本の状況について、良い方向に向かっていると思われるものは、どのような分野についてでしょうか」と「悪い方向に向かっているのはどのような分野でしょうか」に対する回答。

2000年代は3万人以上で推移していた。

　内閣府の「社会意識に関する世論調査」には、「あなたは、現在の日本の状況について、良い方向に向かっていると思われるものは、どのような分野についてでしょうか」と「悪い方向に向かっているのはどのような分野でしょうか」という質問がある。選択肢として24の分野が上げられており、複数選択可能で、その中に「治安」がある。図3-3は、「良い方向」として「治安」を選択した人の割合と「悪い方向」として「治安」を選択した人の割合の推移を示している。図は2004年に、治安が「悪い方向」に向かっているとする割合が40％近くまで上昇し、「良い方向」との差が最も開いたことを示している。この調査結果は、人々の「体感治安」の悪化を示す指標として、しばしば取り上げられた。犯罪数自体は増加していないにもかかわらず、意識の上では不安感が高まっていた。

第2項　迷走する教育改革

　教育改革の動向についても触れておこう。ゼロ年代に至るまでの教育改革の
方向性は、すでに1987年の臨時教育審議会の答申によって定まっていた。画
一的で過度な受験重視の教育に対する批判を背景に、より高次の能力を開花さ
せることを目指した個性重視の教育への転換が提唱されていた。学校完全週5
日制、「総合的な学習の時間」の新設、総授業時間数の削減などを特徴とする
「ゆとり教育」と呼ばれた学習指導要領が、2002年に中学校、03年に高等学校
で完全実施された。しかし2003年の中央教育審議会の答申では、基礎学力重
視への方向転換が打ち出され、2011年に実施された学習指導要領では、総合
的な学習の時間の授業数が削減され、総授業時間数が増加した。その間、
OECD（経済協力開発機構）の学習到達度調査（Programme for International
Student Assessment,; PISA）において、国別の順位が低下したことが背景となっ
て、学力低下に関する激しい議論が交わされたし、「グローバル」を冠したい
くつもの改革が実施された。「ゆとり教育」は、その成果を確かめる時間を十
分に与えられずに、早々と表舞台から姿を消してしまった。ゼロ年代は教育改
革の方向性が定まらず、迷走した時期であった。

　平成24（2012）年度版『文部科学白書』には、近年の教育改革の概要が簡
潔に説明されており、その冒頭では、戦後教育が豊かで安心な社会生活の実現
に貢献したと評価した後、次のようにある。

　　グローバル化の進展などにより世界全体が急速に変化する中にあって、産業空洞
　　化や生産年齢人口など深刻な諸問題を抱える我が国は、極めて危機的な状況にあ
　　り、東日本大震災の発生は、この状況を一層顕在化・加速化させています。これら
　　の動きは、これまで物質的な豊かさを前提にしてきた社会の在り方、人の生き方
　　に大きな問いを投げかけていると言えます [4]。

　そして、以下のように続く。

第Ⅰ部　教職の意義と役割

　　教育現場に目を向けると、学校におけるいじめや体罰の問題など、子供の安全に
　　かかわる悲惨な事件が起きています。また、子供たちの学ぶ意欲の低下なども懸
　　念されるとともに、社会全体の規範意識の低下、家族や地域についての価値観の
　　変化などが子供の健やかな成長に影響を与えています。このように，我が国の教
　　育に対する信頼は揺らぎ、いくつもの課題に直面しています (5)。

　一読して、同感する人は多いだろう。しかしこのような論調は、今に始まっ
たわけではない。過去の臨時教育審議会や中央教育審議会の答申を読むと、現
状に関する、同じような記述を目にする。教育改革の「枕詞（まくらことば）」は、「教育の危
機」である。改革案の社会的背景を読むと、日本の教育は30年以上も「危機
的」な状況にある。

第3項　安定的な中学生・高校生

　ゼロ年代の不安定な社会状況と迷走する教育改革のもとにおかれた中学生・
高校生の日常的な意識も見ておこう。先に取り上げたNHK放送文化研究所の
「中学生・高校生の生活と意識調査」は、1982（昭和57）年から2012（平成
24）年まで5回の調査が実施されており、サンプル数は少ないのだが、様々な
意識項目に関するトレンドを読むことができる。興味深い結果の一例を図3-4
に示している。調査では、「心身の状態」を調べる質問が多数あるが、その中
に「思い切り暴れまわりたい」について、「どれくらいそう感じることがあり
ますか」を尋ねている。図は、「よくある」「ときどきある」「たまにある」
「まったくない」「わからない」の五つの選択肢から「まったくない」を選んだ
割合の推移を示している。1982年の中学生の21％、高校生の17％が「まった
くない」と回答していたが、その値は上昇し、2002年では58％と50％、2012
年になると68％と69％まで高くなっている。同じ傾向は、その他の質問に対す
る回答にも表れており、「何となく大声を出したい」や「何でもないのにイラ
イラする」も「ない」とする回答が増えている。感情を体の外に爆発させたい
という欲求は、明らかに低下している。また「夜眠れない」「疲れやすい」「朝、
食欲がない」といった身体の不調についても、「ない」が大幅に増えている。

52

第3章　ゼロ年代の社会変化と教師の仕事

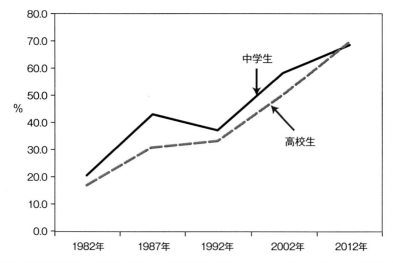

出典：NHK中学生・高校生の生活と意識調査：「思いきり暴れまわりたい」と感じることが「まったくない」と答えた％

図3-4　「思いきり暴れまわりたい」と感じることが「まったくない」の推移

　その他の調査項目を見ても、学校や家族との関係が良好となり、日常生活における満足感や幸福感が高まっていることがわかる。学校が「とても楽しい」と答える中学生は、1982年の38％が2012年には57％になり、高校生は、23％が54％になっている。また「とても幸せ」という回答も高まっていて、中学生では、2002年で41％、12年では55％になっており、高校生も2002年で33％、12年では42％である。父親も母親も自分のことをよくわかってくれるという回答が増え、とくに悩みごとや心配ごとの相談相手として、母親と答える中学生が、1982年の20％から2012年に38％になり、高校生でも11％から25％になっている。その一方、友人が低下している。
　担任の先生との関係についても取り上げておこう。「担任の先生は、あなたのことをよくわかっていると思いますか」という質問に対して、自分のことを「よくわかってくれていると思う」と答える中学生は、1982年の22％が2012年では34％に、高校生の場合は、13％が28％になっている。

53

第I部　教職の意義と役割

　ゼロ年代は、社会不安が高まり、国際社会の中で日本の評価が低下し、教育現場への政策的介入が進んだにもかかわらず、中学生や高校生において安定的な意識が定着した時期であった。若者層は、不安定な外部環境のもとでも生き抜く知恵と技法を身につけてきたと言えるかもしれない。教師の仕事は、不安定な外部環境と安定的な生徒の間を取り持ち、その時その場で双方に対処することを求められる。この難題を抱えざるをえないという意味で、ゼロ年代、教師の仕事の複雑性ならびに困難が増大したと考えられる。

▶ 第2節　日本の教育の「逆説」 ◀

　第二次世界大戦後、日本社会はめざましい経済発展を達成し、オイルショック以降の低成長期も安定を維持して乗り切った。なぜ資源も乏しい小さな島国で急速な経済成長が可能であったのか。その秘訣を探ろうと、欧米からの関心は日本の学校教育に向けられた。その中で、日本の教師の仕事はどのように評価されていたのか。その評価は今日でも当てはまるのだろうか。1970年代半ばに、それまでの日本の教育システムに関する広範囲の研究をレビューした、アメリカの社会学者N.グレーザー（Nathan Glazer）の見解を取り上げておこう。グレーザーは、次のように述べている。

　　日本の教育の基本的な逆説は、──予算不足で（少なくとも大学ではこの傾向がきわだっている）、何か顕著な革新が行われたという証拠もなく（これは初等、中等および高等教育の全レベルでそうだ）、驚くべき試験重視のため鋭く批判され、大卒者の質が悪いと企業から攻撃されながら、限られた研究設備と控えめな大学院制度しかもたず、初等および中等教育レベルでは、離脱して急進化した教師団としたたかに保守的な文部省との対立に引き裂かれているうえ、大多数が中央政府に対立的で経済成長にも冷たい大学知識人を抱えながら──それが日本の企業、産業、および政府の要求にかなう労働力をともかくも教育しているということである (6)。

　ここで言う「逆説」とは、欧米人の予想に反していたという意味である。高等教育の予算不足から大学知識人までの日本の教育の内実は、欧米人の目から

すると急速な経済成長に貢献してきたとは判断できない。ユニークな優れた特徴というよりも、矛盾する要素が目につく。それでも、当時の算数と理科の学力テストの国際比較おいて日本の成績はトップである。グレーザーは、初等中等教育に注目し、矛盾する要素を抱えながらも、学力に貢献する要因を3点指摘している。

　第一が、画一性である。日本中の生徒のほとんどが通う公立の小学校と中学校は全て同じで、同一のカリキュラムを実施している。日本人からすると当然だが、当時の国際学力テストに参加していた国では、日本の他にスウェーデンだけが単一のカリキュラムを実施していた。

　第二は、平等主義である。画一性は平等主義とも読み替えられるが、さらに日本では能力に基づく落第がなく、自動進級が自明であって、卒業が約束されている。教師が落伍者を最小限にとどめる役割を果たしているとグレーザーは評価した。さらに当時のデータから、国立大学入学者の親の所得階層による差が小さい点が取り上げられ、厳しい入学試験が入学者選抜の平等に貢献していると指摘されている。

　第三が、教師の仕事に深く関係する。日本の学校では、「みんなが共通の感情、共通の経験、およびよく理解された目標に拘束されている感覚」つまり「共同体」意識が広く浸透している。日本の教師は、生徒の生活全般に気を配り、家庭訪問によって父母との良好な関係を築いている。この特徴は「感情移入と責任」と呼ばれている。文部省との政治的対立や厳しい試験競争は、共同体意識の形成を阻害する要因となってもよい。ところが文部省に敵対するその教師が、学校ではすべての生徒に親密に触れ合い、学業のみならず様々な活動を共にして、教師と生徒との共通意識を高めている。受験競争は生徒一人ひとりの孤独な競争だとの認識が共有されているために、共同体意識の妨げとはなっていない。

　グレーザーは、政治的な対立や受験競争がありながらも、地位も士気も高い教師の責任ある活動によって学校の共同体意識が維持され、画一性と平等主義も良好に作用して、日本の初等中等教育の有効性を高めてきたと評価した。そのため大学教育が評価されなくても、日本の教育は経済成長に貢献する学力の

第Ⅰ部　教職の意義と役割

高い人材を生み出すことができたとの見立てであった。

　グレーザーの観察から40年が経過したが、日本の教育について、今このように評価する研究者はいないだろう。政治的対立の色彩は薄れ、大学人も政府寄りになり、すべての教育レベル、とくに大学や大学院で改革が実施され、依然として予算不足と言われているが、大学のキャンパスには新しい建物が立ち並ぶ。受験地獄や学歴社会もあまり問題にはならない。グレーザーによってネガティブに評価された側面については改善があり、少なくとも問題性が薄れてきた。その反面、ポジティブに評価された特徴については逆に問題点が浮かび上がってきた。画一性は個性を阻む要因とみなされ、平等より格差が注目され、共同体感覚の衰退を示す「学級崩壊」や「いじめ」が後を絶たず、教師の仕事の負担は増すばかりである。

　1970年代までにあった矛盾する要素の多くが変化し、欧米のスタンダードに近づくための施策が繰り返されてきた。それにもかかわらず、今は良い評価が得られていない。グローバル化が声高く唱えられているにもかかわらず、日本の教育は国際舞台から「姿を消してしまった」とさえ言われている[7]。OECDの国際比較調査によって、教師の残業時間が最も長いという結果が報告されれば、たとえ学力テストの点数が高くても、どの国も日本の教育から学ぼうとしないだろう。これほど教育が行き届いているはずなのに、なぜ問題点ばかりが浮き彫りになってしまい、国際的な評価も得られないのか。ゼロ年代になって、「逆説」の逆転現象が鮮明になってきたようである。

▶ 第3節　制度派社会学からみた教育組織 ◀

　教育現場への政策的な介入がますます進む時代である。次々と課題が提起されて改革が求められている。しかし政策的な効果が具体的に検証される前に、新たな課題が現れて、さらなる対応が求められるようになっている。近年、その傾向に拍車がかかっていると言ってよい。政策的な介入の背後には、人や社会のあり方についての期待や理想に基づく、現状に対する批判がある。ただし現状を批判することから導かれた一般的な政策が、教育現場の具体的な日常活

動にまでどれほど深く浸透してきたのだろうか。現在の教育システムは、人々の人生全体を対象とし、中央レベルから地方自治体までの教育行政のもとで夥（おびただ）しい数の学校があり、さらに教師と生徒が日常的に出会う教室までを含む、巨大な組織である。たとえば、「教育の国際化」を考えてみるとよいだろう。「英語が使える日本人の養成」という中央のスローガンとカリキュラムのガイドラインがあり、目的が共有されているとしても、文部科学省から個々の学校の授業場面まで、その解釈と実践が同じであるとは考えられない。そして政策的な介入が短期的に繰り返されると、政策が日常活動に浸透せず、両者の乖離が進む。アメリカの社会学者ジョン・W・マイヤー（John W. Meyer）を中心とする社会学の制度理論を手掛かりに、この巨大化した教育組織の仕組みの中で、教師の仕事を位置付けてみよう[8]。

第1項　制度と制度化

まず、制度と制度化について説明しておかなければならない。制度は、一般に人と人との間や集団と集団との間で形成された持続的で安定的な社会関係の仕組みを指すのだが、より広く、その仕組みそのものを見る「ものの見方」も含めている。最近よく使う言葉を用いると、人や組織は、この「ものの見方」の中に「埋め込まれている（embedded）」。「制度としての教育」と言えば、教育システムの構成の仕方や各部分における活動の関係性だけではなく、それらに対して広く共有された認識の枠組みも含まれる。そして、その認識の枠組みが人々の活動や意識に対する外的な拘束力になる。

また「制度化」とは、ある行為のパターンが現実生活において、規範的にも認知的にも法則として自明視されるようになることである。人々は一般に、「学校」が何をする場所であるかを知っており、子どもが学校に通うことを当たり前だとしている。これが、高度に制度化された状態を指す。

高度に制度化された学校教育の下では、学校教育を否定するのではなく、学校教育を前提とした上で、様々な改革案が提起される。現在の日本社会において、「丸暗記は、子どもの知的発達を阻害する。学校教育は、子どもの自発的な問題解決能力を高めるよう主体的な学習を重視するべきだ」と言えば、表

立って反対する人はほとんどいないだろう。子どもの教育はどうあるべきか、学校教育では何を教えなければならないのかについては、専門家の間でも日常的にも議論が繰り返されてきたが、制度のレベルでの問題である。そこで共有された考え方が政策文書の中に盛り込まれると、学校の日常的な活動を評価する外的な基準として拘束力を持つようになる。近年では、国際学力テストや世界の大学のランキングが頻繁に公表されるようになって、外的な認識枠組みが世界各国で共有され、さらに目的や目的を実現するための実践が細分化され精緻化されてきている。この意味で、日本の学校教育はグローバルな認識の枠組みの中に、ますます「埋め込まれている」。

第2項　ルースな統制とタイトな統制

　学校組織には、厳密な管理統制が行われている部分と、行われていない部分がある。この区別が重要である。前者は「タイトな統制」と呼ばれる側面であり、後者は「ルースな統制」と呼ばれる側面である。「ルースな統制」と言う場合、学校の内部において、授業の内容や方法があまり厳密に調整されていないという事実が根拠になっている。例としては、校長や教育委員会がほとんど授業を視察しないこと、教師同士がお互いの授業を観察しないこと、学力テストは生徒の将来を決定するにもかかわらず、その結果は教師や学校を評価するために公式に用いられないことなどがある。全国学力テストの学校別平均点は、開示が議論になったが、教師や学校の公式の評価に用いられていない。カリキュラムについてもかなり詳細な学習指導要領はあるが、生徒は下の学年でどの程度学んだかについて厳密に問題にされることなく学年を移行しており、教師もそれを黙認している。

　このように、授業活動についての統制は最小限であるが、その一方で、教師の資格、教えるべき教科および内容、生徒の学年、学校のタイプなどは、かなり厳密に定義されている。学校組織における「タイトな統制」は、フォーマルな資格と分類様式に向けられている。教師は小学校から大学まで、資格や担当科目が定められており、生徒は学年によって分類され、所定の科目の学習が要求されている。学年の移行や次の段階の学校への入学基準もはっきりしてい

る。たとえば、大学を卒業するための単位数は厳密に定められていて、単位が足りないと卒業できないが、受けた授業の内容や成果については統一された判断基準がない。それぞれの教室でどのように教えているか、またどの程度の学習成果があったかは細かく評価されないが、学校組織はこのように明確な分類様式を保持している。

第3項　同型化

　学校組織の教師、児童・生徒、学校のタイプ、カリキュラムなどの分類様式は、小学校ならどの小学校でも、中学校ならどの中学校でもほぼ同じであろう。学校組織の見取り図をみると、校長のもとに教頭がいて、生徒指導や進路指導、教務など委員会が設置されて、各クラスの担任教師がいる。各学校は、似たような構成になっている。当然だと言われるかもしれないが、その理由を説明しなければならない。

　現在では、ほとんどの学校にスクールカウンセラーが設置されている。それは、生徒の悩みの相談に対して各教師が個別に対応するだけではなく、学校には組織として対処する仕組みがあることを示している。スクールカウンセラーがいない学校は、生徒の心の問題に適切に対応できるのかと疑問視されるかもしれない。別の例として、ある学校がこぎれいなカフェテラスを設けていたとしよう。生徒と教師が休み時間に楽しく会話し、教師と生徒の人間関係が良好になった、また学業により積極的に取り組めるようになったとメディアが大きく報道したとしよう。楽しい学校とは、カフェテラスのある学校であるといった認識が広まるかもしれない。そして各学校が、次々とカフェテラスを設置するようになったとする。学校の外側から見ると、カフェテラスがあれば、生徒と教師との教室外でのコミュニケーションの場があると認識されるだろう。

　スクールカウンセラーの任用には、資格や勤務時間などの厳密な規則が設けられ、カフェテラスの設置にも予算枠が設けられ、利用規則も定められるだろう。つまり、タイトに統制される。そのような手続きを経た後では、スクールカウンセラーやカフェテラスの存在自体が、すでに学校の中での活動内容を語っている。他の学校組織の構成要素も同じような働きをする。一般的に言え

ば、組織構造の意味が人びとの認識や判断と一致する。制度派社会学の理論では、組織外部の認識の基準と組織構造の意味が「同型化（isomorphism）」しているという。この同型化があれば、学校組織の見取り図を見るだけで、人びとは組織の活動内容を推察できるだろう。そうなれば、外側から学校に向けられる視線は、組織の分類様式のレベルで停止し、日常的な活動の細部にまで注意が向けられない。組織は、同型化によって、外部からの評価から日常的な活動を保護できる。この意味で、同型化は組織の安定の源である。

第4項　脱連結

「ルースな統制」と「タイトな統制」の2側面は、学校組織がその内部と外部にどのように対応しているのかを示している。外部に対しては、資格と分類様式を厳密に維持しているが、内部には諸活動のコントロールを緩和している。その状態は、「フォーマルな構造（儀礼的分類）が、活動とその結果から脱連結（decoupling）している」と言われている。「脱連結」とは、フォーマルな資格や分類と日常活動の内実との乖離をさしているが、この状態は矛盾ではなく、学校組織にとって非常に積極的な意味を持っている。

　教師、生徒、教科、学校のタイプなどの分類様式を維持することによって、学校は社会全体から承認されている。また教育行政上も「標準的な分類」を儀礼的に維持することによって、大多数の教師、生徒、学校を管理運営することができる。しかしその分類の内実が問われると、かなりの矛盾が表に出てしまう。中学3年生の何割が所定の学力に達しているのか、教師の授業方法がどの程度の効果を上げているのかを厳密に評価されてしまうと、学校は「標準的な分類」を維持できなくなる。学校の分類様式には、虚構性が内包されているが、「脱連結」によって、その矛盾が露呈することを避けることができる。

　しかし、「脱連結」は内実を隠蔽するだけではない。それによって、学校は標準的な分類様式を維持しながら、異質な環境に適合し、多様な教師集団と生徒を抱え、多くの資源を獲得することができる。教師と生徒の日常が厳密に評価されないならば、国家や地域社会は、学校の効率の悪さや教育内容の非一貫性という事実を公に知ることはない。また授業の権限を教師に委ねるため、教

師の授業に対する責任感を高める場合もある。さらに教師と生徒にとっては、外部社会の圧力から逃れて、自由に自分たちの関係を作り上げることもできるのである。

第5項　信頼の論理

このシステムが成功する条件は、すべての成員が誠意を持って行動することである。お互いがそれぞれ定義された活動を、誠意を持って遂行しているという仮定が共有される必要がある。教育委員会は校長を信頼し、校長は教師を信頼する。また両親は、教育行政を信頼し、学校を信頼するというように「信頼の論理」の連鎖によって支えられなければならない。そしてこの「信頼の論理」が最もはっきりとあらわれているのが「教師の専門性という神話」である。「彼は大学で単位を取得して卒業し、教員試験に合格したのだから、授業もクラスルームの運営もうまくやってくれるであろう」というように、それは教師に対する信用を正当化し、日常活動の成果についての不確実性を緩和させているのである。

学校は、教育についての標準的な分類を維持することによって、外部社会からの支持と正当性を得ている。一方、日常的な活動に対するコントロールが厳密ではない結果、「信頼の論理」に支えられて、矛盾する多様な要素を支障なく内包している。このように学校組織の一般的特徴を理解すると、カリキュラムが頻繁に変化しても、日常活動にあまり支障をきたすことなく適応が繰り返され、フォーマルな教科の分類に変化がないのに、教師と生徒の活動が大きく変化するといった現実や、外部からの批判が、カテゴリーの内実に向かう傾向があっても、それに対して、カテゴリーの細分化や修正が行われるといった対応を説明することができるであろう。

この理論によれば、教育組織の中で教師は二つの期待を担うことになる。一方では、標準的な分類の維持と管理が求められ、他方では、日常活動において生徒への独自の専門的な対応が期待される。標準的な分類の維持に支障をきたすことなく、生徒との日常的な関係からユニークな成果が得られれば、教師としての仕事は魅力を増す。しかし逆の可能性も高い。

第Ⅰ部　教職の意義と役割

第6項　危機と改革

　以上のように制度派社会学のよる教育組織の一般理論をふまえれば、「教育の危機」の発生も理解できる。学校は、「信頼の論理」に支えられて、標準的な分類を儀礼的に維持できるなら、日常的な活動に対するコントロールが厳密ではなくても、矛盾する多様な要素を支障なく内包する。しかし、「信頼の論理」が成り立たなくなれば、厳しい批判の目が向けられる。中央レベルが地方レベルを、教育委員会が学校を、教師がお互いを信頼できないとすれば、また親が教育関係者を信頼できないならば、「ルースな関係」や「脱連結」の矛盾が露呈し始める。大学生が中学3年レベルの数学ができないといった儀礼的な分類の矛盾が表面にあわれると、教育システムへの不信感が高まるばかりである。規則の厳格化やカリキュラムや評価の精緻化（せいちか）といった対応策が導入されると、教育現場が「息苦しい」かもしれない。

　教育組織は、「教育とは何か」をめぐる外部社会の多様な解釈の中に埋め込まれている。だからこそ、「信頼の論理」に綻びが目立ち始めると、集中攻撃の的になってしまう。学力の低下、少年犯罪の凶悪化、道徳の荒廃、教師の教育力の低下などが繰り返し指摘され、経済的生産性の悪化や国際的競争力の弱体にまで結び付けられる。「改革」によって、システムの修復が提案される。もちろん、すべての改革が教育現場に深く浸透することはない。「教育の危機」は熱しやすく冷めやすい。

◤ 第4節　改革を改革する ◢

　教育改革が高らかに提唱され、「抜本的な改革」といった言葉が使われたとしても、ほとんどが既存の仕組みを前提とした上での部分的な修復である。教育組織の基本的な構造と分類様式に変更はなく、教科の廃止や新設、改変、資格の再定義といった小規模の変化が求められる。改革案は多様であるが、上で取り上げた教育組織の仕組みは、外部から導入される改革に対処する仕組みでもある。ゼロ年代に実施された政策と現場の日常活動との関係は、外部からの

第3章　ゼロ年代の社会変化と教師の仕事

圧力に対する組織としての対応の結果であると読み取れる。

第1項　道徳教育

　道徳教育を取り上げてみよう。21世紀になって、道徳教育の復活が声高く主張され、具体的な改革が提案された。第二次大戦後の日本社会をかたちづくってきた仕組みを問い直そうという議論の中で、日本人の「精神の空洞化」が深刻に語られ、伝統的な価値規範による「共同体」の再統合を目指そうという新保守主義的論調が論壇を賑わせてきた。日本の伝統に対する「喪失感」が道徳教育を唱える論者に共有されており、それは豊かな生活水準を達成しながらも、漠然とした「不安感」を抱える現在の日本人の心情とも重なり合っていた。凶悪な少年犯罪が生々しく報道され、子どもから大人まで仲間関係で生じる「いじめ」が後を絶たないといった現象も、伝統的な価値規範の喪失を憂い、道徳強化を求める動きを支える事実となった。第1節で取り上げた、「国を愛する気持ち」の落ち込みや、体感治安の悪化が深く関係している。

　しかし伝統的な価値規範の再構築が唱えられたとしても、道徳教育の具体的なプログラムを考案する段階になると、議論は途端に陳腐化への道筋を辿ることになる。まず何が伝統的な道徳かを定義しなければならない。恩、義理、人情、友情、勤勉、節約などの徳目を列記して、模範的な人物や現実場面を例にして、その徳目をイラストすることになる。授業の方法や評価となると、さらに具体的なガイドラインが必要になる。道徳教育のための細かい手続きの議論では、「喪失感」は背後に退けられて、最終的には週1時間の授業の手引きが作成されて、議論は一定の終息にいたる。道徳教育の成績評価は可能かという論争をしていては、「喪失感」は解消されないまま持続するか、当初の「熱さ」が次第に冷却されることになろう。「道徳教育」の現場を視察するような仕組みまでは、提案されていない。

第2項　ゆとり教育

　画一的で知識偏重の受験教育を批判し、個性と自立的な思考の育成を目指した「ゆとり教育」については、実施前から学力低下を招き生徒間の格差を増大

第Ⅰ部　教職の意義と役割

させるといった批判が浴びせられ、導入と同時に逆コースへの方向転換が打ち出されていた。短い期間であったが、導入から後退までの政策的な転換に対して、教育現場はどのように対応したのであろうか。ゆとり教育が、個性重視や自ら考える力といった個人主義的な能力の形成を唱えていただけに、日本の文脈においてどのような変化がもたらされるのか、欧米の研究者の研究関心となるのであろう。1990年代後半から2000年代にかけての学校現場を詳細に記録した研究成果が刊行されている。

　イギリスの人類学者ピーター・ケーブ（Peter Cave）は、京都市近郊にある中学校2校を中心に1990年代後半から2000年代後半までの日常活動について、10年間の変化に焦点を立てて、体育祭、文化祭、校外学習、授業場面、進路指導などを描き出している [9]。「総合的な学習の時間」について取り上げておこう。詳細な観察と聞き取りによれば、新しく導入された教科からの要求と自明視された既存の日常活動とのギャップは大きく、大半の教師は準備の時間も十分に取れず、情熱的ではない。成功した事例も限られている。

　新設された「総合的な学習」は、「自分で課題を見つけ、自ら学び、自ら考え、主体的に判断し、行動し、よりよく問題を解決する資質や能力を」育成するための経験的な学習を中心とする教科である。1998年に告示された学習指導要領は、実施まで3年間の準備期間が設けられていたが、担当となった教師だけが指定校における実験授業に参加した。地域の教育センターにおいて研修が行われたが、年間2〜4回程度であった。教科をまたぐ新設の科目であり、教科書はなく専門の教師がいないにもかかわらず、大半の教師は、自校での研修に参加するだけで対応し、自ら考えて授業を工夫するよりも、提供された授業例を模倣するケースが多かった。

　授業内容は、学校によって異なるが、校外学習が利用され、福祉施設の見学、職場体験、修学旅行先での見学などの準備と報告に時間が割かれていた。近畿の中学校128校をサンプルとした調査結果では、88％の中学が修学旅行を利用し、85％が中学卒業後の進路学習、75％が職場体験、50％が福祉施設訪問となっており、ディベートはわずか17％である。生徒の中には、詳細に観察結果を記述した素晴らしい報告もあったと紹介されているが、教師の側は自立

64

的な学習や問題解決よりも、訪問先での挨拶や言葉遣いといったマナー教育を強調していた。

学校間の差異や生徒間の差異にも注目する必要がある。校区に比較的裕福な家庭の多い学校では、「総合的な学習」の目的に見合った授業が行われていた。地域の大学生による理科実験の授業や「学校で合唱コンクールをすべきか」「死刑に賛成できるか」といったディベートを行っていた。私立の進学校になると、卒業生の大学教師を招くような、より高度な授業が行われていた。成績の良い生徒の場合、柔軟に対応できるが、成績の良くない生徒がどのように授業に取り組めば良いのか、はっきりとしたガイドラインはない。ケーブの観察した多様な生徒を抱える中学校では、2007年に「総合的な学習」の時間に「探求時間」と「基礎時間」の区分が導入されて、「基礎時間」ではワークシートによる教科の復習が行われていた。先の調査結果でも、40％の中学が「総合的な学習」の時間に「基礎学習」を行っていた。

この問題は、時間数の増加した「選択科目」への対応でも浮き彫りになっていた。多様な生徒を抱える学校の場合、より高度な教材を用いる授業から基礎的な学習、遊びを取り入れた授業まで多様な選択肢を用意しなければならない。それが教師の重荷となり、教師の評価は極めて低い。英語や数学の授業では、生徒に基礎グループか発展グループかどちらに入るのかを選択させて、グループ別の教材を与える授業を実施する例が紹介されていた。

ケーブの研究では、体育祭や文化祭、合唱コンクールといった学校行事、ならびにクラブ活動の風景も克明に記述されている。学業から離れて、教師と生徒が多大のエネルギーを注ぐ姿が生き生きと描き出されている。日本人には見慣れた行事の風景である。「ゆとり教育」の理念からすると、学校行事も個性を磨き、生徒が自分を表現する良い機会になるはずだが、改革の影響はほとんどない。男女別の競技の種類も同じである。教師は生徒のコントロールを失わないようにしているが、10年間での変化としては、集団生活の規律はあまり強調されず、「思いやり」や「気持ちを一つにする」といったソフトな言葉が用いられるようになっていた。文化祭は、生徒が個性を発揮する機会なのだが、授業時間数の関係から、「ゆとり教育」が実施されたその時に文化祭を廃止す

第Ⅰ部　教職の意義と役割

る学校があった。これもゆとり教育の理念に反する事例である。

　アメリカの人類学者クリストファー・ビヨルク（Christopher Bjork）による日本海側に位置する地方の小中学校の研究も取り上げておこう[10]。ビヨルクは小学校と中学校を3校ずつ選び、2003年から09年にかけて「ゆとり教育」導入に対する教師の対応、具体的な授業場面、生徒の反応、親の意識などを詳細に調査している。ケープの研究と同様に「ゆとり教育」による政策的な介入と現場の日常活動との関係に主たる焦点が当てられているが、小学校と中学校の比較によって、中学における対応の困難を描いている点が特徴である。また中学教師の日常業務の過剰な負担と高校入試の対応が強調されている。

　調査の対象となった小学校と中学校の教師に対して、「総合的な学習を教えた経験から、この教科に満足しているか」「総合的な学習導入前のカリキュラムと比べて、現在のカリキュラムにどのように感じているか」を尋ねたアンケート調査の結果が紹介されている。教科に対する小学校教師の満足度の平均点は、5点満点で3.07、中学校教師は2.60である。以前のカリキュラムと比較した満足度の平均点は、小学校教師で3.19、中学校教師は2.47となっている。

　小学校の教師も中学校の教師も「総合的な学習」の導入前、その理念については賛成していたが、効果については懐疑的であった。しかし実施した後の満足度については、小学校の教師の間で比較的良好な評価である。小学校の教師はほとんどの教科を教えているため、教科をまたぐトピックにも対応ができ、受験準備もまだ必要がない。小学4年生の「河川の水質」、小学5年生の「田植え」の授業風景が紹介されており、児童は自由に問題を発見して、疑問を出して自ら解答を考えている。「総合的な学習」が求める能力は、小学校の教育現場に適している。

　一方中学校の場合、教師は特定の専門教科を教えているため、「総合的な学習」を担当すると他の教科について準備をしなければならず、そのためにはかなりの時間的な余裕が必要となる。さらに「総合的な学習」は、教科書がなく授業の内容は教師の自主的な判断に委ねられる。自己の裁量によって授業を組み立てることは、教師の専門的な能力を高めるとの期待があったが、むしろ教師にとっては責任がさらに重くなり、評判が悪い。日本の中学教師は、自分の

専門科目に加えて、さまざまな学校の管理運営上の業務を担わねばならないが、目的と手段の曖昧な「総合的な学習」が加わると負担が重くのしかかる。

負担が重く、目的も結果も曖昧な「総合的な学習」や「選択科目」の時間は、プリント学習や数学や英語などの復習に切り替えられている。社会科の選択科目でプリント学習が行われている様子が紹介されている。本からコピーした２枚のワークシートをクラスの生徒全員に配り、班わけして、それぞれの班で指定された都道府県の施設や名所の緯度と経度を調べさせるような自習の時間である。生徒が作業をしている間、教師は机で他の授業のテストの採点をし、それが終われば新聞を読んで、授業の終了10分前まで、作業が終わった生徒が話をしたりしていても気にかけない。最後の10分間で正解を告げ、この中に入学試験に出そうな問題があると告げて授業を終えている。この教師は、夜10時、11時まで学校に残って仕事をすることもある。プリント学習は、負担を軽減するための対応策である。「総合的な学習」や「選択科目」は、とくに授業内容に対して批判も罰則もないのなら、プリント学習や主要科目の復習、受験準備に切り替えられて、時間数が少なくなり、学習指導要領とは異質の授業になってしまっている。生徒からはとくに反発もなく、基礎学力と受験準備に読み替えるなら、父兄からの批判もない。

第3項　理想が出会う現実

道徳教育の例もゆとり教育の例も、中央からの政策的に対して学校が個別に組織としてどのように対応するのかを示している。教育改革の理想が高らかに唱えられても、具体的な政策的介入はシステム全体にわたるものではなく、対象は特定の教科の新設や改変、廃止などに限定される。一旦政策が施行されれば、中央からの介入は手続き的である。手続き的であっても、複数の個別の対象に対する介入が繰り返されると、組織構造は複雑化する。それぞれの学校は、生徒や地域や利用可能な資源の現状を前提に、その他の日常的な諸活動と調整しながら対応しなければならない。そのプロセスで抽象的なガイドラインは、個々の学校の現状によって読み替えられるであろう。結果として、政策や抽象的な理念と日常活動との乖離は進む。

第Ⅰ部　教職の意義と役割

　グレーザーは、政策やフォーマルな組織の現状と学校の日常活動との乖離に
注目して、日本の学校の日常活動を方向付ける、共同体意識、画一性、平等主
義といった特徴に学力への有効性を見出した。三つの特徴は、ケーブやビヨル
クの観察した学校現場でも存続し、ゆとり教育を読み替える原理となっていた。
　学校が「改革」されると言うよりも、制度化された組織としての構造が「改
革」を「改革」すると考えたほうがよいだろう。改革案の中で夢想された「未
来」への熱い思いは、現実との乖離が深まるにつれて、「幻滅」へと転じてし
まうかもしれない。制度化された教育組織の理論は、「未来」に向けて目的と
手段を厳密に規定した改革案であっても、個々の学校の日常活動にまで統制の
手を及ぼすことがいかに困難であるかを説明している。

第5節　あいまいさの魅力

　一世紀にわたるアメリカの教育改革の歴史を総括する書物に対して、著者の
タイアックとキューバンは Tinkering Toward Utopia というタイトルを与えてい
る[11]。「理想郷をもとめた下手な修復の繰り返し」といった意味になるだろう。
人々は望ましい未来像を実現しようとして、若者をどのように教育するのかを
議論し施策を考案するのだが、実際の改革は、システムのあちこちを小規模に
修理するだけに終始し、期待からはほど遠い。ユートピアの構想はビジョンを
持つために有効であるが、「絵にかいた餅」として不評を買う場合も多い。一
方、小手先の改革は、単なるその場しのぎの積み重ねかもしれないが、進歩へ
の現実的な対応となる場合もある。両者の緊張関係を取り持ちながら、制度化
された組織としての学校は、部分的な変化を繰り返し存続してきた。少なくと
も、1980年代以降の日本の教育改革も「小手先の修復」の繰り返しであった。
　「第3の教育改革」、その中でも「ゆとり教育」は、社会不安の高まったゼロ
年代に実施され、短期間で姿を消した。理想は高くとも、手段も結果の評価も
あいまいな政策は、時代の雰囲気とも合致しない。「基礎学力」重視への転換
は、不安感の高い時代の安定志向と言えるだろう。
　「ゆとり教育」の背景として記述された、教育現場の荒廃や抑圧的な受験競

争は1980年代から90年代の時代状況であった。しかし第1節で紹介したように、ゼロ年代を経て、社会不安は薄らぎ、中学生・高校生の心身も安定的で学校に対する意識も良好である。「ゆとり教育」の背景も「失われた」。

　ただし、2017年改訂学習指導要領（2020年より実施）を見ると、「総合的な学習の時間」は「教科以外の教育活動」として、時間数は削減されても存続している。儀礼的な分類だけが残り、日常活動のタイトな統制はない。外部から授業内容を厳しく評価しようとする視線が浴びせられることはないだろう。そのためこの時間を使って、プリント学習や主要教科の復習、受験準備、校外学習などが行われる可能性が高いだろう。しかし教師が独自のアイデアを出して、生徒が個性を伸ばし自分で考える力を発揮できるような、新しい授業を工夫してもよいはずだ。それができる可能性も高まった。

　学校組織が、教師と生徒の日常活動に対して厳密なコントロールを欠いていることの利点を再度、強調しておきたい。日常の授業場面が行政や政策から分離されているからこそ、教師はある程度の自律性を確保できる。行政や政策から離れて、革新的な教材や授業方法があれば、自由に自分の授業に取り入れる。また生徒の関心に対応して、授業内容を変更したり修正したりもできる。この自律性が教師の仕事の魅力であるはずだ。

　学校である限り、生徒は学年によって分けられ、教室でそれぞれの教材を学習し、課外活動にも参加しながら学年を進行して卒業する。このシステムを大幅に変更することは不可能に近い。しかし外部に対して、学校が儀礼的な分類を維持しながら、教師と生徒の日常活動の自由を確保できるならば、独自のクリエイティブな活動によって、今日の学校が活性化される可能性も高い。教師にとって、「あいまいな」時間を魅力に変えるチャンスはまだ残されている。

〈注〉
(1)　ライフコースの変化については、岩井八郎「戦後日本型ライフコースの変容と家族主義——数量的生活史データの分析から」落合恵美子編『親密圏と公共圏の再編成　アジア近代からの問い』京都大学出版会、第4章、2013年を参照されたい。
(2)　NHK放送文化研究所編『NHK中学生・高校生の生活と意識調査2012——失われた20

年が生んだ"幸せ"な十代』NHK出版、2013年。

(3) 少年犯罪の増減については、岩井八郎「少年犯罪の増減」近藤博之・岩井八郎『教育の社会学』放送大学教育振興会、第13章、2015年。

(4) 平成24年度版『文部科学白書』4頁。

(5) 同上書、4頁。

(6) ネイサン・グレーザー（庄司興吉訳）「日本の経済成長と社会文化的要因」ヒュー・パトリック＆ヘンリー・ロゾフスキー編（貝塚啓明監訳）『アジアの巨人・日本4　労働・都市・社会問題』日本経済新聞社、1977年、210-11頁。

(7) David B. Willis & Jeremy Rappleye eds. *Reimaging Japanese Education: Borders, Transfers, Circulations, and the Comparative*, Symposium Books Ltd, 2011, p.15.

(8) John W. Meyer & Brian Rowan, "The Structure of Educational Organization," in M. W. Meyer and Associates, *Environments and Organizations*, Jossey-Bass, 1978. またより詳しい説明は、岩井八郎「制度としての教育・組織としての学校」岩井八郎・近藤博之編『現代教育社会学』有斐閣、2010年を参照されたい。

(9) Peter Cave, *Schooling Selves*: *Autonomy, Interdependence, and Reform in Japanese Junior High Education*, The University of Chicago Press, 2016.

(10) Christopher Bjork, *High-Stakes Schooling: What We Can Learn from Japan's Experiences with Testing, Accountability & Education Reform*, The University of Chicago Press, 2016.

(11) David Tyack & Larry Cuban, *Tinkering Toward Utopia: A Century of Public School Reform*, Harvard UP, 1995.

〈推薦図書〉

アップル，マイケル（太田直子訳）『右派の・正しい教育——市場、水準、神、そして不平等』世織書房、2008年。

岩井八郎・近藤博之編『現代教育社会学』有斐閣、2010年。

経済協力開発機構（OECD）編（徳永他訳）『図表でみる教育——OECD インディケータ（2016年版）』明石書店、2016年。

ゴードン，アンドルー（森谷文昭訳）『日本の200年——徳川時代から現代まで』上下、岩波書店、2013年。

山崎政人『自民党と教育政策——教育委員任命制から臨教審まで』岩波新書、1986年。

第**4**章

教師・生徒関係と教師文化

第1節　教師・生徒関係をどう見るか

第1項　「師」の消失

　現代の社会では、「師」ということばは学校においても日常生活においても
なじみにくいものになっている。学校や塾で教えてもらう「先生」はいても、
全面的に尊敬したり同一化するような対象としての「師」という存在は、イ
メージすることも難しくなりつつあるだろう。

　たとえば、自動車教習所では先生（教官）に車の運転は教えてもらうけれ
ど、それ以上に先生の人柄や性格を知りたいと思ったり、人生の相談にのって
もらいたいとはふつうは思わないだろう。それと同じように、学校や大学で
も、授業や専門の知識・技術を教えてもらう先生に対して、生徒・学生という
フォーマルな関係を超えて先生のことを知りたいと思ったり全面的に師事した
りすることは少なくなりつつある。

　たとえば、内閣府が世界11ヶ国の青年（18〜24歳）を対象に、1972（昭和
47）年から5年ごとに行なっている「世界青年意識調査」には、「学校に通う
意義」についてたずねた項目がある。第8回（2007年調査）を見ると、日本の
青年にとって最も重要なのは「友達との友情をはぐくむ」（65.7％）ことであ
り、以下、「一般的・基礎的知識を身につける」（55.9％）、「学歴や資格を得る」

（54.5％）、「専門的な知識を身につける」（51.1％）と続くが、「先生の人柄や生きかたから学ぶ」（27.2％）は最も低い。

　もう一つ、誰に悩み事を相談するかという質問（複数回答可）について見てみると、最も多いのは「近所や学校の友達」（53.4％）であり、それに続いて「母」（47.1％）、「父」（22.2％）が挙げられているが、「先生」に相談する人は8.5％と最も少ない。

　これらの結果を見ても、学校の先生は人生のモデルや相談相手としてというよりも、基本的には知識や技術を媒介とした機能的関係としてとらえられていることがわかるだろう。だから、授業や学校以外のところで先生と個人的に接触したり、先生の家を訪ねたりするといった親密な交流も現在ではあまりみられない。むしろ、学校以外での先生のプライベートな世界は知りたくないというほうが一般的と言えるかもしれない。「先生」ということばは、あくまでも役割関係を示すものであって、人生のモデルとして憧れたり模倣したりする対象としての「師」という意味合いは弱くなりつつある。その意味では、学校の先生との関係も一般の社会関係と変わらないような機能的な関係が中心になっていると見ることができるだろう。

第2項　機能的な関係

　しかし、そもそも近代的な学校というのは、こうした機能的な関係を前提としている。文芸評論家の吉田健一は、「寺子屋」というエッセイのなかで、学校という場にはいわゆる師弟関係のような全面的で包括的な関係はなじまないと述べている。吉田によれば、現代では学校に行くのは当たり前のことになっているが、学校がない時代でも優れた者が周りの者を感化するという営みは存在していたと言う。しかし、たとえば孔子やソクラテスが周囲に弟子を集めて教えたりしていたのは学校とは言えない。また、中世ヨーロッパの大学のように、一見学校のように見えるものも、われわれがイメージする学校とはまったく異なるものである。そこでは、誰にも共通に標準化された知識が教えられるのではなく、個別的かつ人間全体が関わってくるような師弟関係を通して、特定の学問や技が身につけられていくしくみになっていた。だから、「師弟の関

係はもう古いのではなく、（学校は）初めからそんなこととは縁がない」のだと言うのである[1]。

　学校は、カリキュラムという形で知識が標準化され、資格をもった教師がそれにそって教育を行なっていく合理的な組織であり、教師と生徒・学生の関係も制度的な役割に基づいた機能的な関係が基本になっている。このような近代的組織としての学校には、師と弟子の情誼を含んだパーソナルで全面的な関係（師弟関係）はそぐわない。吉田が、学校と師弟関係は「縁がない」というのはそういう意味である。

　教育社会学者のW.ウォーラー（Waller, W.）も、学校文化や教師－生徒関係についての古典と言うべき『学校集団——その構造と指導の生態』（1957年）のなかで、社会には「人間的指導」と「制度的指導」という二つの指導関係があるとしながら、学校の教師と生徒の関係は、あくまでも「制度的指導」が基本であることを強調している[2]。

　「人間的指導」とは、指導する側の個人的な魅力や権威によって維持されるような指導関係である。指導の方法やスタイルは予め決まっているわけではなく、相手や場によって臨機応変に変わる。それがうまくフィットすれば指導を受ける側も喜んで受け入れるから、一方的な指導でも案外そうは見えにくい。いわゆる師弟関係は、この「人間的指導」に近いものだと言うことができるだろう。

　一方、「制度的指導」は、指導の方法も指導者の権威も予め制度的に決まっていて、それに互いが従うことによって成り立つ関係である。選択の余地は少ないが、指導者個人に魅力がなくても制度化された権威によってその関係は維持されるから、安定性は高い。

　学校においては、教師と生徒の位置は制度的に決まっており、それにそって相互関係が営まれる。先生の人格や持ち味にかかわらず、教える内容やスタイル、評価の基準も、大枠は決まっている。その意味では、学校における教師と生徒の関係は、基本的に「制度的指導」を前提として成り立っている。

第Ⅰ部　教職の意義と役割

第3項　教師の仕事の曖昧さ

　しかし現実の学校では、教師はウォーラーの言う「制度的指導」と「人間的指導」のいずれにもかかわるさまざまな仕事をかかえている。授業や講義は言うまでもないが、それ以外にも指導案の作成など授業の準備、部活動の顧問や指導、進路や学習についての相談やアドバイス、学校内外での生活についての管理や指導、いじめや不登校などの問題行動への対処や助言、保護者や地域などからの相談やクレームへの対応など、学習面から生活面、学校内から学校外まで含めて広い範囲にわたっている。

　そのなかには、どこまでが教師にフォーマルな役割として求められているものか、明確には区切れないようなものも多く含まれている。とくに生徒との関係にかかわることについては、役割というだけでなく包括的な人間的・教育的関わりとして向き合うことが隠れた規範のようになっている場合も少なくない。久冨善之は、こうした教師の仕事の特徴を「無限定性」ということばで表現し、「子どもの教育にたずさわるという仕事の性格を、『いわゆるサラリーマン的な』限定的態度で割り切ることができない、あるいは割り切ってはならない、むしろ無限定な関心と熱意とを必要とするのだという一つの教職観が父母と教員とに分有、共有されている」と指摘している[3]。

　ウォーラーが、あえて組織としての学校とそれに基づいた「制度的指導」を強調したのも、現実にはそれに限定されないさまざまな要素が教師と生徒の関係のなかに入り込み、教師の仕事を曖昧に広げていく傾向があったからである。

　こうした仕事の「無限定性」や曖昧さが、いわば教師という職業につきまとう一つの特徴であり、それに対する見かたも時代や社会的文脈によってアンビバレントに揺れ動いてきたのである。

　本章では、こうした視点から、教師と生徒の関係やそれを支えてきた学校文化や教師文化がどのような機能を果たしてきたのかを見ていくことにしたい。

第4章　教師・生徒関係と教師文化

第2節　近代的組織としての学校

第1項　合理的組織

　黒板、教卓、時計、机と椅子などの配置や、服装や持ち物、日常行動まで含めた教室での行動をコントロールするさまざまな規則やルーティン。そのほとんどは、学校の外の生活にはない独特のものである。それらは、教師や生徒たち自身の好みや方針で決まるわけではなく、予め設定されたものである。しかし、同じ学校や学級に所属することになれば、教師も生徒もこれに従って行動しなければならない。

　このようなしくみを「フォーマルな組織」と言う。P. L.バーガー & B.バーガー（Berger, P. L. & Berger, B.）は、学校が「フォーマルな組織」であることについて、次のように述べている。

　フォーマルな組織とは、かいつまんでいえば、規則が明確に規定され、専門職員によって監督されている制度のことである。子どもは家庭から学校へ門出をすることによって、単に新たな権威の下に置かれるだけでなく、それまでとは異質な権威の下にも置かれるようになる。彼らは家庭とはかなり異質の機関にいわば「あずけられる」のである。いままでとは異なる規則が適用されるが、その規則は自分だけにではなく、同じ状況に置かれた子どもたち全員に適用される。そればかりか、学校に愛情がどんなに満ちあふれているといっても、子どもはいまや不特定多数の一員として（あるいは一つの記号として）取り扱われる。子どもはもはや、自分の家の中で占めていたような特権的な地位を期待することはできない。彼等はこの新しい状況のなかで、よい方向へ向かうか、悪い方向へ向かうかはともかく、「自分の道を切り開いていかなければならない」。子どもは学校へ入ることで、より大きな世界への第一歩を踏み出す。そのより大きな世界を代表するとともに、大きな世界との仲介をしてくれるのが学校である [4]。

　このようなフォーマルな組織の典型は官僚制組織である。官僚制というと、

75

第Ⅰ部　教職の意義と役割

非効率的で融通のきかない固い組織のようなイメージがあるが、そもそもは合理的で効率的な組織原理として、社会の近代化の過程のなかでさまざまな組織のなかに浸透していったしくみである [5]。

　官僚制組織は、官庁のような行政組織だけではなく病院や企業など一般の近代的組織にも浸透している。学校もその一つである。学校では、子どもも家庭とはちがって気の向いたときに本を読んだりおもちゃで遊んだりと、思うままに行動するわけではない。朝礼からはじまって授業や休憩時間、昼食、掃除など、予め決まった手順やルールに従って行動しなければならない。チャイムが鳴ったら席につく。発言するときには手を挙げて許可を得る等など。集団のなかの一人の「生徒」として、規則に従って行動することになるのである。

　教科の内容も、教師や生徒の好みや志向ではなく、易しいものから難易度の高いものへ、具体例から一般的法則へというように、細分化され階層化されたカリキュラムにそって進められる。生徒を教えるのは、専門的訓練を受け資格をもった教師である。その成果は、試験やテストによって客観的に評価される。学校での学習活動は教師や生徒の恣意によってではなく、学校組織のなかで標準化された内容と手続きにのっとって、合理的に運用されていく。このように、近代学校は、効率性と合理性を重視する官僚制の組織をモデルとしてつくられたものである。

　時計や黒板、教卓、机、椅子などによって構成された教室の空間配置や、学校や教室におけるさまざまな規則などは、このフォーマルな組織を支える装置と見ることができるだろう。

第2項　学校の権威と秩序

　こうした学校に独特の空間配置や慣習は、教育を効率的・合理的に運営していく上で機能的であるだけではない。規則や時間を守り努力を惜しまないといった態度は、学校に適応しその権威を受け入れていく装置としても重要な意味をもっている。

　たとえば、時計は近代学校を象徴するものだったが、それは時間を区切って授業を効率的に進めていくというだけではなく、それによって勤勉や努力とい

76

第4章　教師・生徒関係と教師文化

う価値（エトス）を身につけていく上でも重要な意味をもっていた。

　また、先生のほうに向かって生徒の机や椅子が配置されるスタイルも、効率よく授業を行うためだけではない。このような配置のなかでは、教師が生徒全員に向かって話しかけるのに対して、生徒はつねに注意を払わなければならない。教師のほうにまず注目が集まるようにできているのである。

　そうした状況のなかで、教師が質問をし、生徒は手を挙げて発言するというやりとりが可能になる。そして生徒の発言が「正しい」かどうかは、教師の評価（「よろしい」「よくできました」）によって確認される。メハン（Mehan, H.）は、教師の主導的発言（Initiation）－生徒の応答（Response）－教師の評価（Evaluation）という教室でよくみられるやりとりの基本的なパターンをIREと呼んでいる[6]。主導的発言の中心は「質問」である。このIREが定着することによって、授業全体が秩序だって進められていく。

　その際、生徒が正答を出すためには、教師の質問の意図を的確に読み取らなければならない。生徒は、教師が既に知っていることを質問していることを「知っている」。「正答」は予め教師がもっているのである。生徒はその「正答」が何であるかを推測し、それに合わせて応答するのである。IREが当たり前のこととして定着するためには、「正しい知識」は教師がもっていること、つまり教師の権威を生徒が認めることが前提となる。

　こうした教師の権威を支えているのは、教師個人というよりも学校の権威である。カリキュラムにそって行われる教授＝学習は、段階を踏んで課題をこなしていくことによって、「正しい知識」にたどり着くことができるという前提を共有することも伴っている。「学校で教えられることは正しい」という暗黙の了解を前提として、教師への信頼や敬意も成り立っているのである。学校や授業の秩序を維持していく教室の物理的な空間配置や授業のやりとりの構造は、教師や学校の権威を暗黙のうちに受け入れていくしくみにもなっているのである。

第Ⅰ部　教職の意義と役割

第3節　学校の揺らぎと教師文化

第1項　ストラテジーとしての教育行為

　しかし、現実の教育場面においては、組織の原理に従ってすべてが合理主義的に進んでいくわけではない。機能的な役割関係が基本とはいっても、教師には専門職業人としてあるいは教育者としての理想を実現したいという願望や期待も一方では存在する。組織の原理にそって合理的・機能的な役割を果たすということと、教育者としての理想を実現するという「ロマン」の間に、ジレンマやアンビバレンスが生じることも少なくない。実際、授業や生活指導などにおける生徒との具体的な関係のなかでは、単に役割関係とか機能的関係を超えて情誼をともなう感情的な交流が生まれることもあれば、逆にそれがネガティブな感情のほうに捻れてしまうこともある。

　また、生徒のほうでも常に学校や教師の権威をみとめ従順にふるまうわけではない。自らの目的や要望、期待が学校組織の前提と合致しないような場合、教師との間に対立や葛藤が生じることもあるだろう。

　このように、組織としての学校の原理と教育者としての理想との乖離、生徒の目的や欲求と教師の目的や理念との齟齬、相互行為のなかでの偶発的な対立や葛藤など、教師は現実の教育場面においては、さまざまなジレンマを抱えることが少なくないのである。

　こうしたジレンマを回避し、教師としてのアイデンティティを保持していくための戦略がストラテジーである。ウッズ（Woods, P.）は、理想と現実の乖離やジレンマが生じやすいイギリスの非進学校を対象としたエスノグラフィーのなかで、そうした教師のストラテジーを描き出している[7]。ウッズは、一般的な授業方法では授業自体が成り立たないような状況では、教師は授業の目的達成よりもまず、授業秩序をつくっていくような教授戦略を編み出していくという。生徒の興味や関心を引く話題を多く取り入れて生徒との葛藤を避けつつ、教師の権威と秩序を維持していこうとするような戦略（ストラテジー）な

78

ど、さまざまな例が挙げられている。

こうしたストラテジーは、授業を円滑にすすめるための教授技術というだけでなく、それ以上に教師自身が生徒との葛藤や同僚からの批判をかわし、教室や学校のなかで教師としてのアイデンティティを維持していくための戦略（サバイバル・ストラテジー）という側面が大きい。

一見、円滑な授業をつくるための技術と見える教師の行為は、別の側面から見ると、教師が直面するさまざまなジレンマに対処し、組織のなかで教師としての地位とアイデンティティを維持していくためのサバイバル・ストラテジーとしてとらえることができるのである。

第2項　指導の文化

教師のストラテジーは、教室での生徒との相互行為やその時々の状況に応じて対処戦略として形成されるものである。それは教師個々人が教育実践のなかで編み出していくものであると同時に、それらの多くは暗黙のうちに実践知として教師の間で共有されていく。その意味では、教師文化としての側面ももっている。

教師文化は、教師という職業にある人たちに共通のものの見かたや感じかた、他者とのコミュニケーションや行動を規制する規範や慣習的な態度などである。教師らしさとか教師くささと言われるような意識しないうちに身につけられていくハビトゥスである。

こうした文化は、日常生活のなかで自然に身についていくだけでなく、先に述べたようなジレンマやアンビバレンスに直面したときに、それらを回避したり乗り越えたりしていくための「知恵」として生み出されていくものでもある。その意味では、教師のストラテジーは、教師という職業に付随するさまざまなジレンマやアンビバレンスから自らを防衛しアイデンティティを維持していくための教師文化の一部をなすものと言うことができるだろう。

このような意味での日本の教師文化の特徴を、酒井（1998）は、「指導の文化」としてとらえている[8]。学校のエスノグラフィックな研究のなかで、「指導」ということばが教師や教育関係者に頻繁に使われていることに注目し、こ

第Ⅰ部　教職の意義と役割

れが日本の教師文化の特徴になっていると指摘している。

　酒井によれば、「指導の文化」の特徴は、「多様な児童生徒への関わりのすべてが指導という言葉で捉えられていること」だと言う[9]。たとえば、学習面においては、「学習指導」「教科指導」「個別指導」といったことばがよく使われているが、学習面だけでなく、生徒指導面や進路指導面などにおいてもさまざまな文脈で登場する。掃除については「清掃指導」、服装については「服装指導」、給食や部活動についても「給食指導」「（部活の）練習の指導」「下校指導」など、教師の行為や活動のあらゆる側面が「指導」ということばで表現されていると言うのである[10]。

　そして、こうした「○○指導」を支えるもう一つのキーワードが「信頼関係」であるという。生徒や保護者とのコミュニケーションがよくとれ、円滑な関係にあることをつねに意識していて、そのために家庭訪問したり生徒と日記を交換するといったことも厭わない。「そういう信頼関係があってこそ、学校で勉強を教わって、分かったとか、分かって面白いとか、そうなると思います。そういうものが基になければ、教師なんて本当にティーチングマシンですよね、学習を教えるだけの」という教師のことばの引用にそれがよく現れている[11]。

　酒井は、こうした「指導の文化」が、1980年代後半あたりからの学校批判への対応と相俟って、教師がこうしたさまざまな仕事を受容し、多忙化が助長されることになっていったと論じている。

第3項　教師文化と教師アイデンティティ

　このように見てくると、教師文化は、ただ教師として経験を重ねていくうちに自然と身についていくモーダルな思考や行動様式というだけでなく、教師という職業に特有のジレンマやアンビバレンスに対処し、教師としてのアイデンティティを維持していく上で重要な役割をもつものであることがわかる。

　そうしたジレンマのなかには、教師としての理想と現実の乖離といった比較的普遍的なものもあれば、社会や学校の置かれた状況のなかで新たに生じるものもある。戦後日本の教育においては、学校教育の大衆化が進んでいく1970

年代後半から1990年代にかけて、学校と教師をとりまく状況も大きく変容した。学校という存在に対する無限定な信頼や期待が後退し、学校批判や教師批判が顕在化するようになったのもこの時期である。教師への暴力や不登校などが教育問題として浮上する一方で、管理教育への批判が社会問題としてメディアでもよく取上げられるようになった。

　学校が合理的組織として存立することそのものが揺らいでいくのにともなって、教師も学校という権威の下で安定した教育活動を行い、その地位を維持していくことが難しくなっていく。このような状況のなかで、教師文化はそうしたジレンマやアンビバレンスを乗り越え、教師としてのアイデンティティを維持していくための経験知を培っていく支えとして、ますます重要な意味をもつようになったのである。

◢ 第4節　市場化のなかの学校と教師 ◣

第1項　サービス化する教師のしごと

　しかし、1990年代以降になると、学校教育を含む教育全般はさらに大きく変化していくことになる。「個を生かす」「生きる力」「新しい学力観」などのスローガンや学校選択制の導入、一連の大学改革など、さまざまな改革が次々と試みられるようになったことはよく知られている。

　その背景として、社会全体における市場化や消費社会化の進展という大きな波が教育のなかにも波及し浸透してきたことが大きいことは言うまでもないだろう。義務教育レベルにおいても、どの学校に通うかを保護者や本人が自由に選択できる学校選択制が採択されたり、高等教育においても教育課程を社会的なニーズや学生の要望に合わせて再編するなど、市場化の波はあらゆる学校段階に影響を与えた。それにともなって、公教育に対する見かたも大きく変化し、教育を公的なものというよりも教育を受ける側のニーズや要求に応えるサービスとみなす傾向が強くなっていった。市場原理の浸透は、教育や学校にたいする見かたや教師の仕事の意味を大きく変えることになったのである。

第Ⅰ部　教職の意義と役割

　また、こうした状況においては、教師の仕事や教育行為にたいして、評価という観点が導入されることにもなる。これまで学校教育の世界では、教師をその成果によって評価するということ自体、なじまないものとしてとらえられてきた。教師の行為を「指導」としてとらえる文化は、それらを成果と直接に結びつけようとするのではなく、むしろそれを否定する文化であった。もちろん、それが教師の経験知として蓄積されて教師のアイデンティティや達成感を保持する側面があると同時に、生徒をコントロールする手段として使われたり、教師の多忙化を正当化するものになるという側面もある。

　しかし、成果と結びつけて評価する教育の表層の下に評価することができないような深層の文化があるという前提が、ジレンマやアンビバレンスを回避することにもなっていた。近代的な学校組織における教師と生徒の関係は役割関係が基本になっているとはいえ、現実にはそれだけでなく愛情や尊敬といった情誼の関係が下支えしてきたのである。

第2項　サービス化と評価主義

　しかし、市場化とそれにともなう教育のサービス化は、そうした深層部分を極小化し、教師と生徒の関係や教師の行為のあらゆる側面を評価可能なものとして顕在化させることになる。教師は、授業においてもそれ以外の場における生徒との関係においても、相手のニーズや要望に応えることが求められる。授業においては、教える側の方針や方法よりも学習者のニーズ、学問の系統性や論理性よりも生活現実との関連性を意識した授業スタイルが支持される。授業の方法も、身近なテーマを扱ったり映像資料を使ったりしてわかりやすくかつ楽しく学べるような工夫が必要とされる。

　また、講義や授業などの学習面だけではなく、生活面への配慮やケアも期待される。授業でわからないことやつまづきがあればすぐに対応できるような態勢をとったり、挫折感や不安感などの問題にも配慮することが求められる。

　こうした教師の行動や態度そのものは、サービス化によって新たに要求されるようになったわけではない。むしろ、これまで述べてきたような教師文化や経験知として、多くは暗黙のうちに身につけられるものだった。

82

第4章　教師・生徒関係と教師文化

　しかし、市場化とサービス化が前面化していくなかで、それらは生徒自身や保護者のニーズ、より広くは社会的な期待にそってその成果が評価される対象となる。これまで計測不可能な関係や体験としてとらえられていた教師と生徒の関係が、計測可能なものとして評価されることになってきたのである。

　それは、教師にとってより深いアンビバレンスをもたらすことになる。苅谷・金子（2010）は、「教師が教職経験のなかで積み上げてきた経験知」（学校という職場の中で歴史的・文化的に生み出され、教師集団の中で伝えられてきた教育実践や学校組織に関する経験的知識）と、「変容しつつある社会的要請」（その時代に応じて、人々が学校や教師に求める要望や期待）」との間には、もともとアンビバレンスが内包されていると指摘し、近年のような教員評価のありかたがそうしたアンビバレンスを際立たせていると論じている [12]。

　1990年代以降、それまで外からは評価の届かなかった教職の世界に対しても、市場の論理から評価の視線が持ち込まれることになった。そこでは、教師が培ってきた経験知に基づく「内の論理」よりも、それがどのような成果を挙げているのかによって評価する「外の論理」が優先されるようになる。金子は、こうした動向を「教職のメリトクラシー化」と呼んでいる。

　金子によれば、これまでメリトクラシーというと学ぶ側（児童・生徒）にとっての学校の機能という意味で使われることが多く、教える側（教師）の仕事をメリトクラシーの視点からとらえることはほとんどなかったという。教職という仕事の性質は、標準化された尺度で測定できるようなものではないという前提が広く浸透していたからである。だからといって、教師の仕事に対する評価がまったく行われていなかったわけではない。教師の間でのコミュニケーションや研修などのなかで互いに評価の目を培い、それを「現場の文法」として共有していたのである。

　ところが、教育の世界への市場化とサービス化の浸透によって、教師自身の内の論理ではなく外の論理によって評価が行われるようになる。それまでのように教師自身が身につけ蓄積してきた「現場の文法」によってではなく、校長がたてる組織目標にそってトップダウン式に評価指標が決定され、それに基づいて実際の評価が行われるようになる。その目標自体も、校長の教育観に基づ

くものというよりも、生徒や保護者にアピールするもの、あるいは社会一般の
ニーズに応えるものにそって立てられる傾向が強い。

　金子が行った東京都の高校教師へのインタビュー調査によれば、こうした
「新しい教員評価」に対して、ベテランの教師ほど抵抗感を示す傾向があった
と指摘している (13)。たとえば、都立高校では、2004年度から「生徒による授
業評価」が導入されているが、その項目は生徒をサービスの受け手すなわち顧
客として扱うような表現になっていることが多く、また具体的な授業改善につ
ながらない抽象的なものが多い。だから、ベテラン教師のなかには、教師自身
がこれまで自分の授業について行ってきた独自の授業アンケートや経験知のほ
うが授業改善につながると思っている場合も少なくないというのである。

　その結果、教師の能力を高め教育行為の効率や成果をあげようとする評価主
義が、授業や教育にたいする教師の熱意やエネルギーを奪ってしまうという逆
の結果を生み出すこともおこりうる。教師としての長年の経験知と教師文化の
なかで身につけてきた「現場の文法」と、市場の論理とサービス化による「外」
の目線による評価との間に大きな亀裂があることがうかがえる。

　教師のストラテジーや「指導の文化」といった教師文化は、教師が直面する
理想（ロマン）と現実の間のギャップとそこから生じるアンビバレンスを回避
する経験知としてストックされてきた。それは、教職の意味を曖昧化し教師の
多忙化を正当化するというアンビバレンスをもたらす面もあったが、教職とい
う仕事に意味をあたえ、アイデンティティの保持に機能するものでもあった。
ところが、教育の市場化が進んでいく1990年代以降においては、教師の日常
的なジレンマを乗り越えていく基盤となる経験知や教師文化それ自体が、外部
の評価のまなざしのなかで無効化されることによって、より構造的なアンビバ
レンスが顕在化することになったのである。

第4章　教師・生徒関係と教師文化

▲第5節　教師・生徒関係の変容と現在▲

第1項　教育の表層と深層

　合理的組織としての学校という視点にたてば、教師と生徒の関係は機能的な役割関係が基本であることは間違いない。しかし、現実の教育の場面では、必ずしもそうした関係だけに限定されているわけではない。そうした合理的な関係を軸とした成果や機能に還元できない側面が、教師のアイデンティティや教師・生徒関係を支えてきたことは、これまで見てきたとおりである。

　実際、卒業アルバムや同窓会で担任の先生のことを「恩師」と呼んだり、不義理や不始末をすると「破門だ」と冗談半分にいったりすることも、ある時期まではしばしばみられた。もちろん、そうした言い回しや思い出が本心からのものかどうかは別である。儀礼的な場合もあるだろう。しかし、教師と生徒という制度的・機能的な役割関係をおもての関係としながらも、一方ではそのなかに私的で感情的なつながりを含んだ情誼の関係を見出したり、それを「恩師の思い出」として表象したり温存するような心性（疑似師弟関係）が下支えしてきた面も大きい。

　「機能的な役割関係」に対する「情誼の関係」、「標準化された知」に対する「人格化された知」、「成果と結びついた評価」に対する「計測不可能な体験」、「短期的な成果」に対する「長期的なつながり」が、教師と生徒の関係の深層部分にあって、教師・生徒関係のバランスをとってきたのである。

　しかし近年は、こうした深層部分も評価の対象として表層に引き出されるようになりつつある。生徒の目線にたってさまざまなメニューを提供し、消化しやすいように教材の配列や提示方法を工夫する、つまづきや不安、悩みなどにたいして相談しやすいような雰囲気をつくるなど、個別性や感情面への配慮も「教師の仕事」として標準化され、評価されるようになっている。顧客サービスとしての関係により近づきつつあるとも言える。

85

第Ⅰ部　教職の意義と役割

第2項　感情労働化する仕事

このような心理的、感情的な配慮を必要とする顧客サービスをともなう仕事は、「感情労働」と呼ばれることもある[14]。ホックシールド（Hochschild, A. R.）は、飛行機の客室乗務員の仕事が、乗客に常に笑顔でやさしく接することを求められることに着目し、それを仕事（役割）として熱心に取り組むほど、自然な感情と役割としてのサービスの境界がなくなり、バーンアウト（燃え尽き）してしまうこともあると指摘している。

学校においても、教師が心をこめて生徒のケアをするほど、どこまでが役割でどこからが本来の感情なのか区別がつかなくなって、バーンアウトすることも起こりがちである。その意味では、サービス化する現代の教師の仕事も、こうした感情労働の側面をもつようになっていると言うことができるだろう。

第3項　ツール化とロマン化

教師は、自らの経験や教師文化のなかで身につけた経験知によって、合理的・機能的な側面（表層）と、情誼をともなう計測不可能な側面（深層）のバランスをとりながら、状況に応じて現実の生徒との関係をつくってきた。しかし、近年の教師と生徒の関係においては、両者とも表層部分に浮上し、そのあらゆる側面が顧客サービス化することによって、いわばツール関係へと収束しつつあると見ることもできる。

しかし、標準化された顧客サービスや評価の対象からはみだしてしまうような関係への志向がまったくなくなったわけではない。むしろ先の見えない時代のなかで、自らのモデルを模索したいという願望や、短期的で不安定な関係によって失われた包括的な関係への憧れ、また重要な他者（「師」）に認められたいという承認欲求などが、さまざまな形で現象として現れてもいる。たとえば、弟子入りや修業生活を書いた本が話題になったり、メディアを介した間接的ではあるが全面的・包括的な師事のスタイル（「私淑」）が、新しい師弟関係への願望を表象するものとして顕在化したりしている。

図式化して言えば、現実の教師・生徒関係は道具的・感情的の両方ともツー

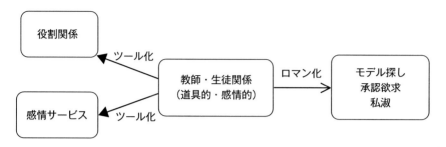

図4-1　教師・生徒関係のツール化とロマン化
出典：筆者作成

ル化していく一方で、包括的で全面的な関係は現実とは離れた虚構としてロマン化されていると見ることができるだろう。

　教師の仕事を、近代的・合理的な関係に限定して論じることも、また教育の固有性を強調するあまり評価をよせつけない教育主義を強調することも、現実の教師・生徒関係をとらえる上では十分ではない。教育の表層と深層、現実とロマン化の関係を、教師文化や学校文化のしくみのなかで明らかにしていくことによって、教育という営みの特質や困難が見えてくるはずである。

〈注〉
(1) 吉田健一「寺子屋」森毅編『日本の名随筆　別巻52　学校』作品社、1995年、9頁。
(2) ウォーラー, W.（石山修平・橋爪貞雄訳）『学校集団──その構造と指導の生態』明治図書出版、1957年、240～244頁。
(3) 久冨善之『教員文化の社会学的研究』多賀出版、1988年、68頁。
(4) バーガー, P. L. ＆バーガー, B.（安江孝司他訳）『バーガー社会学』学習研究社、1979年、188頁。
(5) ウェーバー, M.（世良晃志郎訳）『支配の社会学Ⅰ、Ⅱ』創文社、1960-1962年。
(6) Mehan, H., 1979. *Learning Lessons: Social Organization in the Classroom*, Harvard University Press.
(7) Woods, P., 1983. *Sociology and the School*, RKP.

第Ⅰ部　教職の意義と役割

(8) 酒井朗「多忙問題をめぐる教師文化の今日的様相」志水宏吉編著『教育のエスノグラフィ』嵯峨野書院、1998年、223 〜 250頁。

(9) 酒井朗『教育臨床社会学の可能性』勁草書房、2014年、129頁。

(10) 同上書、130 〜 131頁。

(11) 同上書、132頁。

(12) 苅谷剛彦・金子真理子『教員評価の社会学』岩波書店、2010年。

(13) 金子真理子「教職という仕事の社会的特質」『教育社会学研究』第86集、2010年、75 〜 96頁。

(14) ホックシールド, A.R.（石川准・室伏亜希訳）『管理される心——感情が商品になるとき』世界思想社、2000年。

〈参考文献〉

バーガー, P. L. & バーガー, B.（安江孝司他訳）『バーガー社会学』学習研究社、1979年。

ホックシールド, A.R.（石川准・室伏亜希訳）『管理される心——感情が商品になるとき』世界思想社、2000年。

稲垣恭子『教育文化の社会学』放送大学教育振興会、2017年。

金子真理子「教職という仕事の社会的特質」『教育社会学研究』第86集、2010年。

加野芳正「新自由主義＝市場化の進行と教職の変容」『教育社会学研究』第86集、2010年。

苅谷剛彦・金子真理子『教員評価の社会学』岩波書店、2010年。

久冨善之『教員文化の社会学的研究』多賀出版、1988年。

Mehan, H., 1979. *Learning Lessons: Social Organization in the Classroom*, Harvard University Press.

酒井朗『教育臨床社会学の可能性』勁草書房、2014年。

ウォーラー, W.（石山修平・橋爪貞雄訳）『学校集団——その構造と指導の生態』明治図書出版、1957年。

ウェーバー, M.（世良晃志郎訳）『支配の社会学Ⅰ、Ⅱ』創文社、1960-1962年。

Woods, P., 1983. *Sociology and the School*, RKP.

吉田健一「寺子屋」森毅編『日本の名随筆　別巻52　学校』作品社、1995年。

〈推薦図書〉

北澤毅編『〈教育〉を社会学する』学文社、2011年。

斎藤利彦編『学校文化の史的探究』東京大学出版会、2015年。

柳治男『〈学級〉の社会学——自明化された空間を疑う』講談社、2005年。

ハーグリーブス,A.（木村優他訳）『知識社会の学校と教師──不安定な時代における教育』
　　金子書房、2015年。
バウマン,Z.（森田典正訳）『リキッド・モダニティ──液状化する社会』大月書店、2001
　　年。

第Ⅱ部

教師に求められる力量

第**5**章

教師の力量の基底

◢◣ 第1節　教師に求められる力量とは ◢◣

第1項　変化のなかの学校と教師の力量

　教師が獲得すべき資質能力を挙げようとするならば、生徒への教育愛、教職への使命感、公明性、責任感など人格に関わる諸要素はもとより、教材開発、授業方法や生徒指導、学級運営など教育活動を実現するための実践力など、枚挙にいとまはない。近年では、急速な技術革新に伴う産業構造の変化と、社会で必要とされる知識や技術の変容により、専門職としての教師の力量は、大きな転換期を迎えている。とりわけ、アクティブ・ラーニングの視点からの授業改善や道徳教育の充実、ICTの活用、発達障害を含む特別な支援を必要とする児童生徒への対応など、学校教育現場の抱える現代的課題に対応する資質能力が新たに求められている。また、教師には、保護者や学校運営協議会はじめ地域の人々、カウンセラーやソーシャルワーカーなど教育支援に携わる関係者と共に、「チーム学校」の一員として、学校全体の教育力向上のために貢献する力も重要となっている。様々な専門性をもつ人材との連携や協働の体制を組むためには、チームの中で教師としての役割をどう担うかなど、チームワークやコーディネートの力も期待されている。さらに、障害のある・ないにかかわらず皆が可能な限り共に学ぶことのできるようなインクルーシブ教育を実現する

第Ⅱ部　教師に求められる力量

ためには、生徒一人ひとりの教育的ニーズに適切に対応するために発達支援や学習支援に関する専門的知識が技倆も身につけなければならない[1]。社会の変化に対応し得る教師の力量が見直される中、同時にまた、時代を超えて具えるべき力量とは何だろうか。時代が変化しても変わらず求められる、いわば力量の基底ともいうべきものについて考えておく必要がある。

　古くから教師の仕事は庭師や職人の仕事にたとえられてきた。教師は植物を育てるように子どもを育てる、あるいは粘土を形づくるように子どもを創り上げるというイメージである。しかし、このような喩えの背景には、人知を超えた力、人を超えて人をこの世にあらしめている存在への畏敬の念が前提としてあった。もの作りなど創造に関わる仕事が、そうした大いなる存在の助けを借りて初めて実現するという考え方である。植物を育てる仕事やものを作る仕事と同様に、人を教え育てる教師の仕事は神聖なものと考えられていた[2]。

　教育や医療など人間に関わる仕事全般に共通するのは、人間の存在そのものに含まれる様々な不確実性に対処していく術を必要としている点である。この世に生を享け、一時の限られた時間を生きる人間が変化変容を遂げていく過程は、一人ひとりのその生においてすべからく個別である。教育学的な知見の進展により、発達や学習の過程をより体系的に把握できるようになり、計画的な教育活動の遂行がプロジェクトとして推進可能の段階になったとしても、一人ひとりの生徒の特性や到達度を見極め適切に対処していくことができるかどうか——個別具体の学校の実践を適切に展開させていくためには、様々に起こり得る状況を予測しつつ対処していくような実践的智恵が求められる。

　一人ひとりの生徒の性格や能力、可能性をそれぞれの発達・成長段階に配慮しつつ把握し、最も適切なタイミングをとらえて教育や支援をしていく工夫に裏打ちされた、それぞれの生徒の熟達の速度と質をじっと近くで見守ることができるのは、教師なのである。それゆえ、人が変わる、成長するということをどう捉えるか——これは、教師として生徒の変化をどう捉え、どう理解するかの基本であると同時に、同僚や先輩の仕事ぶりを通して何を考え、何を学び取り、さらに、自身の教師としての熟達を図る上で、重要な問いである。東洋の思想伝統でも、人間の成長発達や変化変容というものに対する畏敬の念の上

第5章　教師の力量の基底

に、教導や化育、教化は捉えられていた。人を変えることは容易なことではない。たとえ良かれと思い、他なる存在をこちらが思うように変えたい、こちらが望ましいと思う方向に向かわせたいと意図したとしても、刺激に対する反応のごとくに、予定したように人は変わるわけではない。多様な日々の営みのなかで、人は様々な事柄に触発され、いわば機が充つるが如くに変化を遂げる。

現代では、教師は労働者であり、教育はサービス業に分類されていたとしても、人が変わること、変わりゆくことのその神秘に深く関与することが許された仕事に関わる存在であることに変わりはない。教育という仕事に含まれる不確実性とは、別の見方からするならば、人間の成長発達、変化変容という、人間存在の神秘すなわち人間の尊厳や魂に触れるがゆえにもたらされるのだと見ることもできる。人間のうちに宿る成長発達の種が、いつどのような形で、芽を出し、花を咲かせ、実を結ぶのか——その時機を予め予測することは人知を超えている。教師はその時機を信じて待つ存在でなければならない。人間は変わりゆく存在であり、変わることができる存在である。どの生徒も成長し変化を遂げていく可能性をもつということを信じ、見守り、待ち続けることができるか。また、自らもまた教師として熟達していく自分の未来の姿を信じながら進んでいくことができるか。自らを振り返りつつ、教師としての熟達を目指していく覚悟をもつことが、教師という仕事に携わる上で、まず求められることだと言えるだろう。

それゆえ、たとえ生徒が、こちらが意図したように変わったと、その教育上の効果を認めることができたと思うことがあっても、それを自らが生徒に与えた影響であるとぬか喜びすることは適切とは言えない。また、たとえ教育活動上の失敗を犯したとしても、それが全て自分の責任に帰するのだと悩み落ち込み過ぎることも適当とは言えないだろう。日々、多くの出来事と遭遇し、教師だけでなく保護者や地域、また生徒相互の様々な出会いや関わりを通して変化していく一人ひとりの生徒の中に生じる内的世界の変化に思いを巡らし、生徒の変化を多角的に見つめ、その変化がどんな次なる変化への兆しを宿しているかをじっと信じて見守る胆力が求められる。

教師は目の前の「変化しつつある人間」のその変化の可能性を信じ、その変

95

化をじっと見守り、待ち続ける存在であり続けなければならない。これが教師にできる唯一無二の仕事である。学校現場の様々な日常的場面を通して、一人ひとりの生徒のうちに確実に見取ることのできる変化の兆しや、成果とまでは言えないまでも、変化の予兆を読み取る教師を支えているのは、生徒への信頼と期待、待つ心だと言うこともできるだろう。

　教師を目指す学生はもとより、教職にあって常に成長し続けようと思う教師のための教育や訓練、社会化については数多くの研究の蓄積がある。知識や技術の修得とならんで、態度、規範、価値観、信条、自己意識、行動様式、感情制御、未来のヴィジョン形成など教師として力量を発揮するために必要な要素は多岐にわたる。こうした要素を統括し、教師としての熟達の道にあって、その力量を基底で支えている実践的智恵について詳しく見ていくことにしよう。

第2項　不確実性に対処する実践的智恵

　今日のような学校教育の形態は、近代的な国家の成立により、学校教育が制度化する中で成立してきた。それまでの職人養成や聖職者の修行といった近代以前の教育では、親方や師匠は、実際にやってみせることを通して、自分自身のやり方を見様見真似で会得させていく方法が一般的であった。見様見真似を中心とした徒弟的な学習形式のもとでは、人によってその熟達の速度にも大きな差が生じ、長期にわたる修業が求められていた [3]。それに対して、近代学校教育の場では、どんな職業に将来就くとしても、市民として身に着けておくことが必ず必要となるような事柄、つまり読み・書き・算という、いわゆる教育のミニマム・エッセンシャルズを教えることが目的とされている。より基礎的なものから応用的なものへと学習すべき内容は精選され、進度に応じて系統だって整理され、生徒の発達段階に合わせた教材も用意されている。教師は、時間割に合わせて授業を行い、生徒の学習の到達度や学習目標の達成度を確認しながら計画的に教育を行っていく。

　学校という場が計画的な教育活動を展開する場として今日のように定着してくると、全て教育や学習というものが、計画に織り込まれたものだけを指しているような錯覚に陥り易い。高度に進展を遂げてきている情報化の時代におい

て、メディアを通して入ってくるあふれるほどの情報の中に生きている今日の青少年の状況を鑑みるならば、「学校でまだ習っていないから」という理由で「まだ知らなくてもよいこと」なのだという具合に、学ぶべき内容と子どもの発達段階とを一致させることをよしとする発想だけでもはや立ち行かないことは、明白である。

　実際、教育という営み自体は、学校教育だけで行われているわけではない。人と人とが出会い、互いに影響を及ぼし合う中で変容を遂げていくことは学校だけではなく、家庭や地域、職場などあらゆる場に及んでいる。学校という場はその一部にすぎないと同時に、学校という場においても、教科学習や生徒指導などの枠を越えて、様々な事柄について生徒も、また教師自身も多くの事を学び取っている。こうした学習のことを、人類学では文化学習と呼んでいる。ここで言う文化とは、人間の生活様式の全体という広い意味をもっている。人類自らがその手で築き上げてきた有形、無形の成果の総体がここで言う文化であり、民族や地域、社会にはそれぞれに固有の文化があり、学習によって伝習されるとともに、相互の交流によって発展してきたものである。狭い意味での文化は哲学や芸術、科学、宗教など精神的な活動やその活動によってもたらされた所産を指すが、人類学で言うところの文化とは、習俗や伝統、ものの見方や考え方などの価値観や、生活の智恵、もののやり方、行動様式など、人が生きるために培ってきた智恵に関わるあらゆるものが含まれている[4]。集団が出来上がれば、その集団に特有の価値観や行動の傾向もみられることから、その集団に特有の文化が出来上がっていくと見ることもできる。若者には若者特有の文化が、また学校には学校ならではの文化があるという見方である。ここから、生徒文化、教師文化という言い方で、生徒や教師それぞれに特有の価値観や行動様式を見てとることができる。

　学校教育の現場では、表立ったカリキュラムに限らず、学校教育という場ならではの不文律とも言えるルールや行動様式、また、その地域ならではの風習や習慣、ものの見方や考え方、さらには、社会の流行や話題となっているメディア情報などを介して共有される価値観など様々な種類の文化が混ざり合っている。潜在的カリキュラムとも言える、こうした重層する文化的要素は、授

第Ⅱ部　教師に求められる力量

業の場では学習する直接的な内容そのものを通してだけでなく、教師の語りかけや生徒の発言をはじめ、互いの行動の意味するところを解釈し合うといった様々な場面を通して共有されていく。学校という場では、計画だった学習と並んで、このように輻輳（ふくそう）した様々な文化学習を生徒も教師もしているということに敢（あ）えて自覚的になることも必要だろう。

　学校という場を広い意味での教育文化醸成の場ないし文化学習の場として捉えることで、学校の場で起きている様々な営みを多角的に眺める可能性が広がってくる。人類学的な思考法では、人間の行動を一つの表現や伝達の行為として捉える。他者とのコミュニケーションのなかで、人は何かを伝達しようとして行動したとしても、その意図していた内容がそのまま相手に伝わることは稀である。もちろん、こちらの思いが伝わったことが相手の反応から読み取れる場合もあるだろう。しかし、同時にまた、こちらの意図とは裏腹に、意図した以上の意味合いを相手はその行動から解釈する場合もある。行動する側の意図が相手に伝達されたかどうかという基準ではなく、その行動を、一つの表現としてどう受け取るかという基準でコミュニケーションを読み解くという立場である。この見方からすると、あらゆる行為はパフォーマンスとして、様々な意味あいをはらんだ演技的行為として捉えることができる[5]。教師は教師という役割を、生徒は生徒としての役割を担い、その役割で振る舞う。

　また、学級集団では、まとめ役に回る生徒、ムード作りに一役買おうと気を配る生徒など、生徒一人ひとりも集団の中での自分の役どころを分かって振る舞う場合もある。このような表情や身振りなど互いのパフォーマンスから相互に互いの状態を把握し、その場その場に合った言葉を掛け合ったり、互いの気持ちを　慮（おもんぱか）ったりしているというのが、学校の日常である。

　人類学で言う儀礼は、文化の中で形式化されたもので、組織や集団、社会を安定させ、維持させていく上で重要な役割を果たしている。儀礼には、実際に何か儀式的なことを定期的に実施するという意味での儀礼と、儀式的な要素を含んだ行為を指す儀礼的なものとの二種類がある。前者は、キリスト教ならばクリスマスや復活祭、仏教ならば盆儀礼などがすぐに思い浮かぶだろう。これらは宗教的儀礼と言われる。そのほか、成人式や結婚式、葬式など人生の節目

に配置される儀礼、通過儀礼がある。学校ならば、入学式や卒業式、運動会や文化祭などがすぐ思い浮かぶだろう。また、儀礼的な要素を含む行為として代表的なものは、挨拶の行為である。「おはよう」「さようなら」「お大事に」などの挨拶は、単なるコミュニケーションの手段というだけでなく、言葉を交わすことを通して、相手の状況を察する、思いやるなど情緒的な繋がりを調整し、さらには、場の雰囲気を作り、場の質を高める力をもつ。言葉に宿る力、言葉が現実や未来を作っていく力をもつとして、言霊の力を大切にしていた時代では、「よいお年となりますように」、「神のご加護がありますように」と互いに祈り合うことが日常的に行われていた。

　儀礼の執り行いは、原則としては伝承を守りつつも、時代に合うように現代化する、あるいは儀礼の担い手の考え方によって改変が加えられていく。儀礼への参画を通して、人は様々な文化学習をしていると言える。学校行事は、生徒が学校に入学してから卒業するまで段階を追って経験していく通過儀礼となっている。時代とともに簡略化されていく儀礼的要素もあるが、同時にまた、生徒たち自身が話し合って企画していくという形で、新たな儀礼の形を生み出してもいる。一つひとつの学校行事は、象徴的な意味をもち、集団の一員としての帰属意識を高める場ともなっている。

　学校で行われる儀礼的な催し物に始まり、日常のコミュニケーションに見るパフォーマンスまで、学校という場を教育文化醸成の場として捉えてみることで、生徒の振る舞いや応答、声の調子や表情、身振り、生徒同士のやり取りに隠れた関係性を読み取ること、あるいはまた、教師として自分が発する言葉が生徒にどのように受け取られるかという具合に、自分の振る舞いを相手の立場に立って想像してみるといった目を養うことなど、教師としての自分の姿を多角的に眺める一助とすることができるだろう。

第Ⅱ部　教師に求められる力量

第2節　専門的知識と技倆

第1項　教師にとっての実践的智恵──教育的タクト

　教師は専門職である。専門職であるからには、教職を全うするべく、教師の道をたゆまず歩み続けていかなければならない。とはいっても、その道は平坦なものではない。課題や困難と向き合いながら、「子どもに慕われ、保護者に敬われ、地域に信頼される存在」として学び続ける教師でありたい。その熟達へのたゆみない歩みを支えるのは、やはり、教師としての「わざ」ではないだろうか。

　ここで言う「わざ」とは、日々の教育実践の中で生徒とかわす挨拶の言葉や指示の仕方、授業準備や板書法、質問の仕方、保護者への対応法など毎日の実践の中で必要とされる「わざ」だけではない。生徒一人ひとりの成長を見極めながらの指導法、学級全体の集団としての成長を支援する工夫、教員間の潤滑な連携体制を可能にする方法、年間を通しての目標到達度の見極め法など比較的中長期での展望のもとに行われる判断や決断の「わざ」も含まれる。管理職ともなれば、新任教員それぞれの特徴に適した伸ばし方の工夫や適材適所での教員配置の方法、保護者や地域の方々との連携、「チーム」としての学校集団の活動を活性化するために必要なリーダーシップ等々、必要とされる「わざ」の中身もまた、様々な細かい「わざ」が組み合わされた複層的かつ総合的なものへと変化してくる。

　教育実践の全てに関わり、その場に最も適切な教師としての判断や決断、振る舞いを可能にする実践的智恵の働きについての理解を深める手がかりとして、ドイツの教育学者であり心理学者ヘルバルト（Johann Friedrich Herbart, 1776-1841）が提唱した教育的タクトに注目してみよう。ヘルバルトは自ら教師教育の実践に携わりながら学校教師が身につけるべき教育の原理的要素を体系化し、教育実践のための手引書である『一般教育学』（1806年）を著したことにより、近代学校教育学の父とも称される存在である。また、意識のもって

いき方一つで集注の度合いがどのように変化するか、理解を深めていく過程で
イメージの拡散や収斂の交互作用はどのように起きているか、心に刻まれた感
情を通してより記憶に焼き付くイメージのあり様など、心理の研究を通して、
教育実践の基本となるような多くの知見を提供した。ヘルバルト教育学は学校
教師の資質向上をめざす当時の教育関係者の注目を集め、ヘルバルト派教育学
を学ぶための教育研究所には、ドイツ国内外から教師教育に携わる人々が訪れ
た。その教育方法は明治30年代には日本にも導入され、近代的な授業方法の
原型として、今日の学習指導案などにも影響を与えている (6)。

　ヘルバルトの生きた18世紀末から19世紀前半の時代は、近代学校教育の制
度化に伴い、専門職としての学校教師の養成のために、個人教授の形態から、
生徒集団を相手に授業をするような、今日の授業形態への移行期である。ま
た、17世紀の科学革命の急速な進展によって、計測可能、法則化可能な自然
科学的態度が重視され、産業革命の中で機械生産へと転換していく流れに対し
て、近代化によって失われていくものに対する危惧の念が高まってきていた時
期でもある。

　近代的な科学技術の発展により、顕微鏡や望遠鏡など人間が眼で見ることが
できる範囲は一気に広くなった。それまで視覚によって見ることができなかっ
た極小の、あるいは極大の世界を、道具を使うことによって眼で観察すること
ができるようになった。視覚によって確かめることができること、視覚化でき
ること、眼に見える形で実証できることは、近代科学的な態度にとって重要な
要素となる。また、機械化やオートメーション化に伴い、職人的な手わざが失
われていきつつあった。これはもの作りの分野だけの話ではない。医療分野で
も医療機器やバイタルデータを計測するための道具が開発されていくなかで、
患者の様態を一瞥にして全体として把握するような臨床医本来の力量の低下が
指摘されたのも、この時期である。医師の一瞥のまなざしは、広範な博識にも
まさるものであり、そこには修練された五感を働かせて患者の症状を把握し、
瞬時にしてその対処法を判断するようなわざであると考えられていた。この判
断と決断のわざを近代医学の時代にも忘れないための方策が考えられていたの
である。このような問題意識は教師教育においても例外ではなかった。

101

第Ⅱ部　教師に求められる力量

　ヘルバルトによれば、タクトは、「理論と実践の仲介項」[7] であり、教師の具えるべき教育術であり、また判断や決断の能力であるという。タクトは生徒が重要な真理を掴んだり、その真理の重要性を感知できる状態になった、その瞬間を教師に知らせる。また、タクトは生徒のどんな意見を冷静に受け止め、敢えて流すか、諌（いさ）めるべきか、励ますべきか、あるいは優しい援助をすべきか、急ぐようせきたてるべきか、など、いかに対応すべきかの実際を教師に知らせるという。このような機を掴むことのできない教師は教師とは言えないとまで言い切っている。タクトは生徒の状態を見極め、何を必要としているかを判断し、適切なやり方で生徒に働きかける方法を知らせる。生徒の状態を、その成長過程全体のなかに位置付けつつ、また、その後の成長を予期的に展望しつつ、そのうえで、いまここで何をなすべきかを判断する能力である。また、それは教師が必要とする一連の教育術を統括して働くような「術のなかの術」すなわち「教育術の最高の宝石」[8] だという。

　タクトと言うと、「タクトを振る」という表現にもあるように、オーケストラの指揮者が手にする指揮棒を連想することだろう。今日ではタクトは一般に指揮棒や音楽用語の拍節ないし拍子の意味で理解されている。しかし、もともとタクト（ドイツ語は Takt、英語やフランス語では tact）はもともと、ラテン語の tactus に由来する、触覚を指していた。何かに触れること、そのための触覚器官、接触したことによって内面に生じる感情が、タクトのもともとの意味であった。ここから、「触れる」ということの人間生活にとっての意味をめぐって様々思索が深められていった [9]。

　母の乳房に触れながら乳を口に含むという触覚の原体験、伝い歩きをしながら触れることによって培っていく空間感覚、触れることを通してそれぞれの物のもつ風合いを識別する能力など、触覚は自己と環境との接触面を敏感にする。さらには、実際に手で触れることなくして、その空間のどこに自分が位置しているかを見極めたり、物の触感を眼で見るだけで読み取ったりという具合に、人は触れるようにして見ることを習得していく。

　さらに、地面の上を歩く、走るなど地面との接触と離脱の繰り返しを通して、人はリズム感覚を身に着けていく。人間の身体は心臓の鼓動にはじまり

第5章　教師の力量の基底

様々なリズムを刻んでいる。このリズムは自らの身体の動きを通して、外界の
リズムと呼応する。神にささげる踊りなどの儀式にみられるように、儀礼や祭
祀は、自然界や大いなる宇宙（マクロコスモス）のリズムを人間の身体という
小宇宙（ミクロコスモス）に内在化する営みである。こうして、人間は踊りや
楽曲を通して内的リズムと宇宙や自然のリズムに応えつつ共に響き合う世界を
作り上げていく。

　触覚としてのタクトは、物との直接的な接触に留まらず、触れずして感じ取
る働きをするほか、リズムを通して外界と内面的世界の関係をとりもつ役目を
果たしていると言える。ここから、タクトは人との関わりのなかで、相手とど
の程度の心理的距離をとるか、親密度を調整したり、失礼に当たらない態度を
考慮するなど、人間交際における、いわば「心のものさし」だと言える。その
場の雰囲気や相手の思惑、相手が自分をどのように見ているかなど、自分を取
り巻く周囲の眼を感じ取り、その場に相応しい対応を可能にする。

第2項　実践的熟慮を「わざ」にまで鍛え上げる

　では、この教育的実践知（タクト）はどのようにしたら「わざ」にまで完成
させていくことができるのだろうか。前掲のヘルバルトによれば、「わざ」は
もはやそれを用いていると意識しないほどに身に沁み込ませ、行動様式となる
まで磨いていかなければならないという。「わざ」はそれを何度も用いること
を通してしか磨いていくことはできないのである。教師の一日は、瞬間ごとの
細かい判断や決断の積み重ねである。教育実践の総体は、こうした判断や決断
の力によって成り立っていると言っても過言ではないだろう。それぞれの場面
において、その状況の背景を読み取り、今そこで何が起きているかを見極め、
望ましい方向へとその場を生徒とともに作り上げていくためには何をしなけれ
ばならないか——きめの細かい状況把握と、その状況を生み出している様々な
要因の類推、実践活動のねらいと照らした分析、生徒の課題への習熟度や集注
の度合いについての見通し等々、置かれた状況の渦中にあって、教師の頭の中
では様々な判断や配慮が渦巻いている。そのうえで、次なる展開を予期的に見
極めながら、適切かつ柔軟な対応を教師は選び取らなくてはならない。その意

103

第Ⅱ部　教師に求められる力量

味では、毎日の実践こそが教師の実践的熟慮をわざとしていく場なのだとも言える。

とはいえ、やみくもに経験を重ねていけば、実践的熟慮が磨かれていくわけではない。30年もの間、教職にあって、30年分の経験を積んだからといって、教師は確実に熟達を遂げるかというと必ずしもそうではない。ただ経験の量が多いだけで、そこから何も学び取らなければ、経験を積んだとしても意味はない。一つひとつの経験から何を読み取り、何を学び取るか——たった一回の成功に欣喜雀躍するだけでなく、また失敗にただ落ち込むだけでなく、その双方から何を糧として受けとめるかということの連続が、熟達を可能にしていくと言えよう。

教育的実践知（タクト）が、理論と実践の仲介として働くことは既に指摘した。タクトは、教育の基本的原理を学び、それに照らしつつ、目の前の現実への対処法を探るという日々の実践の中で鍛えられていく。ここで教育の基本原理を学ぶというのは、ただ単に書物の字面を追い、そのまま引き写すような形で頭に入れることではない。基本原理は、それぞれの教師の中に、教育を見る眼、生徒を見る眼、自らを見る眼となるまでに、言い換えると、ものを見るための枠組み、思考枠組みとして自家薬籠中のものとなるまで内面化していかなければならない。日々の実践を通して出会った場面での自分の対応について振り返り、様々な角度から検討を加え、その中から意味ある要素を取り出し、次の方策を練る、といった一連の反省と検討の作業の中で、学んだ基本原理は、経験を捉え、その核となるものを取り出し、自分にとっての意味を見出していくための参照枠となる。教育活動の要点を網羅した参照枠にはいずれの実践にあっても不動の部分は骨格としてあるものの、日々の実践から得た新たな個々の体験を通して、常に組換えつつ更新してされていくべきものと位置づけられる。教育学やその基本原理は、それぞれの教師の実践への導きとなり得るような一つのマップないしヴィジョンの示された参照基準となるまで噛み砕いたものにしていく必要がある[10]。

教育の理論や原理的なものは、得てして、教育の現実とはかけ離れた抽象的なものに終始し、机上の水練にすぎないといった先入観を持たれがちである。

しかし、この根本原理の学習こそが、教師の仕事の全体図・見取り図さらには、教師としていかに仕事に臨み、その毎日の実践の経験から何を学び取るかを見極める眼を支えていくことになる地平を構築する上で、重要な出発点となる。ここで培われた地平がどれほどしっかりしたものであるかどうかで、実践のなかでの個々の状況における具体的な判断や決断、振る舞いの適確さが決まってくる。と同時に、教職において経験する事柄一つひとつの自分にとっての意味を読み取り、経験を糧にしながら自らを高めていくキャリア形成を確かなものにしていく上でも重要となる。

　経験を糧にする熟達のための基本は、前掲のヘルバルトによれば、次の三つの段階に分けることができる。まず、1）実践への準備における情調の調整とイメージ訓練の段階、2）実践の中で体験する事柄を多角的に感知し記憶する段階、3）実践の振り返りと、そこから新たに得た知見を加えた教育マップの更新の段階である。この三つの段階を踏んで、経験を意識的に糧にしていくサイクルを創り上げていくことで、実践的熟慮が十分に働く場面は増え、その働きはより安定の度合いを強め、さらに、いちいち意識することなく、その教師の行動様式になるほどに確立されていく。

　三つの段階のいずれにも重要な役割を果たしているのは、イメージである。認知レベルだけでなく感情レベルも、また身体レベルも含め全存在を総動員して自らの実践を事前に想像し、実践にあっては多角的に状況を記憶にとどめ、実践の振り返りにおいては、体験の臨場感を大切にしながら思い起こすことが重要な鍵となる。単に何をしたのかといった出来事の推移を想起するだけでなく、その際、生徒はどんなことを思い、何を感じたか、教師自身のうちに湧き上がってきた感情など、情感レベルでの変化にも意識を向け、その場面を取り囲んでいた状況を丸ごと把握するようなやり方が重要である。そのようにして認知レベルだけでなく感情レベルでも体験を自らに印象づけることにより、個々の場面で何が問題であるか、何を重点として取り上げて後から考えるべきかがより見えやすくなってくるのである。

第Ⅱ部　教師に求められる力量

第3節　人類学的思考を手がかりにした力量形成

　認知・感情・身体を総動員した経験の把握と想起、来るべき経験を今目の前に起きている事柄として臨場感をもってイメージする力は、ヘルバルトが提示した教育的実践知（タクト）の養成における要点であった。この要点を押さえつつ、現代において、教師をめざす学生や教師としてのさらなる熟達をめざす現職教師が、理論と実践との日々の往還を通していかにして力量を形成していくことができるかについて、最後に、人類学的思考を手がかりにまとめておくことにしよう。

　教師の力量の基底である実践的智恵の多くは、日々の教育実践における判断や決断など行動の形をとって表れている。様々な状況をきめ細かく把握し、状況に対処する上で考慮すべき諸点を抽出し、対処方法を決めていく——こうした認識と判断の過程での慮りに実践的智恵が全て関わっている。状況の把握に際しては、自分自身の発言や行動が生徒や同僚にどのように受け止められているかについて、自分自身を外から眺める眼も求められる。自らの行動を他者の眼をもって眺める眼を獲得することで、状況の渦中にありながらその状況と距離をとりながら関心をもって眺める態度を身につけることが可能となる。また、生徒や同僚の行動の背後にどんな思いがあるかを推量するなど、相手の気持ちを察するための多角的な視点を向ける練習としても、自他の行動をパフォーマンス・振る舞いとして捉える人類学的見方が役に立つ。

　また、学級を構成するメンバーがそれぞれに、その場面での自分の役どころを掴み、それぞれの思いで行動している様相をパフォーマンスの連なり、あるいは演技的行為として、その意味を捉える視点をもつことで、教室あるいは学校という場を一つの舞台として見立てる眼を獲得することもできる。これにより、同じ授業時間内であっても、生徒の集注の力が弱まる、あるいは高まるなどの変化のリズムや、グループ内での気持ちのずれや和合など、その場のもつ雰囲気など、学習の時空間を質として捉えることが可能になる。演技や儀礼という観点で学校の日常を眺めると、それまであまり気付かないままにきていた

106

第5章　教師の力量の基底

様々な見えないままに働いている力のようなものが分かってくる。たとえば、月曜日の朝一番の教室は、生徒たちが、週末過ごした家庭での様々な生活ないし生のリズムをもって集合する場となる。楽しい週末を謳歌した生徒もいれば、家庭内の不和を引きずってきている生徒もあるだろう。学校という場で一つの集団の一員として互いを受け容れていくための同調のリズムを作っていくのは、朝のなにげない挨拶であったり、ホームルームでの教師の語り掛けであったり、ごくささいに見えるそうしたきっかけが一日の場の調子を決めていくのである。

　さらに、実践的智恵をわざとして練り上げていく有効な方法は、先輩や同僚の教師の優れたパフォーマンスから学び取るということに尽きる。卓越した授業と定評のある教師の授業を、あるいはまた時として課題を抱えている仲間の授業を見せてもらうことから得るものは多い。実際に、それぞれの教育実践上の課題や工夫について話をうかがうというのもよいだろう。卓越したパフォーマンスをそのまま真似ることは難しいとしても、自分のパフォーマンスに活かすことができる点はないか、自分のやり方に合わせてアレンジを加えてみたらどうなるか、など模倣を通して自分なりの形を模索することも、眼にした経験を糧にしていくための一策である。他の教師のパフォーマンスを見様見真似で自分なりの形にして吸収していく過程は、人類学ではミメーシス（創造的模倣）と呼んでいる。優れたパフォーマンスを成立させている要点を把握し、具体において状況に応じて柔軟に変更可能な部分をどう捉え、実際に役立てていくかという工夫の積み重ねが、自分流のわざを練り上げていく手がかりとなるだろう。

　実践的熟慮を鍛えるには、やはりなんといっても教育実践の場にできるだけ多く身を置く経験を増やしていくことではないだろうか。学校の現場で実際に授業を参観させていただくときには、是非、熟達の教師と共に同じ教室に入り、時間内に何に気づき、何を見て取ったかを、後で交換してみていただきたい。熟達した教師ならば、たとえ初めて入った教室でも、授業者はどのような観点でどのように授業を設計し、そのためのどんな準備をし、工夫を重ねて臨んでいるか、生徒集団のうち、どのような生徒をどの場面でその性格や特性

第Ⅱ部　教師に求められる力量

を活かして指名しているか、授業の流れをどのように把握して次の展開を考え
て動いているか、等々、初心の者にとってはとても考えの及ばないほどの見取
りをしていることがわかるだろう。状況を見取る、状況をその背後で成り立た
せている様々な要素とその要素間の繋がりを見抜く眼こそ、「わざ」として鍛
え上げられた実践的熟慮の表われとみることができるだろう。

　たとえ学校の現場に実際に入る機会にあまり恵まれなかったとしても、日常
の生活の中で、人類学的な態度を養うことは可能である。人と人とが出会い共
に影響を与え合う中で、それぞれに変容を遂げていく場は、学校だけに限らな
い。自分が生きている場そのものが一つのフィールドであるという発想に立
ち、自分および自分を取り巻く周囲の状況で、一体何が起きているのか、相手
の振る舞いの背後にある思いや感情など様々なメッセージを読み取る訓練を意
識的に行っていくことも可能だろう。状況から見取ったものを書き留めること
もよい練習となる。とりわけ、何を見たかだけでなく、その状況の中で自分自
身も何を考え、感じ、どのように振る舞っていたかを振り返りながら、自分の
中に生じた変化に着目した記録作成も有効である。状況に関わりつつ、状況と
程度の距離をとりながら、状況を成立させている様々な要素に着目することを
通して、人間を、人間の変化を見て取るための意識的な取り組みを丹念に続け
ていくことは、教師としての力量を鍛えていく基礎的作業だと言えるだろう。

〈注〉

(1) 文部科学省中央教育審議会初等中等教育分科会教員養成部会『これからの学校教育を
　　担う教員の資質能力の向上について（中間まとめ）』(2016年7月16日)、5頁。

(2) 鈴木晶子『イマヌエル・カントの葬列——教育的まなざしの彼方へ』春秋社、2006
　　年、7頁。

(3) 鈴木晶子『教育文化論特論』放送大学教育振興会、2011年、33、34頁。

(4) 鈴木、同上書、12、13頁。

(5) 鈴木、同上書、38、39頁。

(6) 詳しくは庄司他人男『ヘルバルト主義教授理論の展開——現代教授理論の基盤形成過
　　程』風間書房、1985年および高久清吉『ヘルバルトとその時代』玉川大学出版部、1984

年を参照されたい。

(7) Herbart, Johann Friedrich, Pädagogische Schriften, hrsg. v. Walter Asmus, Düsseldorf/ München 1964/5, Bd.1, P.126.

(8) Johann Friedrich Herbarts Sämtliche Werke, hrsg. v. Karl Kehrbach, Otto Flügel u. Theodor Fritsch, 19Bde., Langensalza 1887-1912, Neudruck Aalen1964, Bd. 2, P.39.

(9) 鈴木、前掲書、2016年、206、207頁。

(10) 鈴木、同上書、63頁。

〈推薦図書〉

井上久雄『大教育者のことば——偉人たちの残した金言名句99』致知出版社、2007年。

鈴木晶子・クリストフ・ヴルフ『幸福の人類学——クリスマスのドイツ、正月の日本』ナカニシヤ出版、2013年。

中村雄二郎『魔女ランダ考——演劇的知とはなにか』岩波書店、2001年。

Bollnow, Otto Friedrich, *Vom Geist des Übens. Eine Rückbesinnung auf elementare didaktische Erfahrungen*, Herder Verlag, 1978. ボルノウ, オットー・フリードリヒ著（岡本英明監訳）『練習の精神——教授法上の基本的経験への再考』北樹出版、2009年。

Herrigel, Eugen, *Zen in der Kunst des Bogenschiessens*, Weinheim, Bern, 1948. ヘリゲル, オイゲン著（魚住孝至訳）『新訳 弓と禅 付・「武士道的な弓道」講演録』角川学芸出版、2015年。

第**6**章

教職に求められる資質・能力

現代日本における学校において、教師に求められる資質・能力とはどのようなものであろうか。ここでは、教職に求められる必須の力量として、「カリキュラムづくり」と「授業づくり」の二つの分野に焦点をあわせて具体的に考えてみよう。

第1節　カリキュラムづくりに求められる教師の資質・能力

ここでは、学校においてカリキュラムづくりを行う中心的な役割を担う校内研修のあり方を考えてみたい。

その要旨は、学校を基礎にしたカリキュラムづくりに生きる校内研修を実施するには、「研究（新しい知識の開発）」と「研修（専門職的能力の形成）」との豊かな関係を構築することである。その具体策として、①授業づくりとカリキュラムづくりを関係づけること、②子どもの実態を共有し、評価を行うこと、③「参加」する校内研修を行うこと、④研究成果を共有すること、を提案したい。

第1項　「校内研修」の問題点

先日、ある学校の校内研修に出席した。そこでのテーマは、まさしく「校内研修を問う」というものであった。なぜ、このようなストレートなテーマに

第Ⅱ部　教師に求められる力量

なったかの理由について、校内研修の問題点が次のように教師間で自覚される
ようになったからであると語られていた。

「研究のテーマが大きすぎる」「研究授業が、いわゆる見せる授業になってい
る」「研修が強制に感じられて、自分の問題となりにくい」「教職歴に応じた研
修になっていない」。

筆者の狭い経験でも、これほどに率直に校内研修の問題点が語られたことを
知らない。しかし、きわめて率直な問題提起だけに問題解決の方向性もおのず
からみえているとも感じた。むしろ、ここでは校内研修それ自体のあり方を問
わなくてはならないほどに、その形骸化が進みつつあることに強い危機感を
持った。

それでは、カリキュラムづくりをめざす校内研修を活性化させるにはどのよ
うにすればよいのだろうか。

このことを考えるためには、まずはカリキュラムづくりの前提であり、基盤
ともなる「授業研究」のあり方について考察し、それを踏まえてカリキュラム
づくりに生きる校内研修のあり方を提案してみたい。

第2項　日本における「授業研究」

ここに大変に興味深い書物がある[1]。その書物は、米国の学者たちが学力
の国際比較で常にトップクラスを維持する日本の教育現場を取材して、その秘
密を解き明かそうと意図したものである。米国の学者たちは、その秘密を日本
の教師たちが営々として取り組んでいる「授業研究（jugyou kenkyuuと英語表
記）」にあると看破している。後に、この書物に触発されて、日本の「授業研
究」が国際的に注目されるようになった。

すなわち、その本において、日本で行われている「授業研究」とは、次のよ
うな特色があると析出している。

①授業研究は、長期的・持続的改善のモデルに基づいていること。

②授業研究は、児童・生徒の学習に不断に焦点化されていること。

③授業研究は学習指導をその場面の中で直接改善することに焦点化されるこ
　と。

第6章　教職に求められる資質・能力

④授業研究は協同的な取り組みであること。

⑤授業研究に参加する教師は、それが自己の専門職的能力に対してだけでなく、学習指導に関する知識の開発にも貢献するとみていること。

　この五つの特色は、米国の問題状況との対比で語られている。すなわち、米国では、大規模な改革で性急に成果を求めようとする傾向が強いこと。米国の教師は孤立していて同僚と協力することが少ないこと。米国では研究者の考案した学習指導法を教師たちが下請けするという関係になっているので、子どもを忘れた取り組みになりがちとなることを問題視している。

　それに対して、日本では地味ではあるが「授業研究」という長期的で持続的な取り組みによって教育改革をめざしていること。日本の教師は協同して「授業研究」に取り組んでいること。さらには日本の教師は教師であるとともに研究者としての自覚をもって「授業研究」に取り組んでいると指摘している。つまり、日本における「授業研究」には「継続性」「協同性」「専門性」という優れた特質があることが世界に向かって発信されたのである。

　ちなみに、日本で行われている「授業研究」のプロセスは、次のように紹介されている。

①問題の明確化

②学習指導案の立案

③授業の演じ（事前授業研究）

④授業研究とその効果の反省

⑤授業の改訂

⑥改訂版学習指導案による授業の演じ（校内授業研究）

⑦再度の授業評価と反省

⑧結果の共有（報告書の作成、公開研での共有化）となる

第3項　研究と研修

　このような米国の学者たちによる日本の「授業研究」への高い評価を伴う分析と紹介を読んでいくと、最初の面映ゆさを越えて徐々に複雑な気分に襲われてくる。それは、先に示した校内研修の形骸化にも象徴されるように、賞賛さ

113

第Ⅱ部　教師に求められる力量

れている「授業研究」の弱体化が日本で確実に進行しているのではないかと強く危惧されるからである。むしろ、反面教師役を担わされている米国の現状こそ、現在の日本を映し出す鏡となっているのではないかと考え込まされてしまう。

　ここでは日本の伝統として析出された「授業研究」の特色を吟味することで、それこそ改めて私たちにとっての「授業研究」ひいてはカリキュラムづくりの意義を確認してみたい。

　そのポイントは、「研究」と「研修」の関係性を問うことであり、すでに米国の学者たちが指摘した「授業研究」には両者のあるべき関係性がみごとに示唆されている。

　ところで、この「研究」と「研修」の関係は、従来はあまり芳しいものではなかった。「研究」とそれを担う研究者の側から言えば、「研修」こそ「研究」を疎外するものと映じていた。それこそ「研修」とは、精神論に近い外在的な目的のために型どおりの活動が執り行われており、仮説といってもあらかじめ決められている結論と同じものと批判されることが多かった。

　他方、「研修」とそれを担当する現場の側から言えば、おもに大学で行われている「研究」と教師の力量形成をはかる「研修」とは別物であって、さらには「研究」においては実験や研究の対象として子どもが扱われることに対する違和感もあった。

　これに対して、米国の学者たちが描いた「授業研究」では、「研究」と「研修」とはみごとな関係性を持つものとして把握されていて、それこそカリキュラムづくりの基盤となるものである。そこでは、教師は「授業」の実践者であると同時に、何よりも「授業」の研究者として位置づけられている。このことは、先に示した「授業研究に参加する教師は、それが自己の専門職的能力に対してだけでなく、学習指導に関する知識の開発にも貢献するとみていること」という記述に明確に示されている。

　つまり、「授業研究」においては、「研修」の対象である「専門職的能力」の形成と、「研究」の対象である「学習指導に関する知識の開発」の推進を同時に追究するものとして、教師の役割が期待されているのである。

114

第6章　教職に求められる資質・能力

　このような教師像の提示は、従来の不和とは異なる、「研究」と「研修」の
あるべき関係性を提示している。まずは「研究」は、その目的が子どもたちの
学習活動やカリキュラムの改善にあることに焦点化されている。そのことは、
従来の［研究］に纏わり付いていた、子どもを単なるデータとみる教育研究観
に変更を迫るものである。

　たとえば、実験群のクラスと統制群のクラスに分けて、同一の教師がそれぞ
れに「実験」を行い、推奨する「仮説」の優位性を証明するというスタイルな
どは、教育研究ではあってはならないことだろう。これでは、統制群の子ども
たちは単なるデータの提供者に過ぎないばかりか、よりよい教育を受ける権利
すら奪われかねないからである。

　教育研究における「仮説」とは、その時点でとり得るもっともすぐれた教育
目標や教材または授業法を内容として、実践における成否を評価することに
よって、その当否が確定されていくものである。その場合に「仮説」を「仮
説」たらしめているのは、仮説構成における判断や決断の作用であって、「な
ぜ、その教材や授業法ではなく、この教材や授業法を選択したのか」という問
いに対する応答である。

　仮説が実践によって検証されるとは、まさしく仮説構成における判断や決断
の妥当性を検討することなのである。

　他方、「研修」は狭く自己完結するのではなく、「研究」に開かれることに
よって、教師の資質をより豊かなものにすることができよう。もとより、その
場合の「研究」とは学習活動やカリキュラムの改善に資するように変革を要求
されるものである。

　米国の学者たちが「授業研究」においては、教師は研究的な実践者として、
学問研究に新たな知見を加える存在として高く位置づけるのも、そうでなくて
は分別あるすぐれた教師にはなれないとする前提があるからである。その場
合、「研究授業」とはせずに「授業研究」と呼称するのは、「研究授業」という
呼称が先に紹介した「授業の演じ」という「授業研究」でのひとつの段階を意
味するにとどまらずに、そこには「研究」とは断絶した「研修」の閉鎖的なイ
メージが重なるからであろう。論語に倣えば、「研修なき研究は罔く、研究な

115

第Ⅱ部　教師に求められる力量

き研修は殆い」のである。

第4項　カリキュラムづくりに生きる校内研修への提案

それでは、「研究」と「研修」の豊かな関係性に裏打ちされた校内研修とは具体的にはどのように構想されるのであろうか。換言すれば、どのように構想されることによって、カリキュラムづくりに生きる校内研修になるのであろうか。ここでは、4点ほどの提案をしておきたい。

（1）授業研究とカリキュラムづくり

まずは、あらためて授業研究とカリキュラムづくりとの相互関係を強調しなくてはならない。その相互関係は、「研究」と「研修」の豊かな関係性を構築することで、必然的に帰結することになるだろう。

しかしながら、従来の校内研修では、授業研究とカリキュラムづくりとは関係づけて捉えられるどころか、切断されて理解される場合が多かった。直截な表現を使えば、「何を」教えるのか（カリキュラムづくり）を前提または不問にして、「どう」指導するのか（授業づくり）が、校内研修の焦点になっていたのではないだろうか。すると、「研究授業」が「見せる授業化」となり、効率性のみが追求される授業づくりが賞賛されることになる。

授業研究とカリキュラムづくりとの相互関係とは、後者は前者を基盤にして構築されなくてはならないとともに、前者は後者に開かれたものとして実践されなくてはならない。この相互関係が、校内研修とそれを支える組織づくりにおいて、いかにダイナミックに展開されるかが今後の課題となる。

（2）子どもの実態と評価

校内研修という教師たちによる協同的な取り組みにおいて、最も大切なことは、何を教師間で共有するのかということである。このように言うと、教師間の子ども「観」、発達「観」、教育「観」をまずは一致させることであるという答えが返ってきそうである。しかしながら、「観」の統一を前提とする校内研修は、「研修が強制に感じられて、自分の問題となりにくい」という印象を与

116

第6章　教職に求められる資質・能力

えるばかりか、「仮説」がいつの間にか「結論」になるといった「研修」の矮
小化した姿を現わしやすい。

　校内研修でまずは共有されるべきは、自分たちの学校における子どもたちの
実態（生活実態と学力実態）であり、まずは正確に実態を把握することであ
る。そして、校内研修のテーマが、このように明らかにされた子どもたちの実
態にどのように働きかけようとするものなのかを理解することであろう。

　たとえば、子どもたちの学力実態を明確にするには、少なくとも「学力の水
準」や「学力の格差」さらには「学力の質と構造」「学力の経年変化」という
四つの指標が必要となる。このような学力実態を明らかにする4つの指標は、
それこそ教育実践が行われる前に実施される診断的評価は当然として、ある
「仮説」に基づいて取り組まれた教育実践の成否を明らかにする総括的評価の
場面でも、有効に機能しなくてはならない[2]。

　その際、重要なことは、とりわけ「学力の質と構造」を顕在化させる新しい
評価方法（たとえばポートフォリオ評価法やパフォーマンス評価法など）の開
発に着目して、子どもたちの学力実態を多面的に、重層的に把握することであ
ろう[3]。

（3）「参加」する校内研修

　次に、「参加」する校内研修のあり方を具体的に提案してみたい。その一つ
は、「仮説づくり」への教師集団の積極的な関わりである。それは、いわゆる
「授業研究」者の「仮説」をただ検討するだけの受動的なものではなく、自ら
の「仮説」を持ち寄って、可能な限り「オールタナティブ（選択肢）」を豊か
にすることである。筆者の経験したところでは、自らが取り組んだその単元に
関する過去の実践事例を提示して、「オールタナティブ」の可能性が提案され
ていた。

　また、筆者たちが参画している京都市内の小学校では、その単元に関する実
践史を研究者がレビューすることで、「オールタナティブ」の構造化を提示し
ようとしている[4]。

　次に、校内研修にワークショップ的要素を取り入れてみることであろう。こ

117

こでいうワークショップとは、実技・実演を意味しており、それこそまさに「参加」を促す方法である。

これも筆者たちが参画している京都市内の小学校では、「朗読」の方法を国語科の教師たちが身につけるために「朗読」に精通したベテランの先生を範として、「朗読」法を学び取っている。また、カリキュラムづくりの校内研修となると、教師集団としてカリキュラム編成の基礎的な取り組みを実際に組み込んだ校内研修が必要となろう。

（4）研究成果の共有

米国の学者たちが「授業研究」で着目しているもう一つの局面が、研究成果を共有する仕組みが充実していることである。その有力な方法として、現場で作成される「研究紀要」をあげている。

しかし、はたして「研究紀要」は伝達可能性と再現可能性を備えた研究成果として活用されているだろうか。残念ながら否定的にならざるを得ない。活用される「研究紀要」となるためには、サクセス・ストーリーで埋め尽くされるよりも、勇気を出して、失敗例やそこからの課題が「舞台裏」を開示するように語られていることが必要だろう。

以上、教師のカリキュラムづくりを支える校内研修のあり方について考えてきた。まさしく、「研究」と「研修」の豊かな関係をどのように構築していくのかがポイントとなるであろう。

◤ 第2節　授業づくりに求められる教師の資質・能力 ◥

さて、国際的に注目されるようになった日本の「授業研究」を本格的に学ぶために、この節では、その基礎的・基本的事項について述べてみたい。

第1項　「よい授業」の条件

授業研究法を対象とする講義のはじめに、過去数年、「あなたにとってよい授業の条件を三つあげて下さい」というアンケートをとることにしていた。こ

第6章　教職に求められる資質・能力

の講義の受講生の多くは教職経験を持つ人たちであり、その問題関心の所在を
アンケートの回答から探り、講義内容を組み立てる際の参考にしようとするた
めである。もちろん、ことわるまでもないことであるが、「よい授業の条件」
が三つしかないということではなく、このように三つに回答を「制約」するこ
とで、その問題関心の所在をより鮮明にしようとするためである。

　アンケートの回答にあらわれる「よい授業の条件」は、実に多様な表現で満
ちていて大変に興味深い。一見すると、「よい授業の条件」を抽象化・一般化
することなど至難の技のように思われる。しかしながら、このような多様な表
現に込められた意味内容を授業研究の成果に照らして分析を加えてみると、そ
こには教師たちが共通に願っている「よい授業の条件」がおのずから浮上して
くる。

　ここでは、その条件をやはり三つに限定して提示し、「よい授業」のイメー
ジを読者とともに共有しておきたい。

　①「授業に共通のめあてがあり、わかった・できたという喜びがあり、それ
　　を励ますクラス集団がいること」

　②「子どもたちが自分たちの生活・学習経験を総動員できる授業であること」

　③「子どもたちが今まで持っていた、ものの見方・考え方・行動の仕方を変革
　　する授業であること」

　そして、もしこれらの条件が満たされない場合には、たとえば①の欠如は
「優越感と劣等感を助長する授業」となり、②の欠如は「つめこみ授業」とな
り、③の欠如は「退屈な授業」となってしまうのである。

第2項　授業の四つの要素

　授業はさまざまな要素が絡み合って成立している。たとえば、教師のその日
の気分や子どもたちが抱える家庭での問題なども授業の進行に影響する場合が
ある。しかし、これがなければ授業という単位が成立しないという要素（全体
性）、また一貫したひとまとまりの授業を保証する要素（整合性）、さらには授
業のどこに問題があるのかを確定し改善の方途を探ることのできる要素（実践
性）という条件を満たすとなると、現在のところ次の四つの要素があがってく

第Ⅱ部　教師に求められる力量

る。この授業の要素は、過去のいわゆる「三角モデル」（教師⇄教材⇄子ども）を批判的に発展させるなかで、今日では以下に示すような「授業の四要素」として確定されるに至っている（授業研究者によってその「四要素」の表現法には若干の違いがある）。

　(a) 教育目標（何を教えるか、その結果として子どもたちにどのような能力を形成するのか）

　(b) 教材・教具（どういう素材を使うか）

　(c) 教授行為・学習形態（子どもたちにどのように働きかけるか）

　(d) 教育評価（子どもたちの学びの実態から教えと学びはこれでよいか）

　この「四要素」は、授業の構造を示す「単位」であり、授業という事実が現象しているところでは、その教師がどの程度意識しているかどうかは別として、必ず存在するものである。そうであれば、教師たちはむしろこの「四要素」を自分たちの授業づくりに自覚的に適用することによって、自分の授業の長所や弱点を知ることができるし、進んで「よい授業」を合理的に創造するためのさまざまな方略を総合的な見地から選択・構成できるようになる。ここでは、「跳び箱論争⑸」で注目された「腕立て開脚跳び越し」の授業づくりを例として、この「四要素」を具体的に説明してみたい。なお、授業づくりの時間的「単位」は、「一時間の授業づくり」ではなく、一単元の授業づくりである。

(a) 教育目標づくり

　この授業づくりの前提として、まず運動文化に占める「跳び箱運動」の価値や「横跳び越し」と「開脚跳び越し」の運動論上の違いが明らかになっていなくてはならない。この点を主要な検討の対象にするのが、カリキュラム研究である。ちなみに、分数と小数のどちらを先に教えるのかを明らかにするのもカリキュラム研究の一環である。

　このようにして選択された「腕立て開脚跳び越し」について、その運動の特質（第一飛躍局面での「足－手－足」の運動の順次性と第二飛躍局面での「体重移動」）に従って、また子どもたちの発達段階を考慮して、その学年での具体的で系統的な「到達目標」が設定されることになる（「到達目標」に達した

120

子どもたちには、応用場面を仕組んだ「発展目標」が準備される)。

(b) 教材・教具づくり

すぐれた教材・教具とは、教育目標と子どもたちの学習を媒介するものとして、一方では「教育目標」を正確に反映したものでなくてはならないし、他方では子どもたちの生活・学習経験に基づく具体的で興味深いものでなくてはならない。

たとえば、「足−手−足」の運動の順次性を教えるには「うさぎ跳び」、「体重移動」を教えるには「またぎごし」を要求する「馬跳び」などが考案される。そして、このような「教材」を提示するための「教具」(跳び箱、いす、マットなど)が準備されることになる。また、「示範」を誰が(教師か子どもか)どのように演出するのかを考えるのも、この教材・教具づくりの大切な課題である。以下、教材・教具づくりの重要性から、やや詳しく論じてみたい。

上述したように教材は、教育目標と子どもたちの学習活動を媒介するものである。しかし、歴史的に見ると、教育目標と教材が未分化で、たとえば教科書を絶対視した(「教科書」を教える)時代があった。他方、その反動として、教材と学習活動を連続させた上で、教科書を軽視した(「教科書」でも教える)時代もあった。このような二つの時代にあっては、「教材解釈」という行為は、既存の教材を絶対的に肯定した上での解釈であり、または教師の解釈によって授業を自由自在にできると考えて、教材構造の客観的な意味を軽視する傾向にあったのである [6]。したがって、教科書を吟味、批判して再編集するという取り組みは弱かった。

これに対して、教材を「媒介」と捉えることによって、教科書は授業実践の重要な資料であり(「教科書」で教える)、また改善されるべき教材集として位置づけられるようになる。また、この立場から「教材構成」は「教材解釈」の対概念として再構成され、教師の教材・教具づくりの典型的な方法を示唆するようになった。すなわち、まず「教材構成」とは教育目標から教材を導く行為であり、逆に「教材解釈」とは存在する教材から教育目標を析出する行為である。そして、大切なことは、この二つの行為は別々に行われるのではなく、教

第Ⅱ部　教師に求められる力量

師が教材づくりを実践する際にはサイクルをなしていることである。藤岡信勝の用語によれば、「教材構成」とは「教育内容の教材化」であり、「教材解釈」は「素材の教材化」ということになる(7)。

　たとえば、ある文学教材を「教材解釈」して、その作品のねらい（教育目標）を明らかにした時、そのねらいを実現するためにはもっと適切な作品を選定する（教材構成）必要が生じることもある。また、一度「教材構成」しても、その教材が本当に教育目標を実現できるものであるのか（教材解釈）を常に吟味していく必要がある。教師たちは、このようにして、二つの教材づくりの局面を実践するのである。したがって、教材・教具を工夫するとは、単なる目標実現のための手段の開発を行っているのではなく、その工夫を通じて教育目標を問い直す契機にもなり得ているのである。

　それでは、「すぐれた教材」の条件とは何であろうか。教材が教育目標と学習活動を媒介するものであるならば、それは「教育目標と教材」関係と「教材と学習活動」関係の二つによって規定されることになる。たとえば六年生の社会科の「奈良の大仏」の実践を例として説明したい。まず、到達目標として、「飛鳥・奈良時代の政治・経済・文化ならびに人々の暮らしを具体的に理解する」のであるならば、この目標を正確に反映し（真実性）、しかももっとも明確にその特徴を代表している（典型性）素材として、教材「大仏造立」をとりあげ、それを軸とする授業を組み立てることになる。ちなみに、この組み立ては、いわゆる従来の政治史中心の編年体を打ち破ることを意図したものである。

　他方、「教材と学習活動」関係についてみれば、たとえば「大仏の大きさ」を子どもたちに実感してもらうためには、自分たちの校舎と大仏殿を比較させたり（大仏殿のほうが大きい）、大仏の「らほつ」の実物模型を提示したり、さらには教室の床にテープで大仏の頭部の大きさを描く（教室の半分くらいになる）などの工夫が行われる。これらの工夫には、子どもたちの生活や学習の経験や体験にねざす素材を活用していること（具体性）、見る・聞く・触れるなどの五感を使って理解できる素材を創造していること（直感性）、子どもたちの今までの常識をくつがえすような素材も提示されていること（意外性）、

122

さらには子どもたちのなかに対立と分化と協同を意図的に呼び起こすように
なっていること（集団性）などによって、子どもたちにとってきわめて魅力的
な教材となっている。以上、「教育目標と教材」関係と「教材と学習活動」関
係の二つの関係を考慮して、教材や教具を工夫することは、まさに実践者の代
え難い特権である。

（c）教授行為と学習形態の展開

　実際の授業過程で、教師たちが行使することになるさまざまな教育技術（指
導言法や板書法など）の特徴を踏まえながら、どのようにそれらの教育技術を
組み立てていくのか。また、子どもたちを学習集団としてどのように組織する
のかが、ここでの重要な検討課題となる。

　たとえば、教師たちが授業過程で発する指導言には、「発問」「説明」「指示」
「助言」などが区別される。とりわけ技術の習得・習熟をめざす体育の授業で
は、子どもたちの動作を促す「擬態語」（トン・パー、ピョーン・ピョーンな
ど）や「イメージ語」（あごを閉じる、台をたたくなど）をどのように工夫す
るのかが大切となるだろう。

　それでは、まず教授行為と学習形態の計画は、とりわけ各時限における授業
過程（はじめ・なか・おわり）で、どのような教育技術を活用し、学習集団の
なかでストーリー性やドラマ性を組み立てるのかを明らかにすることが大切と
なる。

　まず、現代日本の学級では、同一年齢集団の持続的な組織化によって、学習
集団による協同学習の可能性が開かれている。しかし、この学習集団による実
践は、一つの学習形態の選択という問題ではなく、人間が創造してきた文化内
容を学習する、その活動の本質に根ざしたものである。すなわち、学習すると
は、ある知識や概念を単に受容するという消極的な行為ではなく、知識や概念
の再構成・再創造の過程である。そこでは、同化と調節が同時に進行するダイ
ナミックな過程である。その過程で、子どもたちは、自分との対話を通じて、
過去（歴史と文化と経験）との対話を通じて、さらには他者との対話を通じ
て、知識や概念の理解を深めていくのである。

第Ⅱ部　教師に求められる力量

　したがって、教師は、発問や資料提示などを行うことによって、学習集団による集団思考を組織しようとする。話し合い、討論、論争などの方法を通じて、また一人学びを保証することによって、子どもたちには他者との意見の同意点や相違点が明らかになってくる。それは、同時に自分との対話を深める過程であり、過去の学習や生活経験から形成されていた既有の認識内容を問い直し、練り直していくことにつながる。また、教え合い活動も、「教える」という行為に含まれる、ある観念を別の角度から概観し、例示を考慮するなどの認識活動を活性化することによって、教える方もより理解が深まっていくのである。学習集団を活かした授業づくりとは、このような授業展開を想定したものである。

　さて、教師が活用する教育技術については、まず身体的な熟練に多くをおっている「わざ」たとえば発声法、文字・描画法などがある。そして、これらも教育技術であるかぎり分かち伝えることが可能なものである。次に、教育技術としてもっともポピュラーな「手法」に属するものとして、板書法、机間巡視の方法、指導言法などがある。さらに、発見学習法、範例学習法、問題解決学習法などのように定式化された方法としての「型」がある(8)。これらの教育技術は、一つひとつが孤立しているというよりも有機的に連関しつつ、教育目標の実現のために機能するのである。この「何を教えるために、どのような教育技術を採用するのか」という問いを軽視すると、「技術」が独り歩きを始めて、それは「技術主義」となる。

(d) 教育評価づくり－形成的評価を生かす授業づくり

　教育評価とは、単に子どもたちの学習結果を評定して、成績をつけるという行為ではない。その本質は、子どもたちの学びの実態に即して（そのための評価方法の工夫が必要である）、教師の教育活動（教育目標づくり、教材・教具づくり、教授行為・学習形態づくり）の有効性や妥当性を検討し、より望ましい方略を選択・構成していくことであり、子どもたちに対しては学習に改善の見通しを与えようとするものである。この典型的な提案が「形成的評価」を組み込んだ授業づくのである。

124

第6章　教職に求められる資質・能力

　上述したように、「4要素」を自覚的に適用することによって、対処療法的な授業づくりに陥ることが回避できるとともに、「よい授業」を創造するための一貫した方略（(a) (b) (c) (d) の適合性）がとれるようになる。戦後の授業研究史を振り返ってみると、研究の相対的な重点が「(a) → (b) → (c) → (d)」と移行してきたことがわかる。それは、子どもたちを学びの主体として把握し、それに基づいて授業づくりを進めようとする授業研究の発展過程を物語っている。

　「形成的評価」を駆使して、子どもたちの授業過程での「つまずき」に着目する授業づくりも、この動向を代表するものである。

　教師たちが「跳び箱が跳べない子ども」に直面した時、その「つまずき」の責任をもっぱら子どもたちの「能力不足」「勇気のなさ」などに求めていた時期があった。しかし、「落ちこぼれ」ではなく「落ちこぼし」であるとの観点から、「つまずき」の原因を教師の教育活動の問題点に求めて、「つまずきをなくす授業」が次に強調されるようになる。この観点に基本的な誤りはなかったが、「なくす」ことに焦点化された授業づくりでは、「跳ばすこと」が自己目的化されて、「跳ばす」訓練が強要される場合もあった。

　今日の「つまずき」に対する認識は、むしろ子どもたちの「つまずき」の構造に学び、「つまずき」を積極的に授業づくりに位置づけようとしている。この「つまずきを生かす授業づくり」では、この間「生かす主体」が教師から子どもたちに重点移行してきたという経緯がある。もちろん、「跳べない子ども」がいる場合には、教師はみずからの教育活動（(a) (b) (c) (d)）に点検を加えて、多様な方略を選択・構成する。このことを前提として、子どもたち自身が自らの「つまずき」を生かす場面（なぜ跳べなかったのかを自己評価したり、相互評価するなどの場面）をもっと豊かに授業で保障することが強調されるようになってきた。このことは、決して「つまずき」の責任を子どもたちに転嫁するということではなく、授業づくりの最終目標である「自己学習能力」の形成を日常の授業場面からめざそうとするものなのである [9]。

　以上、教職に求められる必須の力量として、「カリキュラムづくり」と「授業づくり」の二つの分野に関する基礎的事項を述べてきた。「学校教育」のあ

125

第Ⅱ部　教師に求められる力量

り方が厳しく問われている今日、各学校を取り巻く環境や条件を踏まえた、各学校独自の取り組みが求められている。

〈注〉

(1) ジェームズ・W・スティグラー他著（湊三郎訳）『日本の算数・数学教育に学べ』教育出版、2002年。

(2) 田中耕治他『新しい時代の教育課程』有斐閣、2005年。

(3) 西岡加名恵『教科と総合学習のカリキュラム設計――パフォーマンス評価をどう生かすか』図書文化、2016年。

(4) 田中耕治他監修、京都市立高倉小学校研究同人編著『「確かな学力」と「豊かな心」を育てる学校――学校・家庭・地域・大学の連携』三学出版、2005年。

(5) 『体育科教育』1987年3月号、1989年2月号と、『授業研究』1988年4月号、10月号参照。

(6) 中内敏夫『新版教材と教具の理論』あゆみ出版、1990年の「教材つくりの理論」参照。

(7) 藤岡信勝『教材づくりの発想』日本書籍、1991年、37-38頁参照。なお、「素材の教材化」の具体的な手法については、有田和正『教材発掘の基礎技術』明治図書、1987年参照。

(8) 城丸章夫監修『新しい教育技術1　総論』日本標準、1977年、99-101頁。

(9) 田中耕治『教育評価』岩波書店、2008年、第4章参照。

〈推薦図書〉

田中耕治編著『時代を拓いた教師たち』日本標準、2005年。

田中耕治編著『時代を拓いた教師たち――実践から教育を問い直す』日本標準、2009年。

『中内敏夫著作集』第Ⅰ巻、藤原書店、1998年。

第7章

発達支援と教師の仕事

第1節　ヒト特有の心的機能と発達

　ヒトはきわめて社会的な動物である。母親のおなかにいる時から、母親のことばに選択的に注意を向け、応答する（明和, 2009, Takeshita, Hirata, Sakai, & Myowa-Yamakoshi, 2016）。他者と相互作用することなく、ヒトに固有の発達を遂げることはできない。筆者は、生物学を基盤としてヒトという存在の科学的理解を目指す基礎研究者である。これまで、「比較認知発達科学」というアプローチを開拓し、ヒトの社会的認知機能およびそのメカニズムが創発するダイナミクス―発達のプロセス（個体発生）の解明を目指してきた。これまでの成果として、ヒト特有の心的機能がいつ頃、どのように現れてくるかが大まかながら見えてきた。

　生後2カ月頃、反射的なレベルを超え、ヒト乳児は双方向的な対人相互作用を始める。いまだ使えない言語や手操作に代わり、相手を見つめ、声を発し、表情を変化させる。相手の行為に鏡に映し出すかのように応答する。ただし、この時期の顕著な変化はヒトだけでなく、チンパンジーでも見られる（明和, 2006）。

　ヒトでは生後9ヶ月頃、ふたたび相互作用が劇的に変化する（ロシャ, 2004, トマセロ, 2006）。相手が注意を払う物や出来事を目で追う（視線追従）。見知らぬ物に出くわすと、母親と物とを交互に見比べて情報を得る（社会的参照）。

興味ある物や出来事を指さし、相手の関心を引き寄せる（共同注意）。相手の行為の背後にある心的状態を理解し、相手の視点を通して環境を探索する。こうした相互作用は、チンパンジーをはじめとする他の霊長類では見られない（明和, 2012, Myowa-Yamakoshi, 2010）。

この時期から、ヒトは、他者と相互作用する経験を独自のスタイルで蓄積しながら、種特有の社会性とその基盤となる認知機能を発達させる。その認知特性とは、「他者について直接知覚した状態とその背後にある心的状態を自己のそれと分離し、自他それぞれを表象する能力（自他分離表象）」である。驚くべきことに、ヒトは言語を獲得する前〜生後4年という発達の早期に、この能力を集中的に獲得し始める。

ヒトの進化において有利な形質であったはずの、種特有の心的機能を発達させる過程で、今、子どもたちに深刻な問題が生じている。いじめ、不登校、不安障害、引きこもり、抑うつ、薬物依存や自殺など、自分と他者の心を理解することに苦悩し、対人関係に起因する精神的問題を抱える子どもの数は増加の一途をたどる。知的発達に遅れはないものの、学習面や行動面で著しい困難を示す児童生徒の割合は、教師による回答（医師の診断によらない）だけで6.5%（2012年調査, 文部科学省, 2013）にのぼり、その多くが注意欠如多動症（ADHD）、自閉スペクトラム症（ASD）、学習症（ディスレキシア等）などの発達障害を有している。さらに、学齢期には症状として気づかれなかったものの、高等教育機関や就労場面において発達障害の診断が初めてつく症例も増加している。子どもたちの心身を健全に発達させるために必要な環境も、深刻な問題が山積みである。児童相談所が対応した虐待事例は年々増え続け、2015（平成27）年にはとうとう10万件を超えた（厚生労働省, 2016）。

少子高齢化が加速度的に進むわが国において、次世代を担う子どもたちの心身の健康な発達を保証することは何よりの優先課題である。しかし、既存の対応、議論、支援策だけでは現代の深刻な対人関係の問題に対応しきれていない現状を、私たちは真摯に受け止めなければならない。

筆者は、対人関係にまつわる精神発達の問題が「なぜ」起こっているのか、つまり、この時期のヒトの脳と心の発達のメカニズムを科学的、妥当に理解す

ることなくして、真に適切な発達支援を提案、実践することはできないと考える。そうした思いから、本章の前半では、対人関係の構築に不可欠な心的機能とその基盤となる脳神経系メカニズムについて概説する。後半では、学齢期の子どもたちに焦点をあて、この時期特有の脳と心の発達、それに関連して起こりうる様々な精神的問題と発達支援のあり方について考察する。

第2節　他人の心を理解するための神経系ネットワーク

　まず、対人関係を円滑に進めることを可能にする心のはたらきとその神経系メカニズムについて説明する。私たちが他者の心を理解するとき、おもに二つの神経ネットワークが関与する。一つは「ミラーニューロン・システム」、もうひとつは「メンタライジング・システム」とよばれる神経ネットワークである。

第1項　ミラーニューロン・システム

　まず、ミラーニューロン・システムネットワークから見ていこう。「ミラーニューロン（mirror neuron）とは、その名のとおり、他者の心が自分の心に鏡のように重なり合い、自動的、無意識的に理解することを可能にする神経細胞である。たとえば、レモンをかじって酸っぱそうな表情をしている人が目の前にいたとする。自分自身はレモンをかじっていないにもかかわらず、思わず唾液があふれてくる。誰かが包丁で指を切って、血を流す光景を目撃したとする。自分の身体にも痛みが生じる感覚に襲われ、思わず目をそらしてしまうだろう。

　ミラーニューロンの活動は、イタリアの神経科学者リゾラッティ（Rizzolatti）らがサルの下前頭回の単一ニューロンの活動として記録したのが最初である（Di Pellegrino, Fadiga, Fogassi, et al., 1992）。ヒトではfMRI（機能的磁気共鳴画像法）をはじめとする非侵襲的脳イメージングによって、サルで発見されたミラーニューロンに相当する神経回路（ミラーニューロン・システム）が調べられてきた（図7-1）。前頭葉では、言語の産出にかかわるブローカ野を含む下前

頭回（IFG）の後部や腹側の運動前野、頭頂葉では頭頂間溝（IPS）とその下に広がる縁上回の前部、上側頭溝（STS）などがそれにあたる。観察された行為は、まず視覚野、STSで処理され，その後頭頂葉下部に位置する下頭頂小葉（IPL）で行為に含まれる物体やそれを操作する手の運動に関する情報が抽出される。さらに、IFGで視点や行為の抽象的表象（目標など）が処理される（Ogawa & Inui, 2012）。

　ミラーニューロンの機能は、観察した行為と自らが実行可能な行為との照合システムである。それにより、行為の結果や意図を自動的に予測、理解することができる。他個体の行為を予測できれば、危険が我が身に迫る前に逃げることができる。社会的場面では、他個体への円滑な対応が可能となり、生存上きわめて有利である。ただし、このレベルの行為理解では、必ずしも他個体の心の状態まで把握する必要はない。ヒトを含む霊長類で行為理解に関わる特別のニューロンが進化の過程で獲得されてきた背景には、こうした適応的意義があったと考えられる。

　サルのミラーニューロンは、ヒトのミラーニューロン・システムの生物学的基盤であることは間違いなさそうである。しかし、両者がまったく同じ機能を果たしているかについては議論の余地がある。ヒトのミラーニューロン・システムは、他の神経系システムと相互に連結、作用しあうことで、さまざまなタイプの心の状態を引き起こす。たとえば、ヒトが他者の表情を模倣する時には、上記の脳部位だけでなく、感情系、報酬系の中枢である扁桃体を含む大脳辺縁系（limbic system）や、それらをつなぐ島皮質（insula）も賦活する（Carr, Iacoboni, Dubeau, Mazziotta, & Lenzi, 2003）。この一連のネットワークの活動は、「情動的共感（emotional empathy）」という心的機能——他者のふるまいに自動的に身体が反応してしまうことで、他者の心の状態を共有、同調する機能（先述のレモンの例）を生みだす。興味深いことに、サルでは感情に関連するミラーニューロンの証拠はいまだ見つかっていない。ここに、ヒトのミラーニューロン・システムの特徴がある。ヒトのミラーニューロン・システムは、ヒトの系統がサルの系統と分岐した後、独自の機能を果たしながら獲得してきたとみられる。

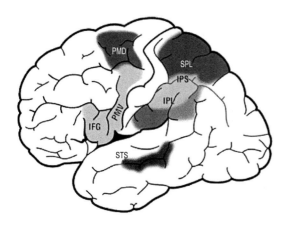

IFG＝下前頭回
IPL＝下頭頂小葉
IPS＝頭頂間溝
PMV＝腹側運動前野
STS＝上側頭溝

図7-1　ヒトのミラーニューロン・システム
(Cattaneo & Rizzolatti, 2009)

　では、ミラーニューロン・システムの機能が十分でない（非定型）と、どのような問題が生じるのだろうか。ASDの発症要因の一つとして、ミラーニューロン・システムの機能不全が指摘されている。これは、「ミラーニューロン・システム不全説（broken mirror theory）」とよばれている（Ramachandran & Oberman, 2006, Williams, Whiten, Suddendorf, & Perrett, 2001）。たとえば、ASD児と定型発達児を対象に、情動的表情の観察時と模倣実行時の脳活動をfMRIにより調べた研究がある（Dapretto, Davies, Pfeifer, et al., 2006）。ASD児は、定型発達児に比べて、表情の観察時と模倣時にミラーミューロン・システムだけでなく、島皮質および辺縁系の活動も低かった。また、ASD重症度と下前頭回の活動には負の相関がみられた（重症度が高ければ高いほど、下前頭回の活動が低い）。

　ASDでのミラーニューロン・システム機能不全の可能性は、脳構造の結果とも一致する。協調性評定尺度と脳部位の大きさの関係を調べた研究によれば、ASD（アスペルガー症候群）は、定型発達者に比べてミラーニューロン・システムの一部である右弁蓋部（右下前頭回）が小さく、さらに対人コミュニケーション障害が重い者ほど弁蓋部が小さい（Yamasaki, Yamasue, Abe, et al., 2010）。

第Ⅱ部　教師に求められる力量

　しかし、ASDのミラーニューロン・システム不全説は、全面的に支持され
ているわけではない。成人ASDのミラーニューロン・システムの機能は、定
型発達者のそれと差がない（Dinstein, Thomas, Humphreys, et al., 2010）、下前頭
回の活動が定型発達者より過剰である（Martineau, Andersson, Barthélémy, et al.,
2010）といった報告もある。ASDのミラーニューロン・システムの不全がい
つ頃、どのような表現型（行動特性）として立ち現れるのか、その発達の軌跡
を明らかにすることが今後の課題となっている。

第2項　メンタライジング・システム

　ミラーニューロン・システムによって、観察した他者の行為と自分の行為経
験とが鏡のように照合される。それによって、他者の行為の目的や意図を予測
的に理解したり、行為の背後にある心の状態を推測することができる（シミュ
レーション説）。

　しかし、行為の観察―実行の照合だけでは、他者との相互作用は円滑に進ま
ない。ミラーニューロン・システムによる他者理解のレベルを超え、自分の心
を他者の心と分離して表象する認知機能、「メンタライジング（mentalizing）」
の獲得こそがヒトの高度な他者理解を可能にする、という見方が注目を集めて
いる。

　メンタライジング・ネットワークは、ミラーニューロン・システムの活動を
トップダウンに抑制する。それにより、自分とは異なる他人の心の状態を推
論、解釈すること、文脈に応じて柔軟に行為を理解することが可能となる。メ
ンタライジング・システムの中心的な活動部位は、前頭前皮質である。対人関
係にまつわる精神的問題の鍵を握る、きわめて重要な脳部位であるとみられる
（前頭前皮質の発達のプロセスとそれに関連する心的機能の発達については後
述する）。

　メンタライジングに関する脳イメージング研究をまとめると、前頭前野内側
部（mPFC）や上側頭溝（STS）、下頭頂小葉（IPL）、側頭頭頂接合部（TPJ）
が関与することが示されている（Amodio & Frith, 2006, Frith & Frith, 2006, 図
7-2）。mPFCは、適切な行為選択のための行為の条件や状況の推測に関与する

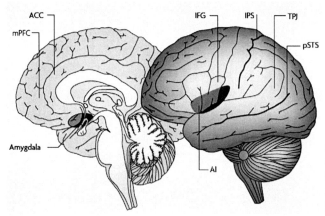

図7-2 ミラーニューロン・システムおよびメンタライジングに関与する脳部位
(Blakemore, 2008)

(Amodio & Frith, 2006)。TPJは、視点変換（視点取得）に関わる領域で、左TPJが自己視点、右TPJが他者視点でのイメージ生成に関与する（乾, 2013）。

　ミラーニューロン・システムは、他者の行為を無意識的に模倣する（自動模倣）現象に関与する神経ネットワークであり、メンタライジング・システムは、ミラーニューロンの活動をトップダウンに抑制することで、自動模倣を意識的に抑制する機能を果たすと考えられる。実際、成人が模倣を抑制する時、前部前頭前野内側部（aFMC）とTPJが賦活する（Brass, Ruby, & Spengler, 2009）。こうした見方から、模倣、模倣抑制、メンタライジングの機能的関係を介入法により調べた研究がある（Santiesteban, White, Cook, Gilbert, Heyes, & Bird, 2012）。手指運動の模倣訓練を受けた群、手指運動の模倣を抑制する訓練を受けた群、統制群として模倣とは関連しない運動抑制の訓練を受けた群の3群を設け、訓練を行ってから24時間後、心の理論課題と他者の視点取得の理解に関する課題に取り組ませた。その結果、模倣の抑制訓練を受けた群では、他者の視点取得の理解に関する課題の成績がもっとも高かった。つまり、自他を区別する能力と模倣を抑制する能力との間には関連があることが示された（心の理論課題の得点は天井効果となり、群間差は見られなかった）。

第Ⅱ部　教師に求められる力量

第3項　ヒト特有の教育

　メンタライジングは、ヒトに特異的に備わっている認知機能であり、ヒトの直接の祖先がチンパンジーの祖先と系統的に分岐したどこかの時点で獲得してきたと見られる（明和, 2012）。メンタライジングにもとづき他者の心の状態を推論できるヒトは、種特有の向社会的行動を見せる。その代表例が、利他行動の一つである「積極的教育（active teaching）」である。ヒト社会において教師という役割が成り立ってきた背景には、ヒト特有のメンタライジング機能が関わっている。

　子どもに教育的配慮、援助行動をおこなうのは、ヒトだけではない。野生のチータや飼い猫などの母親は、子どもに餌をやるだけでなく、子どもの餌捕獲の上達にあわせて獲物を適度に弱らせ、学習の機会を与える。しかし、ヒト以外の動物の教育は、食物を得る場面に限られており、さまざまな目的を想定しておこなわれるヒトの教育とはずいぶん異なる。さらに、ヒトはメンタライジングをはたらかせることにより、学習者の心の状態を考慮しつつ相手の立場になって適切な方法を選択、次世代を教育する。

　実際、ヒトが見せるような積極的な教育、協力行動は、ヒトにもっとも近縁なチンパンジーですらほとんど見られない（Boesch, 1991, 松沢, 2001）。チンパンジーの母親は、子どもに物をわざわざ見せたり、持たせてみたりしない。いざというときには体を張って子どもを守ろうとするので、決して無関心なわけではない。ただ、子どものやろうとすることを褒めもせず、叱りもせず、ただじっと見守るのがチンパンジーの養育環境の特徴である。その一方で、チンパンジーの子どもは自らがさまざまに経験する機会を自由に与えられる。自分の経験の蓄積と他個体の背中を見ながら、チンパンジー特有の心を発達させる（図7-3）。そして、自らが子どもをもうけたときには、やはりそうした養育環境を次世代に提供する。ヒトは、教育、援助行動など種特有の向社会的行動を次世代の養育、他人との関係において行いながら、また、親、他人からそれを受けながら連綿と命を継いできた動物なのである。

第7章　発達支援と教師の仕事

図7-3　チンパンジーの子ども（（左）野生環境，（右）飼育環境）は、母親の行為を観察し、自身で試行錯誤を繰り返しながら学ぶ。母親が子どもの手を取って教えることはない（明和, 2006）

第3節　学齢期～思春期／青年期の脳と心の発達

　ミラーニューロン・システムにより、自分の心を他者のそれに自動的に重ね合わせ、シミュレーション的に他者を理解する。メンタライジング・システムにより、ミラーニューロン・システムの活動は抑制され、他者の心を自己のそれとは独立させた推論、解釈が可能となる。ここまで、他者の心を理解するこれら二つの神経系ネットワークを概説してきた。

　ここからは、他者理解にかかわるこれら一連のネットワークの「発達のプロセス」について見ていく。最近の研究により、その成熟が成人レベルに達するまでには驚くほど長い時間を要することが明らかとなってきた。それは、性成熟の開始時期（第二次性徴の出現, 思春期 puberty）から心理、社会・経済的な依存状態から独立するまで（青年期 adolescence）の間に顕著に起こる精神発達の脆弱性、この時期特有の対人関係にまつわる諸問題と深く関わっているようである。

第Ⅱ部　教師に求められる力量

第1項　「逆U字型」の脳発達──脳構造の変化

　対人問題に起因する精神疾患の多くは、思春期から青年期に集中して顕在化する。精神疾患経験者の50％は14歳、75％は24歳までに発症する。なぜそうしたことが起こるのだろうか。その一因として考えられるのは、この時期特有の脳の発達のプロセスである。

　脳の構造の発達的変化を概説する前に、その構造的特徴を簡単に説明しよう。脳と脊髄からなる中枢神経系は、白質（white matter）と灰白質（gray matter）という組織に分けられる。白質には神経細胞（ニューロン）の細胞体は少なく、おもに神経線維が集まり、走行している。白質は白っぽい色をしているが、それはミエリン（髄鞘）とよばれる脂質のためである。ミエリンは、ニューロンの細胞体から伸びる長いワイヤー（軸索）を覆って絶縁する。絶縁が起こると、軸索は発火後にすばやくもとの状態に回復し、次の情報を伝達する準備が整う。それにより、脳の情報処理速度は飛躍的に向上する。

　白質の容積とミエリン化は、生後より線形的な発達を遂げ、思春期をへて20歳くらいまでには成人のレベルに達する。成人の脳の情報処理能力は乳児期のそれに比べて3,000倍も高まるとされ、脳の領域間での大規模で複雑なネットワーク通信が可能となる。また、それは前頭前皮質を含むどの脳部位でも同様の発達が起こる点も重要である（図7-4・下）。

　灰白質はニューロンの細胞体が集まっており、大脳の表面層を占めている。ニューロンは情報処理装置としての特徴を備えており、情報を受け取る突起（樹状突起）と、情報を送り出す突起（軸索）がある。樹状突起は、細胞体から複数出てさらに枝分かれしている。一方、軸索は細胞体から出るときは1本で、細胞から出た後で側枝（軸索側枝）を出す。軸索の末端付近では、さらに多くの枝分かれ（終末側枝）が見られる。軸索の末端は膨らんだ形をしており、シナプスと呼ばれる。シナプスは次の神経細胞と接触しておらず、数万分の1mmほどのすき間がある。軸索からの電気信号は、シナプス間のすき間を飛び越えられない。では、どうやって情報を伝達するのだろうか。それは、電気信号を化学物質の信号に変えるのである。電気信号が伝わってくると、シナ

136

プスにある小胞から神経伝達物質という化学物質が、シナプのすき間に分泌される。神経伝達物質が次の神経細胞の細胞膜にある受容体に結合すると、電気信号が生じて情報伝達が可能となる。神経伝達物質および神経修飾物質には、アセチルコリン、ノルアドレナリン、ドーパミンなどがある。

　灰白質は、白質とは異なる発達のプロセスをたどる。灰白質の容積や厚み、シナプスの密度はある時期を境にいったん減少し始め、その後ふたたび増加する。つまり、逆U字型を描くような発達を遂げるのである（図7-4・上）。

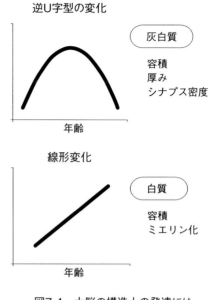

図7-4　大脳の構造上の発達には2つのパターンが存在する
（Morita, Asada, & Noito, 2016）

　脳イメージング研究によると、前頭前皮質の灰白質体積は10歳頃に最大となり、以降その容積は減少する。その理由として考えられるのは、シナプスの「刈り込み（pruning）」とよばれる現象である。シナプスが形成され始めると、脳の容積や厚みが増す。その後、生後の環境の影響を強く受けながら、必要なシナプス結合は強められ、不要な結合は除去されることで、より機能的な神経回路が形成される。

　シナプスの刈り込みが起こる年齢は、脳部位によって大きく異なる（Huttenlocher & Dadholkar, 1997）。たとえば、第一次感覚野の一つである視覚野のシナプス密度は、生後2～3ヶ月頃から急激に高まり、生後4～12ヶ月頃ピークを迎える。また、視覚野のシナプス刈り込みは生後8ヶ月頃から始まり、生後2～4歳で成人レベルに達する。それに対し、前頭前皮質のシナプス

第Ⅱ部　教師に求められる力量

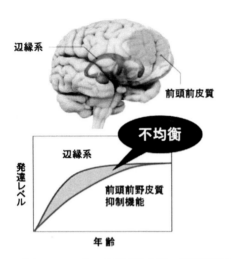

図7-5　10代には前頭前皮質の抑制機能が
　　　いったん弱まる
（ギード, 2016）

密度のピークは性成熟開始頃10〜12歳であり（男女差がある）、その後、刈り込みは10年ほどかけてゆっくりと進む。前頭前皮質の成熟が成人のレベルに達するのは20代後半である（ギード, 2016）。

前頭前皮質の灰白質の逆U字型の発達こそが、この時期にさまざまな精神疾患を生じさせる理由の一つと考えられている。感情系と報酬系の中枢である大脳辺縁系は、思春期開始とともにホルモンの影響を受けて急激に成熟し、数年で成人レベルに成熟する。それに対し、大脳辺縁系の活動をトップダウンに抑制する前頭前皮質の成熟は、先述のようにきわめてゆっくりとしたペースで進む（図7-5）。つまり、前頭前皮質は、学齢期〜成人に達するまでの時期はいまだ発達途上である。辺縁系が駆り立てる強い衝動性や感情、それを制御する高次認知機能が不均衡となってしまう時期がヒトでは10年余りも続くことになる。

第2項　社会的認知の発達

感情系と報酬系の中枢である大脳辺縁系は、性ホルモンの影響を受けて10代に急激に成熟する。他方、辺縁系の過活動を制御する前頭前皮質は逆U字型の発達を遂げるため、両者は不均衡な状態となる。10代の子どもたちが見せる新奇なものへの強い好奇心、見知らぬ世界への冒険心、強い刺激を求める衝動性の背景にはこうした理由がある。

ここからは、10代特有の脳発達のプロセスが、円滑な対人関係を築く礎となる社会的認知機能の獲得とどのように関連するかをみていこう。

(1) 感情を読み取る

　大脳辺縁系の一部である扁桃体（amygdala）は、他者の感情（恐怖 fear・喜び happy・怒り angry など）情報を処理する中枢である。fMRIを用いたイメージング研究によると、性成熟が始まる前（7〜10歳）は、男女を問わず恐怖の表情に対して左側の扁桃体が賦活する。その後、思春期／青年期（11〜17歳）にかけて、女性では扁桃体の活動が全体に弱まっていく。他方、男性ではそうした変化は見られず、性成熟開始後も恐怖の表情に対して左側の扁桃体が強く賦活する。前頭前皮質については、女性ではこの時期にかけて（11〜17歳）活動が大きくなっていくのに対し、男性はそうした反応はみられなかった。これらの結果は、前頭前皮質の成熟にともない、感情的反応が制御されていくプロセスが反映されていると解釈できる（Killgore, Oki, & Yurgelun-Todd, 2001）。

　思春期／青年期（9〜17歳）と成人（25〜36歳）の脳活動を比較した研究では、前者のグループは恐怖の表情に対して（中立的な表情を見た場合と比べ

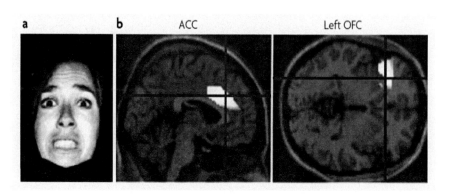

図7-6　恐怖の表情に晒されたときの脳活動の発達的変化
（Blakemore, 2008）

a. 提示された恐怖の表情
b. 思春期〜青年期（9〜17歳）では恐怖の表情にさらされると、前部帯状皮質（ACC）左側の眼窩前頭皮質（OFC）の活動が、成人（25〜36歳）よりも高かった。

第Ⅱ部　教師に求められる力量

て）、「扁桃体—行動をモニタリング・調整する機能をもつ帯状皮質（ACC）
—意志決定に関与する眼窩前頭皮質（OFC）」とよばれる部位の活動が成人より
も高かった（図7-6）。しかし、同じ恐怖の表情を観察した場合でも、感情処
理に直接関連しない質問をして（「鼻はどのくらい広がっていますか」、「なぜ
怖がっていると思いますか」など）感情の読み取りから注意を切り替えさせる
と、成人のみがそれに応じてOFCの活動を変化させた（Monk, McClure,
Nelson, et al., 2003）。つまり、感情に関する情報処理と認知的評価に関する情
報処理システムの調整機能は、青年期にはいまだ発達途上であることがうかが
える。

（2）メンタライジング
　先述のとおり、前頭前野の機能は、思春期の開始から成年期の終わりにかけ
ていったん弱まる。前頭前皮質は、他者の心を自分のそれと分離して推論し、
文脈に応じて柔軟に行為を選択することを可能にするメンタライジング・シス
テムの中心部位である。つまり、良好な対人関係を築くには、メンタライジン
グ・システムにかかわる脳部位の成熟が不可欠なのである。
　思春期・青年期に起こるメンタライジング・システムの発達プロセスを調べ
た脳イメージング研究はいまだ数が少ない。その中で、他者の話しぶりから、
それが「誠意あるものか／皮肉が込められているか」を推論するときの脳活動
を、fMRIを用いて調べた研究がある。皮肉を理解するためには、文字通りの
意味とその背後に隠された意図を識別する能力が必要である。実験の結果、性
成熟の開始時期にあたる子どもたち（9〜14歳）では、成人（23〜33歳）に
比べて、課題遂行時に内側前頭前皮質（medial prefrontal cortex; mPFC）および
左側の下前頭回（Inferior frontal gyrus; IFG）が賦活した（Wang, Lee, Sigman &
Dapretto, 2006）。この結果について、思春期は前頭前皮質の成熟が発達途上の
段階にあるため、文字通りの意味と皮肉に含まれる意味との間の不一致を推論
する際に認知的負荷がかかりやすく、前頭前皮質の活動が成人よりも高くなっ
たと解釈されている。
　思春期を迎えた子どもたちが、社会集団で一般的に共有されるルールの善悪

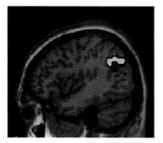
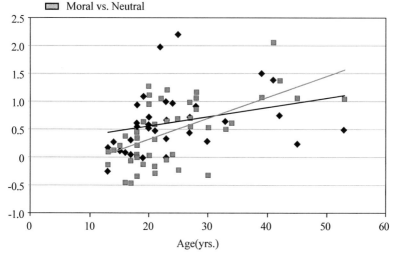

図7-7 「道徳性に関連する場面−関連しない場面（濃いグレー）」と「道徳性に関連する場面−中立的な場面（薄いグレー）」で脳活動に違いがあった脳部位（TPJ・左）。その活動差は年齢と正の相関があった
(Harenski, Harenskia, Shanea, & Kiehla, 2012)

（道徳的社会規範）をどのように判断していくのか、その発達のプロセスの神経基盤をメンタライジング機能に焦点をあてて調べた研究も興味深い。Harenskiら（2012）は、思春期を迎えた13歳から53歳の成人までを対象に、道徳的判断に関与する神経ネットワークの活動をfMRIを用いて調べた。実験参加者は、fMRI内部で次の3種類の社会場面を観察した。①道徳的判断が関

連する＋不快な場面：一般的に望ましくないと思われる社会場面（例：「相手を
なぐる」、「飲酒しながら運転する」など）、②道徳的判断に関連しない＋不快
な場面（「２者間で議論する」、「怒りながら運転する」など）、③道徳的判断に
関連しない＋感情的に中立的な場面（「２者間で平静に会話する」、「平静なよ
うすで運転する」など）。その結果、道徳的判断に関連する場面を観察したと
き、メンタライジング・システムの一部である側頭頂頂接合部（TPJ）の活動
の強さと年齢には正の関係（正相関）が見られた（図7-7）。

　道徳的判断を行う場合、成人ではメンタライジング・システムが関与するこ
とがこれまでの研究で示されている。道徳的判断とそれを支える神経基盤は、
思春期開始から成人に達するまでの長い期間にわたってゆっくりと成熟してい
くことがわかる。

◢ 第4節　「エビデンス・ベースト」の発達支援 ◣

　ヒトは、第二次性徴の開始とともに、身体の外面的特徴だけでなく、脳と心
も顕著に変化させる。こうした発達のプロセスは、生物としてはきわめて特異
的である。ヒトは他の霊長類に比べ、思春期から青年期にあたる期間が圧倒的
に長い。この期間にゆっくりと時間をかけて前頭前皮質を成熟させ、可塑性を
維持するという種独自の生存戦略により、ヒトは柔軟かつ迅速に環境適応して
きた。しかし同時に、この戦略は10代に精神疾患をとくに引き起こしやすい
という脆弱性をももたらすこととなった。

　人類は今、未曾有の時代を迎えている。20万年かけ、人類は今ある身体や
心、行動を獲得してきた。しかし、この100年ほどの間に起こった急激な環境
変化に身体や心がすぐに適応できるわけはない。とくに、環境の影響を受けや
すい発達途上にある脳と心をもつこの時期に、さまざまな精神的問題を引き起
こしている可能性がある。ヒトの性成熟の開始時期は、世界的に早まっている
点も重要である。辺縁系─前頭前皮質の構造・機能的成熟が不均衡となる期間
はいっそう長くなる傾向にあり、これも対人関係に苦しみ、精神を病む子ども
たちの急増に拍車をかけている一因となっているはずである。

第7章　発達支援と教師の仕事

　冒頭で述べたように、筆者は、ヒトの脳と心の科学的理解なくして現代の多様かつ複雑な対人関係の問題に対処することはできないと考える。子どもたちの脳や心は、いつ（when）、何が（what）、どのように（how）変化するのか。それは、なぜ（why）生じるのか。こうした点を一つひとつ解き明かしていかない限り、問題解決の糸口は見いだせないだろう。ただし、一人ひとりの子どもたちの脳や心の発達には個人差がある。また、世界的に増え続けている発達障害に向けた、効果的な支援のあり方も再考する必要がある。現在、ASD の診断を受けた子どもに限っても、その割合は全体の10％を超える（Nature, 2014）。さらに、彼らは多様な発達軌跡をたどるため、個別型の支援が不可欠である。問題の根幹を正しく見極め、どのような発達支援が真に適切であるかを科学的エビデンスにもとづき提案し、現場で実践、検証する。今ほど、「エビデンス・ベースト」の次世代発達支援、教育展開への挑戦を人類が必要としている時代はないだろう。

【付記】原稿に目を通していただき、貴重な助言をいただきました吉田千里博士に感謝します。本研究は、文部科学省科学研究費補助金（#24300103, #24119005, #17H01016）、京都大学COI拠点研究推進機構（平成28年度）、公益法人前川財団家庭教育研究助成（平成27-28年度）の助成を受けました。

〈文献〉

Amodio, D. M., & Frith, C. D. (2006). Meeting of minds: The medial frontal cortex & social cognition. *Nature Reviews Neuroscience*, 7(4), 268-277.

Brass, M., Ruby, P., & Spengler, S. (2009). Inhibition of imitative behaviour and social cognition. *Philosophical Transactions of the Royal Society B*, 364(1528), 2359- 2367.

Boesch, C. (1991). Teaching among wild chimpanzees. *Animal Behaviour*, 41,530- 532.

Blakemore, S.J. (2008). The social brain in adolescence. *Nature Review Neuroscience*, 9, 267- 277

Carr, L., Iacoboni, M., Dubeau, M.-C., Mazziotta, J. C., & Lenzi, G. L. (2003). Neural mechanisms of empathy in humans: A relay from neural systems for imitation to limbic areas. *Proceedings of the National Academy of Sciences of the United States of America*, 100 (9), 5497- 5502.

143

Cattaneo, L., & Rizzolatti, G. (2009). The mirror neuron system. *Archives of Neurology*, 66(5), 557-560.

Dapretto, M., Davies, M. S., Pfeifer, J. H., Scott, A. A., Sigman, M.,Bookheimer, S. Y., & Iacoboni, M. (2006). Understanding emotions in others: Mirror neuron dysfunction in children with autism spectrum disorders. *Nature Neuroscience*, 9(1), 28- 30.

Dinstein, I., Thomas, C., Humphreys, K., Minshew, N., Behrmann, M., & Heeger, D. J. (2010). Normal movement selectivity in autism. *Neuron*, 66(3), 461- 469.

Di Pellegrino, G., Fadiga, L., Fogassi, L., Gallese, V., & Rizzolatti, G. (1992). Understanding motor events: A neurophysiological study. *Experimental Brain Research*, 91(1), 176- 180.

Frith, C.D., & Frith, U. (2006). The neural basis of mentalizing. *Neuron*, 50(4), 531- 534.

ギード・J. N.（2016）. 10代の脳の謎. 日経サイエンス 2016年3月号, 36-42 (Giedd, J.N. 2015 The Amazing Teen Brain. *Scientific American* (June 2015), 312, 32-37. doi:10.1038/scientificamerican0615-32)

Harenski, C.L., Harenski, K.A., Shane, M.S., & Kiehl, K.A. (2012). Neural development of mentalizing in moral judgment from adolescence to adulthood. *Developmental Cognitive Neuroscience*, 2(1), 162-173. doi: 10.1016/j.dcn.2011.09.002

Huttenlocher, P.R. & Dabholkar,A.S. (1997). Regional differences in synaptogenesis in human cerebral cortex. *Journal of Comparative Neurology*, 387, 167- 178. doi:10.10.1002/(SICI)1096-9861(19971020)387:2<167::AID-CNE1>3.0.CO;2-Z

乾 敏郎（2013）. 脳科学からみる子どもの心の育ち：認知発達のルーツをさぐる. ミネルヴァ書房.

Killgore, W.D.S., Oki, M., & Yurgelun-Todd, D.A. (2001). Sex-specific developmental changes in amygdala responses to affective faces. *NeuroReport*, 12, 427- 433.

厚生労働省（2016）. 平成27年度 児童相談所での児童虐待相談対応件数（速報値）.

Martineau, J., Andersson, F., Barthélémy, C., Cottier, J. P., & Destrieux, C. (2010). Atypical activation of the mirror neuron system during perception of hand motion in autism. *Brain Research*, 1320, 168- 175.

松沢哲郎（2001）. 進化の隣人 ヒトとチンパンジー. 岩波書店.

文部科学省（2013）. 特別支援教育の現状について. 障害のある児童生徒の教材の充実に関する検討会.

明和政子（2006）. 心が芽ばえるとき――コミュニケーションの誕生と進化. NTT出版.

明和政子（2009）. 身体マッピング能力の起源を探る. ベビーサイエンス, vol.8, 2-13.

Myowa-Yamakoshi, M. (2010). Early social cognition in chimpanzees (Pan troglodytes) In:

第7章　発達支援と教師の仕事

Suddendorf, E., Ross, S. Matsuzawa, T (Eds.) *The Mind of the Chimpanzees*. pp. 23-31, Chicago: The University of Chicago Press.

明和政子 (2012). まねが育むヒトの心. 岩波書店.

Monk, C.S., McClure, E.B., Nelson, E.E., Zarahn, E., Bilder, R.M., Leibenluft, E., Charney, D.S., Ernst, M., & Pine, D.S. (2003). Adolescent immaturity in attention-related brain engagement to emotional facial expressions. *NeuroImage*, 20(1):420- 428.

Morita, T., Asada, M., & Naito, E. (2016). Contribution of neuroimaging studies for understanding development of human cognitive brain functions. *Frontiers in Human Neuroscience*, 10, doi:10.3389/fnhum.2016.00464.

Ogawa, K. & Inui, T. (2012). Multiple neural representations of object-directed action in an imitative context. *Experimental Brain Research*, 216(1), 61- 69.

Ramachandran, V.S., & Oberman, L.M. (2006). Broken mirrors: A theory of autism. *Scientific American*, 295(5), 62- 69.

ロシャ・P. (2004). 乳児の世界. 板倉昭二・開一夫 (監訳), ミネルヴァ書房 (Rochat, P. (2001). *The Infant's World*, Cambridge, Massachusetts: Harvard University Press).

Santiesteban, I., White, S., Cook, J., Gilbert, S. J., Heyes, C., & Bird, G. (2012). Training social cognition: From imitation to theory of mind. *Cognition*, 122(2), 228- 235.

Takeshita, H., Hirata, S., Sakai, T., & Myowa-Yamakoshi, M. (2016). Fetal Behavioral Development and Brain Growth in Chimpanzees versus Humans: A View from Studies with 4D Ultrasonography. In: Reissland, N, Kisilevsky, B.S. (Eds.) *Fetal Development: Research on brain and behavior, environmental influences, and emerging technologies*, Switzerland: Springer International Publishing, pp.67-83.

トマセロ・M. (2006). 心とことばの起源を探る──文化と認知. 大堀壽夫・中澤恒子・西村義樹・本多 啓 (訳), 勁草書房 (Tomasello, M. (2000). *The Cultural Origins of Human Cognition*, Cambridge, MA: Harvard University Press).

Wang, A.T., Lee, S.S., Sigman, M., & Dapretto, M. (2006). Developmental changes in the neural basis of interpreting communicative intent. *Social Cognitive and Affective Neuroscience*, 1, 107- 121.doi:10.1093/scan/nsl018

Williams, J. H. G., Whiten, A., Suddendorf, T., & Perrett, D. I. (2001). Imitation, mirror neurons & autism. *Neuroscience and Biobehavioral Reviews*, 25(4), 287- 295.

Yamasaki, S., Yamasue, H., Abe, O., Suga, M., Yamada, H., Inoue, H., Kuwabara, H., Kawakubo, Y., Yahata, N., Aoki, S., Kano, Y., Kato, N., Kasai, K. (2010). Reduced gray matter volume of pars opercularis is associated with impaired social communication in high-functioning

第Ⅱ部　教師に求められる力量

autism spectrum disorders. *Biological Psychiatry*, 68(12), 1141- 1147.

〈推薦図書〉

乾 敏郎 (2013)．脳科学からみる子どもの心の育ち：認知発達のルーツをさぐる．ミネル
　　ヴァ書房．

岩波講座 コミュニケーションの認知科学（全5巻：1．言語と身体性　2．共感　3．母
　　性と社会性の起源　4．社会のなかの共存　5．自立と支援）安西祐一郎・今
　　井むつみ・入来篤史・梅田聡・片山容一・亀田達也・開一夫・山岸俊男（編）岩
　　波書店．

S. J. ブレイクモア・U. フリス (2006)．脳の学習力　子育てと教育へのアドバイス．乾敏
　　郎・山下博志・吉田千里（訳）岩波書店．

友田明美 (2012)．新版　いやされない傷　児童虐待と傷ついていく脳．診断と治療社．

明和政子 (2012)．まねが育むヒトの心．岩波書店．

第8章

心理臨床と教師の仕事

はじめに

　学校現場における重要な課題の一つとして、心の問題へのアプローチを挙げることができるだろう。不登校、いじめ、発達障害など、特別な支援を要する子どもたちへのアプローチは、教育現場における大事な取り組みとなっている。

　では、その仕事は誰が担うのであろうか？　子どもの心の問題に関わることが教師の仕事と無縁だと考える人はいないだろう。しかし、現在学校には「学校臨床心理士」（スクールカウンセラー）と呼ばれる人たちが入っており、この人たちがこの心の問題に専門的な立場から関わっている。では、いったい教師は何をするのであろうか？

　本章においては、教育現場における心へのアプローチがどのような歴史的経緯をたどって学校に定着してきたのか、スクールカウンセラーと教師はそれぞれどのような役割を担い、どう連携していくのかといったことについて、概説する。

　そのことを通じて、学校現場における「教師がなしうるカウンセリング的なアプローチ」とはいかなるものなのかを考えてみたい。

147

第Ⅱ部　教師に求められる力量

　第1節　歴史的経緯

第1項　学校教育において

　日本の学校教育は、知識や技術を子どもたちに伝授することを目的とする「教科教育」と、人格形成の教育である「生徒指導」という両側面をもっているが、心へのアプローチは、「生徒指導」と深く関わるものである。

　1872（明治5）年に「学制」が公布されるが、明治期の学校教育では、子どもの人格形成は、子ども個々の性格特性が生かされるというよりは、理想的だと考えられる、あらかじめ定められた行動規範が設定され、それに向けて「指導」が行われた。

　それに対して、明治後期（1907年）寺内頴が『訓育要義』の中で、「児童を活動せしめるといふことは自ら考へ、自ら工夫し、自ら働かしめる」と述べ、子ども自身の自発性を尊重した人格教育の必要性を主張した[1]。

　これが児童中心主義運動の始まりとなり、大正時代の自由教育や全人教育の実践へとつながっていく。さらに、1930年代には、「生活綴り方教育」の運動が始まり、全国の学校へと広がったのである。

　しかし、第二次世界大戦へと向かう中で、「生活綴り方」は中断し、自由主義教育の流れも停滞することとなった。そして、戦争が終わる。

　戦後の日本では、1947（昭和22）年に「教育基本法」が制定され、「学校教育法」が制定されるとともに、個性の尊重を基本に据えた学校教育が始まった。こうした教育改革のモデルとなったアメリカの学校教育制度では、Guidance Counselorや、School Psychologistなどの専門家が学校におかれているのに対して、日本の制度では専門職がおかれることがなく、教員が「校務分掌」のかたちで、生徒指導を行うこととなった。これは、「模範となった外国の財政や人員の保証は敗戦国日本には負担できない状況」があったせいだと鵜飼は言う[2]。

　教育が、国家のために、あるいは、集団の秩序を保つという目的のために遂

148

第8章　心理臨床と教師の仕事

行されるのか、あるいは、個の自由や自発性を育てるためになされるのか、この二つの方向性は教育の始まりから存在し、時代とともに、いずれに傾くかが変化してきたと言えるかもしれない。

　また、欧米では、この二つの方向性が、それぞれの専門家によって担われたのに対し、日本では、教員が一人で抱えることになった。この結果、日本においては、生徒指導担当教員や教育相談担当教員が「学校カウンセラー」と呼ばれるといったことも生じるようになった。倉光（2004）は、「このような混乱が生じた背景には、わが国では、臨床心理士などの専門家の養成が欧米諸国に比して著しく遅れたことと、教師が子どもの心理的問題や人格的問題に関与しようとする傾向が（とくに学年が低くなるほど）高いということがあげられるだろう。日本では、教師が子どもを、いわば『丸抱え』しようとするのである」と述べている[3]。

　こうして、学校教育における心へのアプローチは、未分化のまま、教師の「スクールカウンセラー研修」が文部省（当時）主導でおこなわれ、その中で教師が「カウンセリング・マインド」を身につけることが謳われるようになった。

　このことは、けっして悪いことだけではない。たしかに、教師が子どもたちの心の問題に目を向けるようになり、子どもの立場にたてる教師を生み出してきた。しかし、教師が教科教育も生徒指導も子どもの相談も親の相談も、そのすべてをするという過重労働をも生み出すことになったのである。

　特に、心へのアプローチをする能力は教師としての「資質」と捉えられてきたため、教師は精神的にもたえず大きな負担を感じながら、こうした仕事をこなしてきた。

　しかし、校内暴力、不登校、いじめなど、教育現場における心の問題とされる事柄は、量的にも質的にも困難さを増すことになった。耐え切れなくなった教師の中には、身体的、精神的に不調をきたすものが急増することになったのである。

149

第Ⅱ部　教師に求められる力量

第2項　心理臨床との出会い

深刻化する学校現場での心の問題に対して、学校も文部省（当時）も、みなが苦悩していた。

こうした問題に対処するために文部省（当時）は、学校現場における臨床心理的アプローチを模索し始めた。1985（昭和60）年に「外部の専門家によるスクールカウンセラーの活用」が提案されたが、このときは大蔵省（当時）の査定で実現しなかった。しかし、その翌年「富士見中学校いじめ自殺事件」が起こる。

一方、臨床心理学分野での公的資格の確立は、なかなか進んでこなかった。大正時代から昭和初期にかけて、現在の児童相談所などの前身となる組織も設置されてはいたが、心理学はまだまだ研究中心のものであり、臨床心理学が脚光を浴びるようになったのは、1980年代に入ってからのことである。

1990（平成2）年には、「日本臨床心理士資格認定協会」が文部省（当時）所管の財団として認定された。こうして、学校の外部に臨床心理の専門家が存在することになり、文部省（当時）が、学校現場における不登校やいじめの問題に対してこの専門家を学校現場で活用しようと考えるようになった。そして、1994年、愛知県で、ふたたびいじめを苦にした中学生の自殺事件が起る。これをきっかけとして、1995年より「スクールカウンセラー活用調査研究委託」事業が始まった。この年には阪神大震災も起きたため、この震災後の支援にも臨床心理士が携わることになった[4]。

当初は、学校側も臨床心理士側も、学校の中でどのように動き、何をするのか、模索することが続いた。しかし、次第にこの制度は定着していき、2001年からは、「スクールカウンセラー活用補助」事業へと展開し、全国の中学校すべてにスクールカウンセラーが配置される方針が決定された。

なおスクールカウンセラーは、文部科学省の施策を受けて都道府県・政令指定都市の教育委員会が臨床心理士会に紹介を依頼し、これに対して臨床心理士が応募するという形で採用されている。また、非常勤職員という形態での採用であり、相談体制は、一校あたり平均週一回、4～8時間といった学校が多

150

第8章　心理臨床と教師の仕事

い。非常勤職員ではあるが、学校長の命に服して業務を執行することとなる。

▶第2節　スクールカウンセラーに対する評価と課題◀

第1項　スクールカウンセラー制度に対する評価

　文部科学省では、スクールカウンセラーに関する学校現場の活用状況やニーズを把握することを目的として、2007（平成19）年3～5月にかけて、全国のスクールカウンセラーが配置されている学校の校長（各都道府県・指定都市ごとに10校程度抽出）及び都道府県・指定都市教育委員会に対してアンケートを実施した。その結果を以下に紹介する[5]。

　「スクールカウンセラーに対してあった相談等の割合」については、中学校の場合、約5割が児童生徒からの相談、約3割が教職員からの相談、約2割が保護者からの相談であった。

　「学校の教育相談体制をどのように充実すべきと考えるか」（複数選択）については、「スクールカウンセラーの配置や充実」を選択した学校が小学校と高等学校では8割を超えていた。

　また、学校に対して「スクールカウンセラーについてどのように受け止めているか」という質問については、小学校、中学校、高等学校ともに「外部の専門家という位置づけで効果があると感じている」と回答した学校が約5～6割であった。

　同報告では、「スクールカウンセラーの業務は、児童生徒に対する相談のほか、保護者及び教職員に対する相談、教職員等への研修、事件・事故等の緊急対応における被害児童生徒の心のケアなど、ますます多岐にわたっており、学校の教育相談体制に大きな役割を果たしている。」とまとめられており、「スクールカウンセラーは、1～7のような児童生徒が抱える問題に、学校ではカバーし難い多くの役割を担い、教育相談を円滑に進めるための潤滑油ないし、仲立ち的な役割を果たしている」と評価している。

　1．児童生徒に対する相談・助言

第Ⅱ部　教師に求められる力量

　2．保護者や教職員に対する相談（カウンセリング、コンサルテーション）

　3．校内会議等への参加

　4．教職員や児童生徒への研修や講話

　5．相談者への心理的な見立てや対応

　6．ストレスチェックやストレスマネジメント等の予防的対応

　7．事件・事故等の緊急対応における被害児童生徒の心のケア

　また、スクールカウンセラーの効果については、以下のような報告がなされ
ている[6]。

　①不登校に関するスクールカウンセラーの効果として、文部科学省が毎年
行っている調査では、「不登校児童生徒への指導の結果、登校するようになっ
た児童生徒に特に効果があった学校の措置」として、「スクールカウンセラー
等が専門的指導にあたった」と回答した学校が、学校内での指導の改善工夫
中、最も多い。また、「不登校児童生徒が相談、指導、治療を受けた機関等」
としては、スクールカウンセラーが小・中学校ともに最も多い状況である。

　②また、スクールカウンセラーを派遣した学校の暴力行為、不登校、いじめ
の発生状況を全国における発生状況と比較すると、いずれもスクールカウンセ
ラーを派遣した学校の発生状況の方が低い数値となっていることや、過去5年
間で中学校へのスクールカウンセラーの配置率が50％以上向上した県におけ
るいじめの減少率（マイナス27％）は、全国平均値（マイナス23％）を上回っ
ている状況が見られる。（表8-1）

　同報告では、多様な役割と期待に加えて、スクールカウンセラーについて
は、以下のような意義・成果を認めている。

　①学校外のいわば「外部性」を持った専門家として、児童生徒と教員とは別
　　の枠組み、人間関係で相談することができるため、スクールカウンセラー
　　ならば心を許して相談できるといった雰囲気を作り出している。

　②教職員等も含めて、専門的観点からの相談ができる。

　③相談場所が学校であるため、児童生徒、教職員、保護者が外部の専門機関
　　に自費で相談に行かなくても、比較的平易に相談できる。

　④学校全体の連絡会等に参加することによって、学校の一体的な教育相談体

152

第8章　心理臨床と教師の仕事

表8-1　平成13〜16年度スクールカウンセラー派遣校における問題行動等の
派遣前（2001（平成13）年度）と派遣後（2004（平成16）年度）の発生状況比較

問題行動等	年度	SC派遣校における発生状況		全国における発生状況（公立）	
		（2年以上派遣）	増▲減率		増▲減率
暴力行為発生件数（学校内）	2001（平成13）	12,595件		31,018件	
	2004（平成16）	10,924件	マイナス13.3%	28,084件	マイナス9.5%
不登校児童生徒数	2001	56,661人		138,722人	
	2004	48,294人	マイナス14.8%	123,358人	マイナス11.1%
いじめ発生件数	2001	7,887件		22,841件	
	2004	6,203件	マイナス21.4%	19,466件	マイナス14.8%

出典：文部科学省「児童生徒の教育相談の充実について——生き生きとした子どもを育てる
相談体制づくり」表10より

制を向上させ、生徒理解の促進に寄与する。

なお、スクールカウンセラーの「外部性」は、教育の専門性を持っている教員とは異なる、臨床心理の専門性を生かすことができるという点で意義があり、教員と連携して児童生徒の自己実現を助ける役割を果たしている。

第2項　スクールカウンセラー制度に関する課題

同報告では、スクールカウンセラー制度に対する課題や今後の検討事項についても言及されている。

①「スクールカウンセラーの配置の拡大に伴い、資質や経験に違いが見られたり、学校における活用の仕方に大きな差が見られるなどの課題も指摘されている」とあり、体制のあり方、身分の安定化、質の向上などの課題が指摘されている。

②また、「スクールカウンセラーは、その専門性とともに、いわゆる『外部

153

第II部　教師に求められる力量

性』に有効な側面を有しているとされるが、一方で、学校組織の一員として、管理職の指導や学校の方針のもとで活動を行っているという側面もある。こうした認識が十分でないため、スクールカウンセラーと学校の教職員との間において、必要な情報の共有がなされないことがある」という指摘もなされており、教員－スクールカウンセラーとの連携のあり方についての課題が示されていると言えよう。

第3節　教員とスクールカウンセラーとの連携

第1項　むずかしさ

前節の「課題」の中に示されたように、教員とスクールカウンセラーの連携は重要な問題である。

スクールカウンセラーは、何度か出てきたように「外部性」をもった存在である。「外部性」とは、学校のシステムの中に組み込まれない存在であり、そのために「教師には話せないことでもスクールカウンセラーになら話せる」といったことがありうる。児童・生徒も保護者も「先生には言わないでいてもらえるか」と確かめてから、それまで言えなかったことをスクールカウンセラーには話すということがある。

また、スクールカウンセラーは、教師とは違う専門性を有するものとしての「外部性」も有している。先に、学校教育においては、「教科教育」と「生徒指導」とがあると述べたが、「生徒指導」の側面における専門的知見を有すると考えられる。不登校やいじめ、あるいは、発達障害、情緒障害、あるいは、さまざまな心の症状についての多くの知識・経験を有しているのがスクールカウンセラーであろう。

しかしながら、この「外部性」は、教師との齟齬を生むことにもなる。たとえば、「秘密」の問題である。生徒が「先生には秘密にしておいてくれ」というとき、それを守ることは、教師との連携という面では「谷間」が生じる可能性もある。しかし、教師との連携を重んじるあまり、児童・生徒との「秘密」

154

という約束を破れば、児童・生徒は二度とスクールカウンセラーに心を開いてはくれないだろう。かといって、いつも「秘密」を守ればよい、というものではない。たとえば、生徒が危険な行為をしようとしている場合（家出や反社会的行為など）、あるいは、自殺企図がある場合など、スクールカウンセラーがそれを抱え込むことは、してはならないことである。ではどうすればよいのか。スクールカウンセラーは、教師や管理職に伝える義務がある。しかし、一般的マニュアルがあるわけではないが、こうした場合、自分が学校に報告しなくてはならない、と少なくとも児童・生徒に伝えることは必要だろう。

　また、教師の専門性と心理臨床の専門性との間で齟齬が生じることもある。たとえば不登校について、教師としては、何とか学校に来させたいと願う。そのためには、「電話をする」「家庭訪問をする」といった方法で、登校刺激をおこなうことも多い。一方、スクールカウンセラーの場合、「待つ」といった方法をとることも多く、不登校について、「さぼって」いるとはみなさず、そこに意味を見出すという考え方をすることも多い。そうなると、教師の側から見るとスクールカウンセラーは「甘い」し、スクールカウンセラーの側から見ると教師は子どもの心を理解しない存在として映ってしまう。

　ただし、スクールカウンセラーはいつも「待って」いるわけではない。子どもの心の中には学校へ「行きたい」という気持ちと「行きたくない」（あるいは「行けない」）という気持ちがせめぎあっているのであり、「学校へ行く必要がない」と一方的に考えるのは、子どもの気持ちからは乖離してしまうことになる。しかし、「学校へ来なくてはならない」と教師が一方的に考えることもまた、子どもの気持ちからは離れてしまうことになるだろう。

　子どもの中にあるこの葛藤する気持ちを、教師とスクールカウンセラーの両者が別々に担い、子どもの中ではなく、教師とスクールカウンセラーの間での葛藤に引き移されてしまうこともしばしば起こりうることである。

　このように、教師とスクールカウンセラーの連携といっても、そう簡単なことではない。子ども、親、教師、スクールカウンセラー、いずれも人間であり、そこには「役割」を超えたさまざまな「感情」が生じてくるのである。高嶋ら（2007）の研究によれば、教師とスクールカウンセラーはお互いに、相手

第Ⅱ部　教師に求められる力量

の「実像」を見るのではなく、「たぶんこうであろう」というイメージを相手に見ており、教師自身がそうである以上に「教師的」だとスクールカウンセラーは見ており、一方、スクールカウンセラーに対しても実際より強く「スクールカウンセラー的」だと教師は見ているということが明らかにされた [7]。

　お互いが協力的な関係にあるときはいいが、葛藤する関係にあるときは、スクールカウンセラーと教師の連携はそう簡単なことではない。

　また、最近では、教師が「心の問題はすべてスクールカウンセラーの仕事」と言って「丸投げ」するケースが増えてきたとも言われている。役割を分担するという考え方からすれば、それはいいことなのだろうか。これまで教師がずっと目指してきた「カウンセリング・マインドを持った」教師など、もう必要ないのだろうか。

　心をもった教師であるかぎり、そんなに簡単に割り切れるものではないだろう。だとすれば、教師とスクールカウンセラーとの連携はどのように考えればいいのだろう。

第2項　連携のイメージ

　当初、教科教育も生徒指導も教師がすべて担うべきと考えられていた日本の教育であるが、今では、スクールカウンセラーがずいぶん定着してきた。

　また、2014（平成26）年11月21日、中央教育審議会初等中等教育分科会、チーム学校作業部会が答申として出した「チームとしての学校の在り方と今後の改善方策について」では、「学校の教職員構造の転換〜チーム学校の実現〜」として、「チーム学校」というキーワードが出された [8]。

　これまでは学校のすべてを教員が担ってきたのであるが、事務職員の活用やスクールカウンセラー、スクールソーシャルワーカーなどの専門的スタッフの配置、地域との連携により、世界中で最も忙しいと言われる日本の教員の仕事のうち、事務作業や部活動、外部機関等との対応、専門的な知識が必要な指導内容等を減らすことで、教員が授業に専念できる体制づくりを目指そうというものである。

　こうして、今の学校においては、専門性が分化し、連携が強化されることが

156

第8章　心理臨床と教師の仕事

 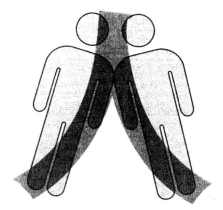

　　図8-1　欧米の連携　　　　　図8-2　日本の連携
出典：桑原知子『教室で生かすカウンセリング・アプローチ』日本評論社、p.194, 195。

必要となってきた。

　しかし、前節においても述べたように、学校現場における連携はそう簡単なことではない。また、日本は、今になってようやく欧米のような連携モデルを採用しようとしているわけであるが、日本人の心の構造や関係性の持ち方を考えたとき、はたして同じようなイメージで機能しうるのだろうか。

　図8-1、図8-2は、欧米と日本の連携イメージの違いを図示したものである[9]。欧米では、HumanのHにたとえられるように、それぞれの役割が分化しており、その間の「連携」に関してもスムーズに展開することが多い。（他職種に対して、干渉をすることがない）。一方日本の連携イメージは、図8-2に示すように、「人」の字で表されるような人間関係をもつことが多い。すでに述べたように、それぞれ独立して機能するというよりは、お互いの専門性が絡むようなかたちで関係が立ち現れてくることが多いように思われる。

　Kuwabara（2008）では、スイスと日本において同様の調査をおこない、教師とスクールカウンセラーの有り様を分析した[10]。その結果、両国において表8-2に示すような違いが見られた。つまり、日本においては、教師もスクー

第Ⅱ部　教師に求められる力量

表8-2　日本とスイスにおける、教師とスクールカウンセラーの関わり方の違い

日本の関わり方
子どもや状況の背景を察する
関係を切らない
親、人生の先輩として関わる
→子どもの全てを理解し、抱えようとする

スイスの関わり方
具体的な訴えに対して関わっていく
今は関わりを持たない
子どもを個人として尊重する
→子どもからの働きかけに応えようとする

ルカウンセラーも、子どもや状況の背景を察し、関係を切らない、つまり、子どもの全てを理解し、抱えようとする、という姿勢が見られた。一方、スイスにおいては、具体的な訴えに対して関わっていき、それ以外のときは関わりを持たないというあり方も見られた。また、子どもを個人として尊重するというあり方も示され、子どもからの働きかけに応えようとする態度が顕著であった。教師とスクールカウンセラーだけでなく、子どもに対する関係の持ち方においても両国で差がみられたのである。

　このように、欧米と日本では、異なった心のあり方、対人関係の持ち方をする可能性が示唆されるのである。

　では、日本の場合、どのような連携イメージが想定されうるだろうか。

　高嶋ら（2008）の結果からは、教師とスクールカウンセラーとに共通した視点として、「子どもの内面をとらえようとする」「自分の感情や相手との関係に着目する」ことがあげられた。一方、それぞれに特徴的な視点としては、教師が「状況把握や指導、解決指向など具体的な方向性を持って関わる」という特徴を持つのに対して、スクールカウンセラーは、「内面に焦点をあて、想像や推測、保留など、『待つ、様子を見つつ関わる』という特徴があることが明らかにされた [11]。つまり、教師もスクールカウンセラーも能動的に関わろうと

158

第8章　心理臨床と教師の仕事

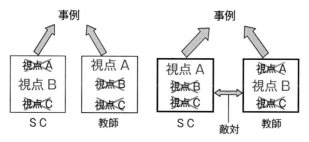

図8-3　視点が固定的な役割分担

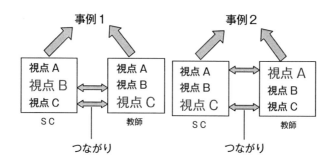

図8-4　事例に応じて視点を活性化し合う連携

するのだが、教師は能動的に「動こう」とし、スクールカウンセラーは能動的に「待とう」とすると言えるだろうか。

　図8-3に示したように、視点が固定的な役割分担の場合は、他の視点を受け入れることが難しく、日本の場合、それが敵対的になってしまう危険性も存在する。一方、図8-4のように、事例に応じて視点を活性化し合う連携の場合は、教師やスクールカウンセラーがそれぞれの心の中で他の視点がありうることに気づき、より深い繋がりをもちうることになるのである。

　たとえば、不登校を例にとったとき、「学校に来させる」「学校を休ませる」という二項対立でとらえて他の考え方を否定しようとするのではなく、子どもの心の中では事実この対立が両方存在するのだから、教師もスクールカウンセ

ラーも自らの心の中にこの両者の考え方を内在させるのである。当然、自分の中には「葛藤」が生じるが、それこそが、今の状況からの「変化」を導きだしうるのである。他職種を否定して自らの視点を強調するだけでは、状況の変化は望めないだろう。

「チーム学校」の方針が打ち出され、これからますます「連携」の問題がクローズアップされてくることと思われる。日本人の心のあり方、対人関係の持ち方にも考慮した、新たな連携イメージが必要となるだろう。

おわりに

多くの外部の専門職が学校に入ってくるようになれば、教師はもう「教科教育」のことだけを考えていればいいのだろうか。

しかし、教室でじっとすわっていられない児童・生徒たち、基本的な生活習慣が身についておらず学校生活の基本から指導していかねばならない子どもたち、クレームを絶えず言いにくる保護者など、教師は日々このような子どもたちや保護者と向かいあっていかなくてはならない。

こうした子どもたちや保護者をすべてスクールカウンセラーに「おまかせする」というわけにはいかないのである。

では、そのような中で教師は何をするのだろうか。以前のように「丸抱え」するのではない、としたら、いったい何ができるのだろうか。

従来、教師は、「カウンセリング・マインド」を身につけ、その「技術」を「使って」、児童・生徒の心の問題に対処できると考え、努力してきた。

たとえば、「聴く技術」のようなものである。しかし、教師は教師であって、カウンセラーであるわけではない。いくら「技術」を身につけたとしても、「評価」をくだす存在である教師に子どもが心を開くことは難しい。

しかし、筆者は、教師がカウンセラーになる必要はないと考えている。教師は教師としての自負をもつべきであろう。ただ、カウンセリング・マインドをもつことは、より良い「教師」になりうる可能性を開くことにはなるように思う。

カウンセリング・マインドの中で教師にとって（あるいは、カウンセリング

第8章 心理臨床と教師の仕事

を専門とする人以外の人たちにとって）役に立つのは、「技術」ではなく、その「考え方」であり、「視点」ではないだろうか。

カウンセリング・マインドにおける「考え方」や「視点」とは、その人がその人らしくあること、人間としての尊厳を大切にするという考え方であり、これは教育と何ら矛盾するものではないと考える。

子どもの個性を生かし、その主体性を育てることは、教育においても本質的なことであり、心理臨床の根本に存在することである。

チーム学校という新しい動きが始まる今、「子ども」という共通基盤のうえに、多様性を生かした真の「連携」が行われることが必要とされている。

〈注〉

(1) 寺内頴『訓育要義』金港堂書籍、1907年、86-87頁。

(2) 鵜飼美昭「学校臨床心理学の課題と展望」倉光修編『学校臨床心理学』誠信書房、2004年、48頁。

(3) 倉光修「総論」倉光修編『学校臨床心理学』誠信書房、2004年、4頁。

(4) 筆者自身もこの年に芦屋市のスクールカウンセラーとして学校現場に入ることになった。当初は各県に一校ほどの配置であったが、震災後の兵庫は特例的に、多くのスクールカウンセラーが配置された。このときにおこなった研修会の様子を以下の拙著にまとめてある。

桑原知子『教室で生かすカウンセリング・マインド』日本評論社、1999年。

(5) 児童生徒の教育相談の充実について─生き生きとした子どもを育てる相談体制づくり─http://www.mext.go.jp/b_menu/shingi/chousa/shotou/066/gaiyou/1369810.htm　2017年8月24日確認。

(6) 同上。

(7) 高嶋雄介・須藤春佳・高木綾・村林真夢・久保明子・畑中千紘・山口智・田中史子・西嶋雅樹・桑原知子「学校現場における教師と心理臨床家の視点に関する研究」『心理臨床学研究』25（4）、2007年。

(8) チームとしての学校の在り方と今後の改善方策について（答申）
http://www.mext.go.jp/b_menu/shingi/chukyo/chukyo3/052/siryo/__icsFiles/afieldfile/2014/12/15/1354014_6.pdf　2017年8月24日確認。

161

第Ⅱ部　教師に求められる力量

(9) 桑原知子『教室で生かすカウンセリング・アプローチ』日本評論社、2016年。

(10) T.Kuwabara, H.Sudo, C.Hatanaka, M.Nishijima, K.Morita, C.Hasegawa & Y.Oyama. A Study on the New Paradigm in Collaborations Between Teachers and School Counselors. *Psychologia*. 267-279, 2008.

(11) 高嶋雄介・須藤春佳・高木綾・村林真夢・久保明子・畑中千紘・重田智・田中史子・西嶋雅樹・桑原知子「学校現場における事例の見方や関わり方にあらわれる専門的特徴」『心理臨床学研究』26（2）、204-217、2008年。

〈推薦図書〉

倉光修（編）『学校臨床心理学』誠信書房、2004年。

桑原知子『教室で生かすカウンセリング・マインド』日本評論社、1999年。

桑原知子『教室で生かすカウンセリング・アプローチ』日本評論社、2016年。

第**9**章

家庭・地域との連携と
教師の仕事

はじめに

　現代日本の多忙を極める教育現場の日常において、教師は、大きく変貌する
家庭や地域とどのように向き合ったらよいのだろうか。家庭や地域との有効な
連携に向けて、教師に求められるのはいかなる認識であり、どんな仕事なの
か。本章は、これらの問いへの手がかりを主に、学校教育の現場に内在する教
育論理とは異なる位相を有する社会教育・成人教育の観点から抽出・提起する
ことを目指すものである。

　戦後の日本社会は、高度経済成長期から安定成長期にかけて「仕事・家族・
教育がぴったりと一致するタイミングとスピード」で発展を遂げ、戦後日本型
循環モデルが形成・成熟を見たとされる。だが、この循環モデルは1990年代
以降、「ボロボロに劣化し」破綻に陥った [1]。破綻の図式は大枠として、セー
フティネットの切り下げにより仕事世界では身分や待遇の格差が拡大し、それ
が教育費・教育意欲の家庭間格差の拡大を生み、さらに、教育を受けても離学
後に低賃金で不安定な仕事につかざるを得ない層が拡大した結果、身分や待遇
の格差がさらに拡がる、といった悪循環の連鎖だったと言えよう。

　同モデルの形成・成熟期（高度経済成長期から90年代まで）から劣化・破

第Ⅱ部　教師に求められる力量

綻期（90年代以降）に至る、家庭や地域の大きな変化を前に、教育行政の対応として取り組まれてきたのが、「開かれた学校」を掲げる一連の行政施策であり、また並行して展開された家庭・地域の「教育力低下」への対応施策である。

「開かれた学校」は、1986（昭和61）年4月の臨教審第二次答申で初めて言及され、「学校は地域社会や父母・家庭に対してもっと開かれた学校運営を行うよう努力し、児童・生徒の個性と人格を尊重する基本姿勢を確立し、学校への新鮮な風通しをよくすること」[2] が掲げられた。モンスターペアレンツ[3] が社会問題化され始めた1998（平成10）年には、学校がさらに保護者や地域社会により一層開かれたものとなる必要性が強調され [4]、以後、説明責任に加え保護者や地域の人々の積極的な参加や協力 [5]、学校評議員制度、保護者や地域住民の相談窓口の拡充 [6] などの具体的方策が提起されている。

だが、臨教審から四半世紀を経た今日、「開かれた学校」施策は未だに効果を挙げられていないとの声が少なくない。近年でさえ「各学校では、学校がどのような機能を、どのような場で校内外に開くか、また、学校外にあるどのような組織を活用し、学校教育の活性化に結び付けるか苦慮している」といった実態が報告される。このような停滞状況を問題視する小関禮子は、学校を「開く」という取り組みが普及・定着しにくかった理由として、次の二点を挙げる [7]。

第一は、教師自身の意識改革が、「開かれた学校」に対応できる方向になされてこなかったという点である。地域から学校が孤立する中で、教師たちは常に「壁」によって地域と隔てられた日常を過ごしている。その中で、「壁を開くことにさえ、抵抗感をもつ教員が少なくない」という現状がある。小関はこのように、学校以前に教師自身に「自らを開くことへの抵抗感」が根強いことを強調している。

第二は、「開かれた学校」の意味するところが、従来は「教師の側から、教師の論理からのみとらえられていた」という点である。これは一人ひとりの教師の発想や思考が、「学校（壁）の内」側の論理に大きく規定される傾向にあり、「学校（壁）の外」の世界、特に家族や家庭の多様なあり方や変化の実態を明確に捉えつつ、あるいは地域社会の論理や視野に立って、ものを考えるのが困難になっていることを示唆する。

第9章　家庭・地域との連携と教師の仕事

　本章では以上を踏まえながら、家庭と地域を足場に「開かれた学校」の意味と可能性を再吟味してみたい。従来、家庭や地域は、児童・生徒の帰宅先や通学区域、あるいは「校門の外の世界」としてのみ認識されてきた感がある。本章ではむしろ、保護者と地域住民が、①子どもを育て、子どもの育ちを見まもる場、②「等身大の大人」として生き、暮らし、育つ場、③社会の一員として多世代・多文化の人々と共生・交流する場、として家庭や地域を捉える。特に、そこでの保護者や地域住民の「学校参加」の意味に注目し、社会教育と成人教育の二つの観点から検討したい。

　社会教育の観点とは、「社会」という場に根ざす教育の捉え方である。社会教育は一般に、公民館など社会教育施設での講座・学級や自主的学習活動の組織化などを指すことが多いが、子どもの校外活動をも含む。学校教育の観点と異なるのは、子どもとおとなの「育ち（合い）」「学び（合い）」を、学校の正規のカリキュラム以外の経験・活動の中で捉えようとする点である。他方、成人教育の観点は、学習（教育対象）者の年代層ないし成熟度に注目した教育の捉え方である。近代学校教育批判を土台に生み出された成人教育学＝アンドラゴジー（andragogy）の原理を踏まえつつ、ペダゴジー（pedagogy）の対極におとな（成人学習者）の学びとその支援可能性に目を向ける[8]。

　本章の課題における「成人」には、①父親・母親をはじめとする保護者、②非保護者の住民、③教師、の三者が該当する。本章では、家庭の担い手として①に、地域を構成する存在として①と②に注目し、「保護者（親）」「地域住民」の成長や学びの可能性と課題から、③の学びへの示唆を得ようとする。

　以下、第1節では、学校と家庭・地域の変化の様相を、保護者のクレーム問題（モンスターペアレンツ問題）に取り組む論者の認識を手がかりに吟味し、変化の関係構図とそこでの「参加」の意義を検討する。第2節ではPTA再生論の過去と現在とを比較検討しつつ、保護者の成人教育＝学校参加の機会としてPTAを捉え直す。第3節では、スクール・コミュニティを目指す地域教育の事例から、地域住民の学校参加への可能性と課題を検討する。これらをもとに、教師に期待される役割と課題、示唆を提起したい。

165

第Ⅱ部　教師に求められる力量

第1節　家庭・地域と学校をめぐる関係構図と課題

第1項　「教育する家族」の登場・拡大と消費者としての保護者

　現代日本の家庭・地域と学校をめぐる課題を特徴づけるキーワードの一つとして、「教育する家族」が挙げられる。

　広田照幸によれば、戦後復興期を経てしばらくの間、家庭や地域から一定の畏敬の念と信頼を得ていた日本の学校は、高度成長期以降、次第に家庭や地域から切り離されていき、「世間から不信のまなざしを浴びるようになった」。学校とは対照的に、この間、子どもたちへの直接的な影響力を強めたのは家族、しかも社会全体に広がった「教育する家族」であった。

　この「教育する家族」の登場と拡大は、受験戦争が激化する中、家庭の教育的機能の外部化と同時並行的に進行した。だが、その変化の中核は家庭の教育的機能の低下そのものではなく、むしろ子どもの教育の「最終的な責任」を「家族という単位が一身に引き受けざるをえなくなった」点にある。それに連なる変化は、①従来から言われた父親不在とは異なり「母と同様の役割を果たす父親」が増加し「パーフェクト・ペアレンツ」（perfect parents）が見られるようになったこと、②「外部のさまざまな教育機会を注意深く使いこなす」現代の親たちが、子どものジェネラルマネージャー（手配と判断と責任を一身に引き受けた存在）の役割を担うようになったこと、であった。

　「家庭的機能の外部化」とは、このような「教育する家族」において、内外の増大する教育やしつけの機会を「親が選択し、許可・準備してやる」ことを意味した。ゆえに、「教育的機能の低下」よりむしろ、親への一義的な教育権限の集中をこそ体現する。地域共同体が消滅しつつある中、家族という単位への教育権限の集中はさらに進み、ついに学校が「教育する家族」に従属させられるようになった[9]。近年、学校が「説明責任」を意識せざるを得なくなったのは、学校自体が親の「選択、許可・準備」の対象となったためなのである。

　この「教育する家族」が、近年の「構造改革」による規制緩和と市場原理主

166

義に基づく「顧客満足主義」と結びついたところに、モンスターペアレンツ現象が生み出されたのだと言えよう。小野田正利によれば、2005（平成17）年12月の「規制改革・民間改革推進会議」第二次答申には「教育サービスの受益者である児童生徒・保護者」との表現が見られ、その「声」「ニーズ」「評価」の尊重・重視が強調された。このような顧客満足主義を後ろ盾に、学校現場に無理難題を突き付ける行為の頻発は、「学校はゴミ箱、教職員はサンドバッグ」とまで形容される深刻な事態をもたらした(10)。

　2006（平成18）年以降、「学校における保護者対応の現状分析と良好な関係性の構築」に関わる共同研究を主宰している小野田は、保護者が「自らの思い」を学校に伝える行為自体は肯定的に受け止めている。そこで注目されるのは、小野田が、保護者が「自らの思い」を学校に伝える方途を、①「要望」（学校がやるべきことへのまっとうな要求）、②「苦情」（学校がある程度は対応すべき要求）、③「無理難題要求（イチャモン）」（学校にもどうにもできない要求）と区別し、問題をクリアにして見せる点である(11)。このうち「要望」は保護者の重要な意思表示を意味するので尊重されるべきものであり、「苦情」は同様の文脈の中ではある程度許容されるが、「無理難題要求」は、学校と保護者の関係性において許容されるべきものではない、というのである。

　小野田は複数の実態調査から、このような無理難題の要求が1990年代後半以降、増加傾向にあること、それを実感する学校教職員が全体の8割近くに及ぶこと、多くの教職員は保護者との関係づくりに困難を抱えていること、その発生割合は大都市部の方が高いが、農山村部でも相当の困難が生じていること、などを明らかにしている(12)。

　そこに見いだされる学校、家庭・地域をめぐる構図は以下のようなものである。近年、保護者の消費者意識（サービスを受けているという感覚）が高揚し、学校に対する期待感や距離感が大きく変化してきた。他方、学校は「膨れ上がる様々な教育病理現象」への対応と「場当たり的な教育改革」に翻弄され、「急速に体力とゆとりを減少させつつある」。その一方で、従来「総合的な育成力を蓄えていたはずの地域」が、加速度的に変貌してきた。これらの相乗効果の中で生まれた現象こそが「学校へのイチャモンの急増現象」なのだ、と

第Ⅱ部　教師に求められる力量

小野田は捉えている⁽¹³⁾。

第2項　学校と家庭・地域の関係構図の変化

　複数領域の先行研究を踏まえつつ、学校と家庭・地域の関係構図のイメージを、筆者なりにまとめてみたのが、図9-1と図9-2である。大枠としては、前者は高度経済成長期前、後者は高度経済成長後における学校と家庭・地域の関係をイメージしているが、社会構造の変化や諸要因などの緻密な分析によるものではなく、明確な時期区分を想定しているわけでもない。また事態は1から2の状態に急激に変化したというより、中長期的な時間軸において、時には急激に、時には緩やかなペースで変化してきたと考えられる。

　図9-1の段階においては、家庭も学校も、地域共同体の中に安定的に位置づ

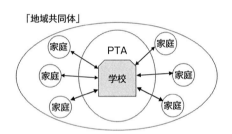

図9-1　学校と家庭・地域の関係性〈高度経済成長期以前〉（筆者作成）

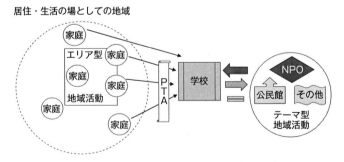

図9-2　学校と家庭・地域の関係性〈高度経済成長期以後〉（筆者作成）

168

いていた。それゆえに、両者とも地域社会とは不可分の関係にあり、地域の祭りや行事への協力依頼や要望、要請など、ある意味で、共同体的な煩わしさも持ち込まれたが、同時に、地域生活の日常の中に学校があったがゆえに家庭と学校がつながりやすく、また保護者も個々人というよりむしろ、共同体を後ろ盾にした「地域の親たち」の一員として生活していたために、学校との双方向的な関わりの余地があった。

だが、図9-2の段階に至ると、地域共同体が崩壊・消滅する中で、家庭は個別化して相互のつながりを失い、学校は後ろ盾なく「むき出し」のまま一般社会に晒されることとなった。市場原理や顧客満足主義を背景に、保護者の学校への期待やニーズが個別化する一方、学校との関わりを厭う保護者も増えている。学校は社会的批判の矢面に立たされるリスクを回避すべく、「自己防衛」の体制を余儀なくされる。個々の家庭と学校が双方向的に関わることへのハードルは必然的に高くなり、相互の信頼関係を構築する機会や余裕の乏しさが、さらなる緊張感や緊張関係を生み出す素地となる。必然的に、教師にとっても保護者にとっても居心地のよくない、相互信頼とは程遠い状況におかれることになるのである。

第3項 「学校を開く」ことの意味と課題

ここで改めて「学校を開く」ことの意味を確認したい。

浦野東洋一は「学校を開く」という言葉をめぐる「経緯ないし位相」として、①学校の施設・設備の住民への開放、②教職員のもっている専門的な知識・技能の住民への開放（公開講座など）、③専門的な知識・技能をもつ住民の学校教育への登用（人材バンクなど）、④学校情報の公開（保護者・住民の知る権利の保障）、⑤学校のもつ個人情報の本人開示（個人情報の保護）、⑥学校のアカウンタビリテイー（説明責任）の実現、⑦子ども、保護者、住民の学校参加の実現、を挙げている [14]。

このうち「今日の教育的課題」として浦野が最重要視するのが、⑦の「子ども、保護者、住民の学校参加の実現」である。浦野によれば、①～③は「学校の一部機能を開放する」初歩段階の対応に過ぎない。また④～⑥の3項目は、

第Ⅱ部　教師に求められる力量

その達成自体が目的というより、子ども、保護者、住民の学校参加を実現する手段と見なされる。すなわち、「学校を開く」とは、単に校門や校舎を開放して、保護者や地域住民が自由に入ってくるのを待機して待つのでなく、子ども、保護者や地域住民の学校への能動的な参加を可能にし、それが容易かつ効果的に実現できるような環境やしくみ、支援体制を整えることと考えられる。

では、このような「学校を開く」という文脈において期待される子どもや保護者・地域住民の学校参加は各々、どんな意義があるのだろうか。

まず、子どもの学校参加については、喜多明人が子どもの権利条約を踏まえて論じている。同条約において子どもの「参加」領域は、家族、教育、社会保障、文化的生活、マスメディア、および市民社会など各分野に及ぶ。そこでは、子どもの「参加の権利」の具体化（実現）に加え、親・おとなが「子どもの権利の代理行使」および「子ども自身の権利行使に対して指導する責任と権利」を有することが明記されている [15]。喜多はこれを受け、日本における子どもの学校参加には「社会参加や権利行使を可能にし、促進する環境づくり」としての「参加・権利行使援助法制論」が必要だと指摘する。すなわち、子どもの学校参加は、社会全般における「子どもの参加・権利行使」の支援体制づくりにも道を拓くものと考えられる。

では、保護者や地域住民にとっての学校参加には、どのような意義があるのだろうか。

第2節　成人学習者としての保護者の学びと学校参加

第1項　PTAをめぐる今日的課題

保護者の学校参加と言えば、既存の機会で第一に挙げられるのがPTAであろう。PTAは、保護者（Parent）と教師（Teacher）の会（Association）の略称である。1949（昭和24）年制定の社会教育法に規定される「社会教育関係団体」 [16] のうち日本最大のものとされ、2016（平成28）年4月現在、会員は20万人を上まわるとされる。PTAは通常、学校単位で組織されるが、都道府県単

170

位で連絡協議会があり、全国組織として「子どもたちの健やかな育成と教育環境の向上、社会教育及び家庭教育の充実など」を目的とする日本PTA連絡協議会がある[17]。

とはいえ、実際に学校に子どもを通わせた経験のある人々にとって、PTAは多くの場合、このような組織の位置づけや経緯よりは、どこかの段階で「役員決め」に悩まされた経験の方が、リアリティあるものかもしれない。筆者の知る1970年代の学校では、授業参観には大多数の保護者が参加し、その後のPTA総会に欠席する者も比較的少なかった。ある時期までは、PTAの会合や仕事への参加を、保護者が自主的・相互扶助的に果たす責務とみなす「暗黙の了解」があったようにも思われる。

近年、保護者をとりまく労働・生活環境は大きく変わり、保護者意識も変化した。もちろん、地域や学校により多少の違いはあるとはいえ、休日参観でさえ学校に姿を見せない保護者は少なくない。PTA総会の参加者はさらに限定される傾向にある。当初は自薦・他薦などの手法を取った「役員決め」も困難をきわめ、「子ども一人あたり一回」などのノルマとして課されるようになった。消極的でも忠実にノルマを果たそうとする保護者の一方で、負担感から「できる限り逃れたい」保護者が増え、厳正にノルマを振り分けようとする担当者との間に軋轢（あつれき）が生ずることも稀ではない。昨今は、大半のPTA組織で採用される全員自動加入（入学時に意思確認をせずに全員加入を自明視して一律に会費を徴収する）方針に疑問を呈する声や、ひいてはPTA解体論まで聞かれるようになった。

自らの経験をもとにPTA再生論を掲げる川端裕人は、PTAのイメージに関する周囲への「シンプルな問いかけ」の（調査）結果を提示している。それによれば、PTA未経験者では「何をやっているのか分からない」「得体がしれない」との「悪い意味での『圧力団体』のイメージ」が抱かれていた。他方、PTA経験者のイメージは、「目的を見失って惰性で動いていることが多い奉仕活動」（役員経験者）、「修行の場。決して強くお勧めはしないが、遣ってみれば楽しいこともある」（役員経験者）、「伝統と権威的な上っ面でなんとか保っている団体」、「学校の下請け／「ボランティアの義務化」／理念が忘れ去られ形骸化

第Ⅱ部　教師に求められる力量

したもの」（教員）、などと辛らつなものが多かったという⁽¹⁸⁾。

　川端はこのような否定的な声を「ある程度予測はしていた」とはいえ、「これほど『一色』になるとは思わなかった」と驚きを表明した。その上で、自らのPTA体験から、これらのイメージを一新すべく、次の持論を展開する。

　今、PTAは曲がり角に立っている。参加する者がみずから成長でき、子どもたちのためにすばらしい仕事ができる可能性がある反面、保護者、特に母親に極端なストレスを与え続けている。その背景には、我々の社会が抱え込みやすい過剰な同調圧力や、学校教育という場が持つ特殊な力学がある。重苦しい義務と化したボランティア。そんな決して褒められたものではない表現がこれほどしっくり当てはまる集団は、一応のところ民主的な社会を実現しているはずの我が国においてはなかなか見つかるものではない⁽¹⁹⁾。

　川端の言うPTAの「曲がり角」において、私たちは何を求められているのか。戦後の教育学者・社会教育学者である宮原誠一のPTA論を重ね合わせつつ、検討してみたい。

第2項　成人教育としてのPTA活動

　日本におけるPTAの発足は、文部省が1947（昭和22）年3月5日、パンフレット『父母と先生の会―教育民主化の手引―』を都道府県に配布したことに始まる。同パンフレットは、文部省が、GHQ（連合国軍総司令部）のCIE（民間教育情報令局）の指示に従い、そこから手渡された資料に基づいて編纂したものである。

　これをもとに、同年終わりまでに、PTAは全国の学校の半数以上に結成され、48年4月の文部省「全国PTA実態調査」によれば、全国小学校の85％、中学校の83％、高等学校の65％に結成されたという⁽²⁰⁾。

　宮原誠一は、PTAを「子どもの幸福のために有志の親と有志の教師がつくる民間運動の組織」であると捉えており、PTAを「学校のもの」「学校に協力する会」「学校後援会」とみなす風潮を「間違いである」と批判した⁽²¹⁾。このよ

172

うな風潮は、日本のPTAが「民論によって下から力が盛り上る」のを待たずに「天下りにつくられ」、「戦前からの学校後援会や父母会・保護者会の看板をぬりかえたものが大多数」を占めたことによるものと宮原は見ていた。その後、学級集会や地域集会という形で「PTAをPTAらしいものにつくりかえていく父母と教師の努力」が始まり、平和運動・憲法擁護運動・基地闘争、原水爆禁止運動などの高まりを背景に、1952（昭和27）年5月、日本子どもを守る会が結成され、55年6月、第1回日本母親大会が開催された。以後のPTA活動は、政治状況に翻弄されながらも連合体や連絡組織を拡大し続けており、52年10月には日本PTA全国協議会が結成されている[22]。

56年には教育委員会の公選制が廃止され、任命制に切り替えられた。それを起点として、主に教師の勤務評定問題を契機にPTA会員の対立が激化し、一部のPTAは分裂・解散する。校長の権限の強化と教師の裁量権限の縮小に加え、PTAは実質的に講演会開催のみを行うという形式的傾向が強まった。

このようなPTAの変質を危惧した宮原は1967（昭和42）年の段階で、「PTA再発足」を提起している。それは、「子どもの問題、教育の問題で心に掛かり、気になって仕方がないことを、持ちより、持ち出し合って、一緒に考えあい、手を取りあっていこう」とする有志の親たちと、「子どもたちにほんとうに幸福に生活していくための科学的な力、芸術的な力、道徳的な力をやしなわせるような授業に打ち込む」各地の有志の教師たち、この両者を直接・間接的に結びつけることを目指すものであった[23]。1967年の著書『PTA入門』はこのような文脈で書かれたものであり、PTAの状況を危惧し、その再生を期した点が川端と一致する。

宮原は、PTAを「子どもの幸福のために、親と教師とが力を合わせることを目的とする団体」と定義した上で、PTA活動の諸側面を「学習活動」「文化活動」「実際活動」「教育運動」という四つの「はたらき」として説明した。

第一の学習活動は、PTAとは「子どもの幸福とは何かを検討するために、親と教師がしっかり勉強する」という意味である。宮原は、親と教師が各々「子どものことについて気になっていること」に「正面からむかいあい、つきつめて考えてみる」ために一生懸命「勉強しあい、一緒に考え合い、おたがいに経

験をわかちあい、よくよく知恵をあわせていかなければならない」とする。PTAの存在を基盤に、多忙な暮らしの中に学習の場がつくられ、親も教師も学習がすすめば、互いに「ずいぶんかしこくなり、その結果子どもたちがよほど得をする」し、「会員はついさそいこまれて学習活動に身が入る」(24) と言う。

宮原は、PTAで親と教師が学習することを、成人教育活動と捉える。「成人の学習、ことに父母としての勉強」の本筋は「自分たちの生活にそくした問題との取り組み」であり、「そういう学習を組織することが、成人教育の土台」であるとする。ゆえにPTA活動の主流をなす講演会も「そうした土台があってはじめて、うま味が」あると指摘する一方で、逆に「土台なしの講演会は成人教育活動としてまことにお寒いもの」と批判した(25)。宮原は講演会の開催を通して、PTA会員の「主題について、講師の話を聞き、ひとつ一緒になって考えてみようという気分、気持ち、気構え」すなわち「講演を聞こうとする活き活きとした、みずみずしい態度」(26) を引き出し得ると、学び支援の可能性を強調したのである。

宮原のこの考え方は、教師に教えてもらうのを待つ受動的学習者よりも「自分たちがリソースから何を得たいのか知っており、自分が獲得したいものを得るまで、厳密にリソースを吟味していく」能動的学習者の方が、「より多くのことをより良く」学ぶとする自己主導型学習（SDL）の前提と重なる。SDLは、アメリカの成人教育研究者マルカム・ノールズ（Malcom S. Knowles）が1975年、おとなの学習者の特徴を踏まえた新たな学習モデルとして提起したものである。ノールズは成人学習者に、「(提示された) 概念や示唆を鵜呑みにするのではなく、自分の価値体系や性格様式、経験に照らして吟味する中で、それらを拒むか受け入れるか」を決めること、さらに「伝達されることに反応するだけでなく、むしろ、自分から主導権を発揮して」それを活用しようとすることを推奨した(27)。まさに宮原の言う「土台のある学び」である。なお、講演会以外の能動性の高いPTA活動例として、宮原は、読書サークル、見学学習、両親文庫、父親教室などを挙げている。

第二の文化活動は、PTAで親と教師、親同士が心を「かよいあわす」こと、そのために親や教師の心の中にある「気どりや虚栄心や警戒心や劣等感」の

第9章　家庭・地域との連携と教師の仕事

「わだかまりを吹ききってしまう」ために必要とされる。文化活動とはゆえに、高尚な文化の享受よりむしろ「みんなで一緒に歌ったり、踊ったり、スポーツをしたり、ゲームをしたりすること」「からだや手足をうごかして自分自身の衝動を解きはなす能動的・表現的な活動を、みんなでやること」を意味する。会員有志による活動でも「文化活動がPTAの中で行われていることが、PTA全体の空気をあかるく、やわらかく、すがすがしくする」と認識された[28]。

　第三の実際活動は、学校の中や外、つまり地域で行われる多様な実際的活動を指す。校外生活指導としての子ども会の世話、運動会、学芸会など学校行事への参加・協力や、校庭の美化、給食当番の白い上衣の洗濯などの奉仕活動が含まれる。宮原は親たちがPTAの実際活動に「身をもって参加する」ことで「子どもの幸福のためにみんなで力をあわせているのだという無言の実感を胸にあたため、親と教師の連帯感を心中ふかく味わ」えると説明した。

　この「子どもの幸福のためにみんなで力をあわせている」「無言の実感」と連帯感こそが、PTA活動への参加動機になると宮原は捉えている。さらに「会員をいざなって、会員が自発的に、かつ、できるかぎり日常的に、そういう活動に参加するように」[29]、会員の自発性と日常性を踏まえた働きかけを提起した。「自分の子ども」に加え「他の子ども」のためにも「他の親とみんなで力をあわせて」活動に取り組むという発想は、現代のボランティア活動における学び認識と通じるものがある[30]。

　第四に、宮原はPTA活動を、飽くまでも教育運動の範疇に位置づけようとした。PTAで子どもと教育問題の学習をすすめ、実際活動に参加し、さらに文化活動で開放感を味わう中で、PTA会員が「学校の人的・物的条件の整備・改善など」「一つの運動として推し進めなければ解決できないような問題」に直面する、との可能性を示唆した。他方で「教育再分肢論」[31]を提起していた宮原は、教育運動が政治運動の手だてになることへの危惧から「PTAがやるのは、子どもたちの幸福な成長を図るための運動」「その意味においてつねに教育運動」だと強調し、PTAの独自性と独立性を守ろうとしたものと見られる[32]。

175

第Ⅱ部　教師に求められる力量

第3項　「保護者の学び」支援としての PTA 再生

　以上見てきたように、宮原は PTA 活動を保護者と教師がともに学び、学び合う成人教育活動と捉えていた。

　興味深いのは、時代と社会状況を隔てた川端と宮原の PTA 認識に、多くの共通点が見いだされる点である。たとえば、川端は 1946（昭和 21）年の「米国教育使節団報告書」から「学校はまた、成人教育を振興するための潜在力であり……両親と教師の会の強化、討議や公開討論会のための校舎開放などは、学校が成人教育に提供しうる援助の 2、3 の例にしかすぎない」[33] の部分を引用してみせた。川端は学校が「子どものためというよりも、大人の学びの場」として言及され、校舎開放が自明視された点に注意を喚起し、「民主的な意思決定の仕組みに慣れない成人（保護者と教師）が『両親と教師の会』を通じて民主化するというシナリオ」を読み解いている [34]。

　読者の中には、「団体活動を通して民主化する」との発想に違和感をもつ方がおられるかもしれない。だが、敗戦直後の「墨塗り教科書」に象徴されるように、この時期は戦前の価値観との決別を鋭く求められた時代状況ゆえに、成人たちこそが具体的行動を通して「民主主義とは何か」をともに学ぶ必要があったと考えられる。川端はさらに現代の PTA の潜在的機能について「21 世紀の成熟社会において『自立した市民が、みずから学んだ成果を共同体に還元する』モデルになりうる」と大きな期待を寄せている。

　とはいえ、現実が決して楽観的なものでないことは、川端自身も十分に認識しているのである。自らや PTA 仲間の経験談、役員の負担などから、「各地でPTA の組織運営が行き詰まっているのは間違いない」「保護者は今の PTA に悲鳴を上げている」と現状認識を示す。「本当は義務でないことが義務として成立してしまい、やりたくなくてもやらされる。自立した市民どころか、自発意識を削がれ諦めモードに入って身を守る者が続出する。そんなことが常態である共同体のモデルを容認していいのだろうか」と問う川端は、PTA が今のままだと「社会を悪くする」とまで現実的な懸念を抱く。まさに私たちは「曲がり角」にいるのである。では、何が必要とされるのか。宮原と川端の改革論を比

第9章　家庭・地域との連携と教師の仕事

較検討してみたい。

　宮原のPTAの「経営の基本」では、第一に、「やる気のある者でやりはじめる」こと、逆に「保護者が自動的に加入するというのは、原則的にまちがいである」と強調される。第二に、PTAの活動が日常性を生命とし、会員の学級活動・文化活動・実際活動・教育運動を本旨とする限り、PTA活動が学級と地区を単位として創り出され、育てられるべきことである。第三に、「委員会（部）をほんものにする」ことである。「運営だけあって活動がないPTA」「形式的に学年や学級に人数を割当てて、名前と人数をそろえるだけの委員会（部）」などの形骸化批判が背景にある。第四に、「やる気のある人たちをむすびあわせ、有志的な活動を育ててい」くために「団体の実体をうつしだす鏡」としての「会報を生かす」[35]ことである。

　他方、「カワバタ私案」を要約すると、「自由な入退会の保証」「業務ボランティア制度」や「サークル」などを組み合わせることで、「強制ではなく、自発的な団体としての枠組を整備する」ことを目指すものと言える。以下、宮原の第一点・第三点と比較してみる。

　第一点は、任意加入を推奨している点であり、この点で、宮原と川端の見解は全く一致する。任意加入のメリットとして川端は、①「PTAが自主的・自発的な組織（つまりボランティア）であると自覚できる」こと、②「PTAのための会員」ではなく「会員のためのPTA」だと意識でき、「負担が過大にならないように抑止力が働く」こと、③「PTA活動に極度のストレスを感じる人に『逃げ道』を与えられる」ことを挙げている。「逃げ道」とは、実際にPTA活動で心身を病み、通院するような人への特別な配慮、すなわち免除を意味する。

　川端はまた、任意加入だと「PTAがなくなる」「脱退者が続出する」という懸念に対し、現PTA全体の約３割が任意加入を表明しているという調査結果や、任意加入を周知する杉並区PTAが100％加入を実現しているとの事例から、「任意加入で成り立たなくなるほどPTAはやわではない」とする。また記念品等は「PTAはすべての児童のための活動なのだから、会員の子、非会員の子、どちらも区別せずに与える」べきことを主張する。「自分の子どもが元気であ

177

るためには、"隣の子"にも元気でいてもらわなきゃ」と考えるのである。さらに、非会員の親から実費を出してもらう柔軟さをも奨励している。

　また第三点に関わって川端は、PTAの委員会の仕事のうち、「本体」である学年・学級委員会、昨今「子どもの安全を守る」点で関心が高まる校外委員会、必要不可欠な会計など「エッセンス」部分を除き、「業務ボランティア」に転換すべきと提起する。業務ボランティアならば「誰もやる人がいないのなら、活動はなし」と「腹を括る」ことができ、また「委員会があるからやる」のでなく「やりたい」「勉強になる」「貢献したい」からやるのだと、「やる（やらない）自由」が保障され、選択が可能である。宮原の「ほんものの委員会」と同様、義務感からの解放により保護者（＝成人学習者）の自己主導性を引き出すことが重視されている。

　川端は、業務ボランティアに加え、二つの画期的な提案をしている。「負担が軽いが人手はほしい」類の業務が発生する度にメールなどで気軽に手伝いを募る「スポット・ボランティア」、および、会員のうち、ある特定の業務に携わりたい人を基本として、学習・文化活動や趣味の活動でも「一緒に活動したい」会員が申請できる「サークル」である。たとえ趣味的なサークルでも「次第に実力をつけ活動で培」い、PTA活動や子どもたちの学習、学校運営などに還元できる可能性が展望される[36]。この考え方は、自主学習サークルなど従来の生涯学習・社会教育活動の学校保護者版を提起するものとも言えよう。

　以上、宮原と川端のPTA論に共通するのは、保護者が「子どもたちの幸福を一緒に実現するために」自由意志で加入し、能動的に学び、互いに成長し、活き活きと活動する組織を目指す点である。これは、保護者の学校参加の基盤になるものと言える。川端はさらに、現代の保護者の特質を踏まえ「やりたい時に、やりたいことをやりたい人とやれる」ためのしくみを考えている。まさに、保護者の学校参加支援とも言えるものなのである。

第9章　家庭・地域との連携と教師の仕事

第3節　スクール・コミュニティを展望する
地域住民の学校参加と学び

第1項　地域をめぐる住民意識と政策経緯

　2007（平成19）年、家族・地域・職場の「つながり」を掲げて刊行された
『平成19年度版　国民生活白書』では、地域の現状を機能別に示し、総務省
「地域の教育力に関する実態調査」（2006年）を手掛かりに、解決すべき課題
を示した[37]。同白書では、地域を「居住・生活の場」「エリア型地域活動」
「テーマ型地域活動」に大別して、各々の現状分析を行っている。

　まず、「居住・生活の場」とは文字通り「居住し生活する」場を指しており、
近隣関係をも含む。地域住民は「つながりは総じて浅い」「近所に生活面で協
力しあう人が少ない」「子どもの有無や住宅形態が近隣関係に影響を与える」
などを実感しているとされる。次に「エリア型地域活動」は町内会・自治会な
どの地縁組織が展開する多様な活動を指すが、役員など常連以外は「年に数回
程度以下」しか参加せず、過半数が全く参加していない（51.6％）。「テーマ型
地域活動」は特定の目的に向けて設立された組織への参加を指す。ボランティ
ア・NPO・市民活動やスポーツ・趣味・娯楽活動など多様だが、これらに「参
加していない」人が81.3％、「月に1日程度」の活動でも7.2％に留まる[38]。

　地域住民が地域に「期待する役割」は、防犯・防災対策84.4％、高齢者への
介護・福祉78.5％、少年の健全育成74.3％、身の周りの環境保全71.0％であり、
祭りなどのイベントは必要・不要がいずれも40％強を占める[39]。また小・中
学生を育てる上で「地域にどの程度関わって欲しいか」に対しては、「社会の
ルールを守ることを教える」（61.5％）が最も多く、約半数が「自然や環境を
大切にする」「人を思いやる」「ものを大切にする」などの気持ちを育てること
に地域住民が「積極的に関わる」べきとした。

　さらに、保護者に自分の子ども時代と比べた現在の地域の教育力について尋
ねると、全体の55.6％が「低下している」と回答した。その理由としては「個

179

第Ⅱ部　教師に求められる力量

人主義の浸透」が56.1％と最も高く、次いで33.7％が地域の防犯・治安機能の低下が地域の教育力にも影響する可能性を挙げている。これに「親交を深められる機会の不足」「居住地に対する親近感の希薄化」が各々33.2％、33.1％と続いた(40)。

　2006（平成18）年12月、教育基本法改正で新設された第13条には、学校、家庭、地域住民等の連携・協力が明記されている。主たる背景としては、子どもの「生きる力」の著しい低下、学校や教員の活動をめぐる環境の大きな変貌、ボランティア活動や市民活動の興隆などが挙げられてきた(41)。同法改正にともなって今日までに取り組まれてきた主な施策には、学社連携・融合の推進、学校支援地域本部事業、コミュニティ・スクールなどがある。

　学校と地域の連携は、1996（平成8）年4月の生涯学習審議会答申以降、社会教育関係者から「学社連携」「学社融合」と呼ばれ、重視されてきた(42)。学社連携は、学校と社会教育が各々の「役割分担を前提にしながら、情報交換・連絡調整、相互補完、協働などの諸機能を発揮する恒常的な協力関係の過程」であり、学社融合は、両者が役割分担の上で「学習の場や活動を部分的に重ねあわせながら一体となって子どもたちの教育に取り組んでいこうとする」「学社連携の最も進んだ形態」とされる(43)。

　学校支援地域本部事業は、震災復興ボランティアに示唆を得た学校支援ボランティア導入による一連の施策の延長上に、改正教育法を具体化する柱＝「学校・家庭・地域が一体となって地域ぐるみで子どもを育てる体制」整備として、2008年（平成20）年度から新規事業として取り組まれてきた(44)。

　これに対しコミュニティ・スクールは、戦後、アメリカの影響で地域教育計画論として実践された教育論（学社連携論）の流れに対し、新たに政策論（地方分権論）としてのコミュニティ・スクールを模索するもので、学校運営協議会制度とも呼ばれる(45)。文科省は2002（平成14）年に全国7地域9校を実践研究校に指定し、その成果から2004年3月の中教審答申「今後の学校運営の在り方について」において「保護者や地域住民が一定の権限を持って運営に参画する新しいタイプの公立学校（地域運営学校）」と「そのような学校の運営について協議を行う組織（学校運営協議会）設置の必要性」が提起された。同

省の調査によれば、指定校は2005年4月の17校、5年後の2009年4月の475校、2010年4月の629校、2011年4月の711校のように増加している[46]。

第2項　コミュニティ・スクールからスクール・コミュニティへ

　2004（平成16）年のコミュニティ・スクール設置校の一つが、千葉県習志野市立秋津小学校である。同小の特徴は、どこの公立小学校でも一般的な「学ぶ」機能に加え、「学校施設」機能、「子縁」の機能を、独自の考え方で有効に活用していることである。

　第一に、小学校の「学ぶ」機能を住区民と共同で活かす「学社融合」の手法を取っている点、第二に、コミュニティルームの運営委員が学校の鍵の保管管理・貸出を担い、団体に属さない一人（から）でも利用可能にするなど、「学校施設」機能を住区民との共用・共有によって活かす手法を取っている点、第三に、核家族や独居高齢者が増大する中で、ニュータウンや新旧住民の混住地域の「人つなぎの方法」として、「子縁」を通して触れ合う活動を学校・住区内に意図的に作り出し、普及・共用している点、である[47]。

　岸裕司は、この秋津小学校の実践（以下、秋津モデル）は、「文部科学省が推進するコミュニティ・スクールの、はるか先」の「スクール・コミュニティ（市民が自主運営する生涯学習学校）」であると指摘する。コミュニティ・スクールが「保護者や地域住民が委員になって学校運営に参加し、また教職員の任用にも意見を述べることが可能になったこと」に対し、秋津のスクール・コミュニティは「そんなことはあたり前のこととして、さらに拡大させる意図がある」ものであるとする。すなわち、コミュニティ・スクールが「学校開校時間に限った学校運営制度の改革」であるのに対し、秋津モデルは「フルタイムの学校機能を住区民と共用・共有して運営する教育全体の制度改革」なのである。またコミュニティ・スクールが「学校のみの改革」であるのに対し、秋津モデルは「市民立学校」による「生涯学習社会の実現」を機軸とした「新しい地域・都市政策としての改革」であるとされる[48]。

　岸は、このスクール・コミュニティの目指す二つの目的として、「①だれでもが、いつでもどこでも学べる、生涯学習のまち育てに寄与する学校と地域を

つくること。②だれでもが、安心で安全に学び働き暮らせる、ノーマライゼーションのまち育てに寄与する学校と地域をつくること」[49] を挙げる。では、この秋津モデルはどのような経緯で、文科省の実践研究開始よりはるか前から、このようなスクール・コミュニティを目指したのだろうか。

　学校と地域の関係の変化を特徴づける学校行事の一つに、運動会がある。昭和後期のある時期までは、運動会には多くの地域住民が弁当を持参し、児童・生徒たちと一緒に校庭や校内で食べていた。親が来られない子どもでも、他の家族と一緒に昼食を取る風景が違和感なく見られた。だが、いつの頃からか、昼食は個別家族単位となり、親の来ない子どもは孤食を余儀なくされるようになった。学校側の配慮により児童生徒は家族と離され、各自が持参した昼食を教室で食べるようになった。あるビデオカメラのCMが、自分の子どもだけを執拗に追って撮影する保護者たちの姿を取り上げて話題になったのも、この時期だったかもしれない。

　学校を支える秋津コミュニティに関わっては、この運動会の見直しこそが、地域の人々が学校に参加し、深く関わる契機になったという点が興味深い。秋津では、ニュータウンの共通の課題であった児童数の減少を背景に、校長と地域側実行委員会（秋津まちづくり会議）の共催で、1996（平成8）年秋、「第一回秋津小学校と地域の合同運動会」を開催している。同運動会は「子どもにも教職員にも、もちろん地域の人々それぞれに大歓迎されての大成功を収めた」という。当時PTA会長を務めた岸は同運動会の実施にあたり「前向きに工夫しながら実施することの大切さ」を学んだとする。そこで重視されたのは「学校にとっては少子化や女性教員が大半でかつ高齢化の現状から生じてきた課題を克服しつつ、内容を充実させるメリット」であり、「地域側にとっても住民誰でもが参加でき楽しめる運動会にする」ことが重要課題であったという[50]。

　PTAは「居ながらにして人が循環する組織とシステム」であり、それゆえに、学校機能を仲立ちに、住区民を「つなぐ」ことが可能な組織である。またPTAは「大人の自主性で参加不参加ができる、任意加入の社会教育団体」である。そう認識する岸は、「大方のPTAは、保護者会員が『イヤだ、イヤだ』といいながら、学校の下請けをやっている」という状況を「はき違えている」と

批判する。そして「PTAの本来の目的」は、親は「親になるため」、教職員は「より教職員性を磨くため」の「会員相互の学びあいが基本」であると強調するのである。秋津小のPTAの場合は、さまざまな改革を通して「秋津にあってうれしいPTA」になってきたという。学校を支える秋津コミュニティも「元はPTAが母体となって」発足しており、同コミュニティの役員には「普通は子供の卒業とともに学校には関わらない地域の大人になるはず」の「卒業しない大人」が「おおぜいいる」。また「学校事情に詳しい現PTA会長も役員になっているし、元PTA会長もおおぜい役員になりながら自分の生涯学習を楽しみつつ、学校と地域の風通しをよくし、常に人が循環する組織運営を心掛けている」とされる[51]。

同小のPTAが、親は「親になるため」、教職員は「より教職員性を磨くため」に学び合うことができる足場となっている点は注目される。さらに、地域住民の中に現PTAとこの「卒業しない大人」とが増えていく中で、より広い地域住民の学校参加が容易になることは想像に難くない。

◤ 第4節　教師に期待される役割と課題、示唆 ◢

本章の結論として筆者なりに提起できるのは、第一に、「学校を開く」とは、子ども、保護者、地元住民の学校参加を促し、支援することだということ、第二に、保護者の学校参加に向けた最も有効な機会としてPTAのあり方を見直し、形式的な全員参加でなくやる気のある人を中心に「子どもたちの幸福のために一緒に活動できる」しくみに変えること、第三に、地域住民の学校参加には、PTA経験者を中心に、地域住民が一部でも学校の運営・管理の責任を分担して担えるようなきっかけやしくみを創り出すこと、である。

教師は、保護者・地域住民の学校参加支援者となり、支援者としての役割を果たすことが期待される。保護者や地域住民との日常的な関わりの中で、①学校のことにもっと関心をもってもらう、②学校の問題を当事者として一緒に考えてもらう、③学校の課題解決に自分は何ができるかを検討して、責任をもって参加してもらう、などに向けて一歩ずつ努力することである。もちろん、地

第Ⅱ部　教師に求められる力量

域には様々な保護者や住民がおり、学校参加への支援が、逆に多くの煩雑さや
苦悩、深刻な課題をもたらすこともあり得る。

　そこへの示唆として、小野田が、クレームを言う保護者を「モンスター」と
呼ぶことを強く否定する点が注目される。モンスターとは「完全に排除と放逐
の対象」と捉えられる特定の人々を「カテゴリー化」「レッテル貼り」する発
想であり、「人間性の全面否定」につながる危険性を有する。他方、イチャモ
ンという呼称により、同じ現象でも「人の行為や行動」に焦点化した問題とし
て捉え返し、「当事者双方がその行為の当否をともに考える」行為と再定位す
ることが可能となる(52)。保護者対応は「一部の困った親」への対処・対策か
ら、保護者と学校の双方向的なコミュニケーションへの取り組みという、より
広い土俵へと転換されるのである。

　どんな親にも一律に適用できる対処療法的なマニュアルは存在しないし、必
ずしもそれが有益な結果や効果を生むとも限らない。このことを再確認しつ
つ、保護者とできる限り、開放的・双方向的な信頼関係を築くことを基本とす
べきであろう。小野田は、「教師はカウンセリングの基本である（と）受容と
共感ばかり教わったばかりに、なんでも話を聞いたりしてしまうという現実」
を批判的に捉えている。「教師自身が何でも受け入れるのではなく、断るとき
は断り、時間や場所、話をする人を決めるべき」とする(53)。保護者・地域住
民との間に、傾聴の姿勢やオープンさ、柔軟さに加え、一定のルールと節度、
一貫性を共有することがむしろ、よりよい関係性の構築に役立つと思われる。

　小野田はまた「教育の顧客は子ども・生徒」との原則を敢えて強調し、教育
の「商品化」に対し、教育は「選ぶ」ものではなく「より良くする」志向こそ
が教育の営みであり、「消費者意識」ではなく「当事者意識」の醸成が重要だ
と強調する(54)。教育の商品化自体の是非はさておき、教育や学校を商品とし
てみた場合でさえも「購入者が自らの意思と努力で、商品価値を何倍にも高め
ていくことの可能性をもった商品」であるとする。重要なのは「価値を高め
た」かどうかという事実の検証でなく、「価値を高めようと皆が努力して協力
しあえたというプロセスの中で成長や学びを実感できる」ことなのである(55)。

　学校参加とは、保護者や地域住民が、子どもたちのために、地域の教育や学

184

第9章　家庭・地域との連携と教師の仕事

校の価値を高めようと皆で努力して協力し合うプロセスそのものなのである。教師の仕事とは、そこでの子どもとおとなの成長や学びを支援し、その課題と展望を分かち合うことなのではないだろうか。

おわりに

　本章の冒頭において、高度経済成長期前後の学校と家庭・地域の関係構図の変化を図式化し、特に地域共同体の崩壊・消滅の中で、学校が後ろ盾なく「むき出し」のまま一般社会に晒されている現状を示した。本章で検討した保護者と地域住民の学校参加は、PTAやコミュニティ・スクールを足場に、この「むき出し」の学校をドーナツ状に取り巻くゆるやかな支援コミュニティの形成を、展望するものである。その具体的な方途と実践的課題の検討は、別稿を期したい。

〈注〉

(1) 本田由紀『社会を結びなおす――教育・仕事・家族の連携へ』岩波ブックレット No. 899、2014年、38-42頁。

(2) 臨時教育審議会第二次答申、1986年。

(3) 稲増龍夫によれば、学校現場において、教師や学校の教育方針に何かとクレームをつける保護者のことを指す和製英語である。『知恵蔵2015』朝日新聞出版。

(4) 中教審答申「今後の地方教育行政の在り方について」1998年9月21日。

(5) 中教審答申「新しい時代にふさわしい教育基本法と教育振興基本計画の在り方について」2003年3月20日。

(6) 中教審答申「今後の学校運営の在り方について」2005年3月4日。

(7) 小関禮子「開かれた学校づくりと事例研究――参加原理の具現化を目指して」『帝京大学教職大学院年報』3、2012年8月、79-95頁。

(8) アンドラゴジーはペダゴジーを模したギリシア語の造語。Malcom Knowles（1913-1997）が「おとなを教えるわざ（art）と科学」として体系化した。渡邊洋子『生涯学習時代の成人教育学――学習者支援へのアドヴォカシー』明石書店、2002、42-45頁。

(9) 広田照幸『日本人のしつけは衰退したか――「教育する家族」のゆくえ』講談社現代新書1448、1999年（2015年第26刷）、122-129頁。

185

第Ⅱ部　教師に求められる力量

(10) 小野田正利『イチャモン研究会——学校と保護者のいい関係づくりへ』ミネルヴァ書房、2009年、195-196頁。

(11) 小野田、同上書、314頁。

(12) 小野田、同上。

(13) 小野田正利『親はモンスターじゃない！——イチャモンはつながるチャンスだ』学事出版、2008年、4頁。

(14) 浦野東洋一「『開かれた学校づくり』のフイールドワーク」『立命館高等教育研究』第3号、立命館大学、大学教育開発・支援センター、2004年7月、77-86頁。

(15) 喜多明人「子どもの権利条約と子ども参加の理論」『立正大学文学部論叢』098号、1993年、76頁（73-97頁）。

(16) 社会教育法第10条によれば、社会教育関係団体とは「法人であると否とを問わず、公の支配に属しない団体で社会教育に関する事業を行うことを主たる目的とするもの」とされる。

(17) 同協議会は1952（昭和27）年の「日本父母と先生の会全国協議会結成大会」で発足し、1957（昭和32）年に日本PTA全国協議会と改称、1985（昭和60）年に社団法人、2013（平成25）年には公益社団法人となって現在に至る。寺本充「会長あいさつ」http://nippon-pta.or.jp/about/、2017年8月28日確認。

(18) 川端裕人『PTA再活用論——悩ましき現実を超えて』中公新書、2008年、22-23頁。

(19) 川端、同上書、5頁。

(20) 宮原誠一『PTA入門』国土社、1967年、53-55頁。

(21) 宮原、同上書、55-58頁。

(22) 宮原、同上書、60-65頁。

(23) 宮原、同上書、66-75頁。

(24) 宮原、同上書、13頁。

(25) 宮原、同上書、82頁。

(26) 宮原、同上書、79頁。

(27) マルカム・ノールズ（渡邊洋子監訳・京都大学SDL研究会訳）『学習者と教育者のための自己主導型学習ガイド——ともに創る学習のすすめ』明石書店、2005年、16、19、126頁。

(28) 宮原、前掲書、13-14頁。

(29) 宮原、同上書、15頁。

(30) たとえば、田中雅文『ボランティア活動とおとなの学び——自己と社会の循環的発展』学文社、2011年を参照。

第9章　家庭・地域との連携と教師の仕事

(31) 宮原は「教育という社会の機能は、社会の他の基本的な機能と並行する一つの基本的な機能ではなく、社会の基本的な機能の再分肢」であるとし、そこでの教育とは、政治、経済、文化の「必要を人間化し、主体化するための目的意識的な手続き」と位置づけた。宮原誠一「教育の本質」『宮原誠一教育論集』第一巻、国土社、1976年、23頁。

(32) 60〜70年代のPTA活動の周辺では多くの社会運動が展開され、教育委員会への交渉や請願運動などでは、政治と無関係ではいられないとみなされる場面も生じていた。

(33) 川端、前掲書、137頁より重引。

(34) 川端、同上書、138頁。

(35) 具体的には、①「口上」（会長や校長の挨拶など）は載せない、②各委員会（部）の報告は箇条書きなど簡単なものにする、③子どもの作品は載せない。④子どもと教育をめぐって、「疑問、注文、不安、決意、不満、感動、称賛、批判など」「ざっくばらんのひと言」を、父母会員と教師会員から出してもらう。⑤財政と役員は、学校援助費漸減の原則を立てるべきで、会費を会員単位制にすること、役員は飽くまでも、PTAの日常活動の世話役であること、⑥年間計画は実質本位にする、などが挙げられた。宮原、前掲書、28頁。

(36) 川端、前掲書、199頁。

(37) 「第2章第1節　地域のつながりの変化と現状」「同第2節　地域のつながりの変化による影響」内閣府『平成19年度版　国民生活白書』2007年、62-104頁。

(38) 同上書、66-68頁。

(39) 同上書、101頁。

(40) 以上、同上書、62-74頁。

(41) 笹井宏益「学校・家庭・地域住民の連携協力の基本原理にかかる考察」日本社会教育学会編『学校・家庭・地域の連携と社会教育』（日本の社会教育第55集）、2011年、12-14（10-22）頁。

(42) 佐藤晴雄『学校を変える地域が変わる——相互参画により学校・家庭・地域連携の進め方』教育出版、2002年、1頁。

(43) 佐藤、同上書、9頁。

(44) 高橋興『学校支援地域本部をつくる』ぎょうせい、2011年、26頁。

(45) 佐藤晴雄『コミュニティ・スクールの研究——学校運営協議会の成果と課題』風間書房、2010年、3頁。

(46) 内訳は京都市、岡山市、出雲市、横浜市、東京都世田谷区の5市区で6割近くを占めるなどで、全国的に制度導入が進んでいるとは言い難いとされた。高橋、前掲書、12-18頁。

第Ⅱ部　教師に求められる力量

(47) 岸裕司『学校開放でまち育て──サスティナブルタウンをめざして』学芸出版社、2008
　　　年、59-62頁。

(48) 岸、同上書、106-107頁。

(49) 岸、同上書、107頁。

(50) 岸、同上書、41-43頁。

(51) 岸、同上書、48-49頁。

(52) 小野田、2008年、110-117頁。

(53) 小野田、2009年、130頁。

(54) 小野田、同上書、56-66頁。

(55) 小野田、同上書、195-196頁。

〈推薦図書〉

小野田正利『イチャモン研究会──学校と保護者のいい関係づくりへ』ミネルヴァ書房、
　　　　2009年。

川端裕人『PTA再活用論──悩ましき現実を超えて』中公新書、2008年。

岸裕司『学校開放でまち育て──サスティナブルタウンをめざして』学芸出版社、2008年。

佐藤晴雄『学校を変える地域が変わる──相互参画による学校・家庭・地域連携の進め方』
　　　　教育出版、2002年。

宮原誠一『PTA入門』国土社、1967年（現代教育101選『PTA入門』国土社、1990年とし
　　　　て復刻）。

渡邊洋子『生涯学習時代の成人教育学──学習者支援へのアドヴォカシー』明石書店、
　　　　2002年。

第10章

教師の熟達化と生涯発達

第1節　熟達化と生涯発達

　本章では、教師の熟達化と生涯発達の在り方について、主として発達心理学の観点から考える。

　まず、熟達化（expertise）とは、ある領域において経験や訓練を長期的に積み重ねることによって、その領域で生きて活躍するために必要な高度の知識や優れた技能の持ち主（エキスパート）になること、あるいはその過程をいう。したがって、教師の熟達化とは、教師が教職実践の経験を積み、各種の研修を受け、自己研鑽を重ねることによって、教師という仕事に相応しい知識と技能（knowledge and skill）の持ち主になること、またはエキスパートの教師になっていくプロセスのことである。

　エキスパートと意味が似たことばにスペシャリスト（specialist）がある。日本語ではどちらも「専門家」と訳されがちだが、正しくは、スペシャリストが専門家であり、エキスパートは熟達者である。スペシャリストは比較的狭い領域に精通した人を指し、幅広い分野で能力を発揮するジェネラリスト（generalist）と対比される。たとえば、画家は一般に絵画制作のスペシャリストだが、イタリア・ルネサンスの巨匠レオナルド・ダ・ヴィンチ（Leonardo da Vinci, 1452-1519）は、『モナリザ』や『最後の晩餐』等の絵画の分野だけでなく、彫刻、建築、機械設計、解剖学等、科学と芸術の幅広い分野で活躍した

189

ジェネラリスト（万能の天才）である。

「専門職」を意味するプロフェッショナル（professional）もエキスパートと似た部分がある。伝統的には、プロフェッショナルは、医師、弁護士、会計士等固有の資格（免許）を保持することを義務づけられた高度な専門職を指した。わが国のプロフェッショナルの養成機関としては専門職大学院があり、「大学院のうち、学術の理論及び応用を教授研究し、高度の専門性が求められる職業を担うための深い学識及び卓越した能力を培うことを目的とするもの」（学校教育法第99条第2項）と規定されている。この法律に基づき現在設置されている専門職大学院には、法科大学院、教職大学院のほか、経営専門職大学院、会計専門職大学院等がある。

次に、教師の生涯発達であるが、生涯発達（life-span development）という考え方には少なくとも4つの源流がある。

第1には、人間が生涯にわたり学びの活動を続けていくことを重視する生涯学習（life-long learning）の流れである。これは、1965年にフランスのポール・ラングラン（Paul Lengrand, 1910-2003）がUNESCOの成人教育推進委員会に提出した「永続教育（仏語：Éducation permanente）」と題するワーキングペーパーの中で初めて提唱したものとされる。英語では、このフランス語に「生涯教育（life-long education）」の語があてられた。

第2は、当時スウェーデンの教育大臣であったオロフ・パルメ（Sven Olof Joachim Palme, 1927-1986）が、1969年の第6回ヨーロッパ文相会議において提案した「リカレント教育（recurrent education）」の考え方であり、学校教育を終えて社会人になってから再び教育機関で教育を受ける機会を保障することの大切さが説かれた。リカレントとは「還流」という意味合いである。

生涯教育もリカレント教育も、当初は、青年期に学校教育が十分に受けられなかった者が成人期になって学び直しをする制度の構築から出発したが、現在では、既に高等教育を受けている者が、高度化する社会に対応するために再教育を受けることとしての意味合いが強まっている。

第3として、発達心理学における生涯発達の考え方は、ドイツ生まれのアメリカの心理学者エリク・エリクソン（Erik Homburger Erikson, 1902-1994）のラ

イフサイクル（life cycle）論の考え方にその源流がある。エリクソンは、人間の一生を乳児期（誕生〜1歳半）、幼児前期（1歳半〜3歳）、幼児後期（3〜6歳）、児童期（6〜11歳）、青年期（11〜18歳）、成人期初期（19〜40歳）、成人期中期（40〜65歳）、成人期後期（65歳〜）の8期に分け、それぞれの時期に個人が果たすべき発達課題と、それが果たせない時やその後に生ずる心理的な危機（crisis）について論じた（Erikson, 1950, 1959）。

　第4の源流は、アメリカの心理学者ウォーナー・シャイエ（Warner Schaie, 1928-）とドイツの心理学者ポール・バルテス（Paul Baltes, 1939-2006）の縦断的加齢研究にある（たとえば、Baltes & Schaie, 1973）。シャイエらは、シアトル縦断研究（Seattle Longitudinal Study）を1956年に開始し、20代から60代の人を現在に至るまで7年おきに調査し、その参加者総数は6,000人を超えるという。なお、「縦断」とは、同一集団について複数の時期にまたがる調査を行うという意味である。

　生涯発達心理学の視点は、人間の誕生から死までを全体的かつ包括的にとらえるだけでなく、人間の発達というものが四囲の変化に応じて柔軟に対応していく可塑性（plasticity）、あるいは困難な事態からの回復力であるレジリエンス（resilience）等に注目し、老化というものを単に心身の機能の衰退からだけではなく、サクセスフル・エイジング（successful aging）等のポジティヴな観点から考察するものである。

▲ 第2節　熟達教師とは ▲

　以上のような一般的な熟達の定義を考慮したうえで、熟達教師とはいったいどのような人物のことを言うのであろうか。

　アメリカの心理学者パーマーら（Palmer, Stough, Burdenski, & Gonzales, 2005）は、「熟達教師（expert teacher）」や「教師の熟達（teacher expertise）」に関する研究のレヴュー（文献展望）を行った。パーマーらの研究の方法は、ERICやPsychINFO等の文献検索データベースを用いて「初心者（novice）」、「熟達者（expert）」、「教師（teacher）」等の語とその組み合わせをキーワードに

第Ⅱ部　教師に求められる力量

含む関連研究（1995年〜2000年）を検索するというものである。

　このようにして行われた検索の結果、258の文献が抽出された。その中から「査読付英文専門誌に掲載された原著論文」という条件でさらに27の研究が精選され、以下に示すように、①経験年数、②社会的認知、③プロ集団への所属、④パフォーマンス基準の4要因に基づいて、各研究における熟達教師の定義の分類が行われた。

　①経験年数：熟達研究ではよく「この道10年」という基準があげられるが、熟達教師の研究の多くでは、熟達の条件は2年から5年と規定されている。時間数に直すと、1日7時間×年間185日×5年で総計は約6,500時間となる。ただし、どの研究も経験年数のみを熟達の条件とするものではない。

　②社会的認知：教師の熟達は、学校長等の評価によって定義されている。熟達の評価は、同僚の教師、大学教員、時には生徒によって行われる場合もある。

　③プロ集団への所属：さまざまなプロ集団のメンバーに選任されることも熟達教師の条件となる。大学院の学位取得が追加的に熟達の条件に加えられることもある。

　④パフォーマンス基準：担当する児童・生徒の学力や成績を向上させた実績等がその教師のパフォーマンス（業績）として評価され、熟達の定義に加えられる。

　なお、以上の①〜④の基準のすべてを熟達教師の条件とするものは、実際には27の研究のうち2研究のみであったとされる。パーマーらは、この4つの熟達の定義すべてを含む熟達の基準として、以下に示す「2関門同定手続き（two-gate identification procedure）」を提案した。

　第1関門：スクリーニング

　(a) ある教科で一定数の生徒を3〜5年間教えた経験を有し、(b) その領域で必要とされる資格あるいは学位を取得していること。

　第2関門：業績指標

　(a) 教師としての知識と技能を含む授業の実力について、同僚、管理職、研

第10章　教師の熟達化と生涯発達

究者等複数の評価者から「模範教師」と評価され、(b) 児童・生徒の成績を向
上させたことを示す具体的な証拠が確認できること。

　パーマーらは、以上の関門の通過が実際上厳しすぎることを認めつつ、検証
可能で一般化可能な一貫性のある定義を行うためには、以上の手続きが必要で
あると述べている。

▶ 第3節　教師の自己成長力 ◀

　教師の熟達化と生涯発達を考える時、教師自身の自ら成長する力も重要な要
素となる。

　社会心理学者の原岡一馬（1989）の論文は、かなり昔のものではあるが、こ
の問題について実証的に検討した初期の研究である。その第1研究において、
自己成長とはどんなものか、どんなことが自己成長に関連するかについて、
小・中学校教師80人に自由記述を求め、その110項目の回答内容を以下の5領
域に分類した。すなわち、①研修会・読書、他の先生との接触、教材研究等に
よって専門知識が深まり、指導法が向上すること。②子どもと共に、子どもを
ありのままに受け入れる柔軟な態度と謙虚さによって自己理解と自己成長がで
きること。③目標を設定し、失敗と反省を繰り返しながらその実践に努力する
ことが自己成長につながること。④家庭や社会等幅広い分野に目を向けること
で問題意識が広まり、自己の生活を見直すこと。⑤職場に民主的ムードがあ
り、教育実践の自由が保障されること。

　続く第2研究において、自己成長を表す文を95項目に絞り込んで、119人の
中学教師（男性77人、女性42人）に各項目が自身に当てはまるかどうかにつ
いて5段階評定を行わせた。因子分析による統計的分類の結果、以下の3因子
が抽出された。

　第Ⅰ因子「子どもとの接触と幅広い人間的成長」は、「子どもの立場に立っ
てみてはじめて、子どもの気持ちや考え方が理解できるようになった」、「子ど
もたちとの日常のふれあいから多くのことを学び、人間的に豊かになった」、
「教育以外の分野にも、幅広い視野をもつことが大切だと感じる」等の26項目

第Ⅱ部　教師に求められる力量

から構成された。

　第Ⅱ因子「同僚・先輩・職場の雰囲気による成長」は、「他の先生たちの努力する姿が刺激となり、自分も大いに影響された」、「先輩の先生からいろいろ教えられ、多くのことを学ぶことができた」、「職場に、一人ひとりを大切にする雰囲気があるので、自分の考えと違う考えでも受け入れることができるようになった」等21項目から成った。

　第Ⅲ因子「学習指導・学級経営力の向上」は、「自分の指導に対し、子どもが手ごたえある反応をするようになった」、「押し付けたり脅したりしないで、子どもを指導していける自信がついた」、「自分なりの学級経営ができるようになってきた」等12項目が含まれた。

　この3因子の相互相関は比較的高く（Ⅰ-Ⅱで0.48、Ⅱ-Ⅲで0.31、Ⅰ-Ⅲで0.54）、相互に関連していることが示された。また、教師の経験年数を1～5年（24人）、6～11年（39人）、12年以上（56人）に分けた場合、第Ⅰ因子と第Ⅱ因子では経験年数の違いは統計的に有意でないが、第Ⅲ因子では5％水準で統計的に有意な差が見られ、1～5年から6～11年にかけていったん下がるが、12年以上が最高になる（V字型の変化）という結果になった。

　原岡（1989）の研究は、教師自身の自己評定に基づくデータなので、「自身にあてはまる」と答えたとしても、それが実際にどの程度の水準で達成されているかは保証のかぎりではない。また、縦断研究（追跡研究）ではないので、「1－5年」、「6－11年」、「12年以上」のV字型の変化は、実際にそのような発達過程で自己成長が進行するということが証明されたのでもない。原岡の研究の重要な点は、「子どもとの接触と幅広い人間的成長」、「同僚・先輩・職場の雰囲気による成長」、「学習指導・学級経営力の向上」の3因子が抽出できたことにあると思われるが、自己成長といっても先輩教師が務める指導者の存在も重要であることを示唆していることである。

▲第4節　若手教師の育成▼

　教師は、初任者から若手と呼ばれる間は、先輩教師がメンター（mentor）と

して行う指導を受けるメンティ（mentee）の立場で過ごし、やがて経験と実力が伴った熟達した段階で自らがメンターとなっていく。

　ちなみに、メンターの語源は、ギリシャ神話のトロイ戦争の物語において、ギリシャ軍の知将オデュッセウスが出陣に際し、友人のメントール（Mentor）にわが子テレマコスの指導を託したという故事に由来する。

　脇本健弘・町支大祐（2015）は、メンター教師の役割の重要性が高まっている背景を次のように指摘している。「現在、教師をめぐる状況が大きく変化している。教師に対する社会への要望が高まり、そのまなざしも大変厳しいものになっている。それに加え、教師の仕事も困難なものとなっており、仕事量は増える一方である。このような状況の中、団塊の世代が大量退職することにより、教師の大量採用が始まり、若手教師の割合が大幅に増えていることで、教師の育成の仕組みも見直しが迫られている。」（脇本・町支, 2015, 1頁）

　この指摘には、大きく二つの要素が含まれている。第一は、教師に求められる問題が多様かつ多岐にわたるようになって教師が大変多忙になっているということであり、先進工業諸国が加盟する経済開発協力機構（OECD）の教員環境の国際比較調査においても、日本の教師の週当たり勤務時間は図抜けて多く、授業とその準備に費やす時間が圧迫されているという問題が報告されている（脇本・町支, 2015, pp. 4-7）。この点については、第6節において「チーム学校」という観点からも見ていくことにする。

　第二は、教員集団の人口学的変化である。教員の年代別人口の分布は、都道府県ごとに事情が異なり、秋田県や福井県のような学力テストの平均成績が高い県では、若手教員と高齢教員が少なく、40歳代の中堅教員が多い正規分布的な山形の人口分布になっているのに対し、東京都・神奈川県・大阪府のような大都市圏では、20歳代と50歳代の教員が多く、40歳代の中堅教員が少ないM字型の人口分布となっている。すなわち、後者ではメンター教師となるべき年代の層が大変薄いという問題を抱えているのである。

　脇本・町支（2015）は、横浜市の公立学校（小・中・高校および特別支援学校）の教師を対象に、2011年〜2014年にかけて横浜市教育委員会と共同で調査を行った。対象となったのは、初任教師266人、経験年数2年目296人、3

第Ⅱ部　教師に求められる力量

年目282人、6年目349人、11年目188人で、横浜市教育委員会の実施する教員研修の機会を利用して行われた。主な調査項目は、教師効力感（①授業、②学級経営、③保護者、6年目以上は④校務分掌も追加）、キャリア意識、バーンアウト、メンターチーム等である。「メンターチーム」の調査項目は、過去のメンティとしての経験と、現在のメンターとしての活動の2つが含まれた。

　経験年数2年目の若手教師が経験する困難の上位3項目は、「子どもの能力差に対応すること」、「適切な発問をして子どもの思考を発展させること」、「子どもの集団をまとめていくこと」であった。また、こういった課題に対して最も支えになるのは、経験豊かな先輩教員であることも示された。

　教師のライフサイクルにおいて、勤務校の異動（転勤）はつきものである。横浜市の調査では、経験年数6年目の教師349人のうち、異動経験者172人、未経験者177人となり、この時期までに半数の教師が異動を経験していた。その際、異動前の学校と異動後の学校の「荒れ」具合が教師効力感に大きな影響を与えることが調査結果から明らかにされた。すなわち、異動が「落ち着いた学校から荒れた学校へ」の場合は、「荒れた学校から落ち着いた学校へ」の場合と比べると、「学級経営」と「保護者への対応」において、教師効力感が統計的に有意に低くなるのである。他方、「落ち着いた学校から落ち着いた学校へ」の異動と「荒れた学校から荒れた学校へ」の異動の場合は、教師効力感はあまり低下しない。教師の1回目の異動は、初任者や若手の「特別扱い」がなくなる時期であり、その時期に荒れた学校に移ることが特に大きなストレスとなるようである。

　若手教師の抱える様々な困難に対処する手助けとして、学校全体としてメンターチームを構成して行くことが大切となる。図10-1は、脇本・町支（2015）の研究のまとめとして提示された「効果的なメンターチーム」のモデルを示すものである。若手教師にとって、自由に話せる同僚や先輩教師がそばにいて、経験10年以上の先輩教師ならびに管理職が若手教師の自律的な活動の運営支援にあたり、時に参加するような体制が望まれるのである。

第10章　教師の熟達化と生涯発達

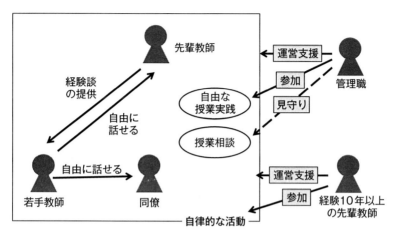

図10-1　効果的なメンターチームのモデル
（脇本・町支, 2015, p.192）

第5節　教師のライフサイクル

　教師という職業においては、大学を卒業後に教職に就くと、定年またはその近くまで勤務する「生涯教師」の割合が高いとされる。公立学校の教員の場合、地方公務員としての身分と福利厚生、ならびに景気の変動に左右されにくい安定した給与が保障される。たとえば、高校教師の平均年収は、厚生労働省の平成28年賃金構造基本統計調査[1]によると、平均年齢42.2歳で約660万円である。また、生涯を高等学校の教員として過ごした場合の生涯年収は、男性約2億6087万円、女性約2億3149万という数字も示されている[2]。いずれにしても、生涯教師が多いということは、教師のライフサイクルの問題を考える大前提となる。
　ステフィら（Steffy et al, 2000;三村訳, 2013）は、キャリア教師のライフサイクル・モデルを提案し、教師のキャリア発達を次の6局面に分類している。
　第1局面：novice teacher
　英語の「ノヴィス」は、初心者という意味である。教育実習の段階から始ま

り、教師という専門職が方向づけられる時期である。徐々に教師に必要な知識と技能を身につけていくが、組織、管理、対人関係等の面で未熟であり、メンターを必要とする。この時期には、さまざまな探索を行い、見通しを広げることが大切となる。

第2局面：apprentice teacher

英語の「アプレンティス」は、見習いを意味する。教師になって2年目、3年目の時期である。熱意と期待に満ち溢れ、理想に燃えているが、徐々に教師の職務に対する重圧に圧倒されはじめ、その重圧に押しつぶされたり、職務に対する効力感や充実感が得られなくなったりすると、この段階で離職してしまう。

第3局面：professional teacher

英語の略語としてよく用いられる「プロ」の教師になる段階である。教師としての自信をつけていくプロセスにある。児童・生徒との相互の信頼関係の形成が重要となる。

第4局面：expert teacher

「エキスパート」の段階である。児童・生徒の反応を冷静に見て柔軟に教え方を修正し、自身の教育実践に省察を加えて成長していくことができる。

第5局面：distinguished teacher

英語の「ディスティングィッシュト」は、他の人と区別される顕著な特徴を持つことをいう。固有の分野において優れた才能をもち、教育行政に対しても大きな影響力を持つ教師になる。

第6局面：emeritus teacher

「エメリタス」は引退して名誉職に就いたものを言うが、教師を引退した後も、教育行政職、各種管理職、大学教授職等に就いて教職の発展に貢献する。

以上に示したステフィらのキャリア教師のライフサイクル・モデルは、すべての教師がこのモデルに添って、6つの局面のすべてを生きていくことを意味するものではなく、一種の理念型といってもよい。

しかし、もちろん、6つの局面すべてを体現した教師もいる。たとえば、安井克彦（2014）の『教師のライフコースと力量形成─教師道の探求』には、著者自身のライフサイクルに添った実践記録が示されているが、それにはこの6

第 10 章　教師の熟達化と生涯発達

つの局面のすべてが含まれているように思われる。

　この本の著者は、1944年愛知県生まれ、愛知教育大学卒業後、愛知県の小・中学校教師、3校の小学校長・教頭、愛知県吉良町の教育長を経て、名古屋学芸大学教授をつとめている。38年の教職生活で教え子は2,000人にのぼるという。教育長の時に愛知教育大学の大学院（夜間）に進学し、20歳年下の女性准教授の研究指導を受けて修士号を取得し、リカレント教育を自身で実践した。著者は、大学院修士課程で学ぶことの重要性をこの著書の中で特に強調している。

　興味深いのは、著者の実家は幡豆郡（現在の西尾市）にある運光院というお寺であるが、1803年に伊能忠敬（1745-1818）が宿泊した記録があるということが本書に述べられていることである。足かけ17年をかけて全国を歩いて測量し、『大日本沿海輿地全図』を完成させた伊能忠敬は、「元祖生涯学習男」と言ってよい人物である。忠敬は17歳の時に千葉・佐原村で酒・醤油の醸造業および貸金業を営む伊能家に婿入りし、当主として伊能家を盛り立てたのみならず、天明の飢饉の時には村方後見職として村民を餓死させない活動を行い、50歳で息子に家督を譲って隠居の身となった後、かねてより関心のあった天文暦学を学ぶために、江戸に出て当時31歳の幕府天文方の高橋至時に師事した。忠敬は緯度1度に相当する距離を求めることを熱望したが、その正確な値を知るには江戸から蝦夷（北海道）ぐらいまでの距離が必要だと師匠に教えられ、蝦夷地測量、さらには日本全国の測量を行うことになった。独学からリカレント教育に歩を進めたことによって、忠敬が偉業を達成する基礎が築かれたと言えよう（伊能忠敬については、渡辺・鈴木, 2010等を参照）。

　教師の熟達過程において、リカレント教育をいつどのような形で受けるのが最適かについては、個人ごとに異なるであろうが、一般的には「児童・生徒の反応を冷静に見て柔軟に教え方を修正し、自身の教育実践に省察を加えて成長していくことができる」第4局面において、教育実践に省察を加える段階の時に、大学院教育あるいは組織的な研修を受けることが新たな観点を獲得するために有効と考えられる。

第Ⅱ部　教師に求められる力量

▌第6節　「チーム学校」の中の教師▐

　教師は、「一国一城の主」として、担任のクラスを自在に動かしていくことを好むところがある。自分が受け持つクラスは一種の聖域であり、基本的に外部からの介入や容喙を喜ばない。しかし、現実には担任教師一人では対処できないさまざまな問題が教室の内外で起こっている。たとえば、子どものいじめ・不登校や、最悪の場合は子どもの自殺、あるいは、自己中心的で過度に不当な要求を行う「モンスターペアレント」からの圧力等の問題である。

　他方、学校管理者や保護者の側からすると、むしろ「モンスター教師」の存在の方が問題ということも起こりうる。教師の間でいじめが行われたり、授業が成立しない状況を教師自身が生み出したり、子どもたちへの体罰や児童福祉法等に違反する行為を行ったりすることがらである。

　このような問題に対しては、学校全体で、さまざまな職種の関係者が共同して対処していく必要がある。そのことは、最近「チーム学校」ということばで表されるようになった。医療や介護の現場では、多職種協働が当たり前に行われてきたが、教育の現場では、多職種協働の一層の展開ということが今後の重要な課題となっている。

　中央教育審議会は、2015年12月の第104回総会において、「チームとしての学校の在り方と今後の改善方策について（答申）」を取りまとめた。この答申によると、日本の学校や教員は、欧米諸国と比較すると多くの役割を担うことが求められており、子どもに対して総合的に指導を行えるという利点がある反面、役割や業務を際限なく担うことにもつながりかねず、多種多様な業務を担い、労働時間も長いとされる。たとえば、教職員総数に占める教員以外のスタッフの割合は，日本が約18％であるのに対し、米国が約44％、英国が約49％等、諸外国と比較すると日本の学校の教職員構造は教員以外のスタッフの配置が明らかに少ない状況にある。そこで、校長のリーダーシップの下、学校のマネジメントを強化し、組織として教育活動に取り組む体制をつくり上げるとともに、学校や教員が心理や福祉等の専門家や専門機関と連携・分担する体

制を整備し、「チームとしての学校」の体制を強化することによって、教職員一人ひとりが自らの専門性を発揮し、教育活動を充実していくことが期待されているとされる。

　具体的には、生徒指導上の課題に対応していくためには、教職員が心理の専門家であるカウンセラーや福祉の専門家であるソーシャルワーカー、児童相談所等の関係機関と連携し、チームとして課題解決に取り組むことが必要とされる。中教審答申に示された「学校の職員および専門スタッフ一覧」は、以下の通りである。

職員および専門スタッフ一覧
①教職員の指導体制
　　ア 教員
　　イ 指導教諭
　　ウ 養護教諭
　　エ 栄養教諭・学校栄養職員
②教員以外の専門スタッフ
　　ⅰ）心理や福祉に関する専門スタッフ
　　ア スクールカウンセラー
　　イ スクールソーシャルワーカー
　　ⅱ）授業等において教員を支援する専門スタッフ
　　ア ICT支援員
　　イ 学校司書
　　ウ 英語指導を行う外部人材と外国語指導助手（ALT）等
　　エ 補習等、学校における教育活動を充実させるためのサポートスタッフ
　　ⅲ）部活動に関する専門スタッフ
　　ア 部活動指導員
　　ⅳ）特別支援教育に関する専門スタッフ
　　ア 医療的ケアを行う看護師等
　　イ 特別支援教育支援員
　　ウ 言語聴覚士、作業療法士、理学療法士等の外部専門家
　　エ 就職支援コーディネーター
③地域との連携体制
　　ア 地域連携を担当する教職員

第Ⅱ部　教師に求められる力量

　この表のほか、学校における法律問題への対処のため、弁護士会等と連携し、学校における法律家の活用を進めることや、非行・犯罪については、都道府県警察本部等と教育委員会等の間の学警連携協定を基礎とし、警察を退職した人材の活用、警察署や少年サポートセンター等との連携を密にしていくことが重要な課題であることが中教審答申で提案されている。

おわりに

　すべての教師は、教師になる以前に、自身が児童、生徒、学生として、教師の行動を日常的に観察してきている（それがよきモデルになったのか、不幸にも反面教師となったのかは別として）。だからといって、その観察経験だけをもとに、直ちによい教師になれるわけではない。すべての専門職は、その資格を得るまでに長い年月を要するが、資格の取得はあくまで出発点に過ぎない。人間の一世代は33年とされるが、「生涯教師」は一般にそれよりもさらに長い期間勤めることになる。熟達した教師になっても、時代の変化と共に必要とされる新しい知識を常に求め、教師としての技能を一層向上させていくことが求められる。この意味において、教師の熟達化と生涯発達の問題は、さらに深めていく必要がある。

〈注〉

(1) http://www.e-stat.go.jp/ から検索（2017年8月17日）

(2) http://www.nenshuu.net/ から検索（2017年8月17日）

〈引用文献〉

Baltes, P. B. & Schaie, K. W. (eds.) (1973). *Life-span developmental psychology: Personality and socialization*. New York: Academic Press.

Erikson, E. H. (1950). *Childhood and society*. New York: Norton.

Erikson, E. H. (1959). *Identity and the life cycle*. New York: International Universities Press.

原岡一馬 (1989). 教師の自己成長に関する研究. 名古屋大学教育学部紀要, *36*, 33-53.

Palmer, D. J., Stough, L. M., Burdenski, Jr., T. K., & Gonzales, M. (2005). Identifying teacher expertise: An examination of researchers'decision making. *Educational Psychologist, 40 (1)*, 13-25.

Steffy, B. E., Wolfe, M. P., Pasch, S., & Enz, B. J.（2000）. *Life cycle of the career teacher*. Thousand Oaks, CA: Corwin Press, Inc. 三村隆男訳（2013）. 教師というキャリア――成長続ける教師の六局面から考える. 一般社団法人 雇用問題研究会.

脇本健弘・町支大祐（2015）. 教師の学びを科学する――データから見える若手の育成と熟達のモデル. 北大路書房.

渡辺一郎・鈴木純子（2010）. 図説 伊能忠敬の地図をよむ 改訂増補版. 河出書房新社.

安井克彦（2014）. 教師のライフコースと力量形成―教師道の探求. 黎明書房.

〈推薦図書〉

Steffy, B. E., Wolfe, M. P., Pasch, S., & Enz, B. J.（2000）. *Life cycle of the career teacher*. Thousand Oaks, CA: Corwin Press, Inc. 三村隆男訳（2013）. 教師というキャリア――成長続ける教師の六局面から考える. 一般社団法人 雇用問題研究会.

脇本健弘・町支大祐（2015）. 教師の学びを科学する――データから見える若手の育成と熟達のモデル. 北大路書房.

第Ⅲ部

教師教育改革の展開

第11章

現代日本における教師教育改革の展開

はじめに

　1990年代以降、教師の資質能力の向上が課題として認識され、「教職実践演習」の導入、「教職大学院」の創設など、教員養成・採用・研修の全体に関わる改革が展開している。そして、2012（平成24）年8月に出た中教審答申「教職生活の全体を通じた教員の資質能力の総合的な向上方策について」では、教育委員会・学校と大学の連携・協働の下で現場での長期の実習と省察を重視する、教員養成の「修士レベル化」の案が提起された。さらに2015年12月の中教審答申「これからの学校教育を担う教員の資質能力の向上について」では、教育委員会と大学等との協議のために教員育成協議会を組織し、教員育成指標や研修計画を整備していくこと、そして、教科に関する科目と教職に関する科目の区分を撤廃するなどして、教科専門教育と教職専門教育とを架橋する学びの機会やインターンシップなどの実践的な学びの機会を拡充することが企図されている。

　こうした政策動向は、実践的指導力や高度専門職業人の養成を基調としている。その背景には、戦後の開放制教員養成は、教師の実践的な資質能力を育てる上で限界があったのではないか、教員養成に真に責任を持てる制度であった

第Ⅲ部　教師教育改革の展開

のかといった、「大学における教員養成」原則に対する根源的な問いかけがある。

　このような状況下で、各大学や教育委員会などにおいても様々な取り組みがなされている。しかし、昨今の教師教育改革をめぐる議論や取り組みについては、実践的指導力が即戦力に矮小化されること、専門職養成がスペシャリスト養成に矮小化されること（教職の高度化の名の下の「脱専門職化」）が危惧される。また、初等教育の教員養成が想定される一方で、中等教育の教員養成のあり方を考える視点は軽視されがちである。

　大学として教員養成で何ができ、何をすべきなのかを再考するとともに、専門職として「学び続ける教師」を真に養成する教師教育改革のヴィジョンとその内実をどう構想していくかが問われている。本章では、教師像と教師教育の理念の歴史的展開と基本的な論点を整理するとともに、教師教育改革、特に教職の高度化・専門職化を構想する枠組みを提起し、それをカリキュラム設計のレベルでどう具体化しうるのかを示したい。

第1節　日本における教師像の史的展開

第1項　教師像の相克と専門職としての教師という見方

　戦前・戦中には、教師を「教育ノ僧侶」とした初代文部大臣森有礼をはじめ、教師を公僕や奉仕者と見て、使命感や献身性や遵法の精神を要求する「聖職者」観が支配的であった[1]。たとえば、1886（明治19）年に制定された師範学校令は、儒教主義的な「順良・信愛・威重」を教師が備えるべき徳性として挙げ、師範学校において、天皇制国家の臣民育成の担い手として、子どもに道徳的薫陶をおよぼすことのできる人格の所有者の養成をめざした。こうして、聖職者としての教師は、国家が定めた政策や教育内容を無批判に受け入れ、それを忠実に実行する、画一的な「師範タイプ」（偽善、卑屈、偏狭、陰鬱の師範気質）の教師として具体化され、日中戦争（1937-1945年）開戦後の超国家主義の高まりの中で設立された国民学校（初等教育と前期中等教育の機関）において、皇国民（天皇のために身も心も尽くす皇国の民）の錬成者とし

第 11 章　現代日本における教師教育改革の展開

ての役割を担っていくことになった。

　日清戦争（明治27-28年）後、日本における資本主義の進展を背景に、義務
教育就学率は明治30年代の半ばに90％を超えるに至り、小学校教員数も大幅
に増加することになった。それに伴い、教師全体の出身階層も士族階層から農
民階層へと変化し、女性教員の占める割合も増える一方で、教師集団の経済状
況や社会的地位は下落していくこととなった。こうして、近代学校制度の確立
とそれに伴う教員数の増加や教職の大衆化を背景に、労働者・生活者（「教員」）
としての待遇改善の課題が意識化されるようになり、1919年（大正 8 年）の
啓明会の結成を嚆矢に教員組合も次々と結成されるようになった。

　大正期から昭和初期の教育労働運動は、満州事変（1931年）から日中戦争
の開始へと続くファシズムの強化の中で壊滅的な状況に陥るが、この影響下に
あった教師たちが、生活綴方運動の展開や教育科学研究会の結成を担い、そ
れは戦後、さまざまな民間教育研究団体の発足へとつながっていった。さら
に、日本教職員組合（日教組）の「教員の倫理綱領」（1952（昭和27）年）に
より、労働基本権の保障要求等がなされ、「労働者」としての教師という見方
が構築されていくこととなった。

　なお、世の中が期待し理想とされる聖職者（「教育者」）としての姿と、「教
員」としての厳しい生活現実との矛盾は、教師としていかに生きるべきかとい
う、アイデンティティへの問いを多くの教師たちに生み出した。そしてそれ
は、教育を物語として語る教育小説を経て実践記録の成立に至り、後述するよ
うに、大正期における実践的研究者としての教師たちの誕生を準備することと
なる [2]。

　戦後、教師像をめぐっては、聖職者か労働者かが問われることになった。こ
の二項対立に対して、1966（昭和41）年に採択されたILO・ユネスコの「教員
の地位に関する勧告」では、「教育の仕事は、専門職とみなされるものとする。
教育の仕事は、きびしい不断の研究を通じて獲得され、かつ維持される専門的
知識および特別の技能を教員に要求する公共の役務の一形態であり、また、教
員が受け持つ児童・生徒の教育および福祉に対する個人および共同の責任感を
要求するものである」と、教師を「専門職（profession）」として明確に位置づ

209

第Ⅲ部　教師教育改革の展開

ける見方を提起した [3]。

　なお、「専門職性（professionalism）」とは、教職が職業としてどれだけ専門職としての地位を獲得しているかを問題とする概念である。一方、「専門性（professionality）」とは、教師が児童・生徒に対して教育行為を行うときに、どれだけの専門的知識・技能を用いるかという、教師としての実質的な役割や実践の質を問題とする概念である。

　もともと"profess"とは「神の宣託」を意味する言葉であり、古典的には、聖職者、医師、弁護士が三大プロフェッションと呼ばれてきた。専門職として確立した「専門家（professional）」は、素人には真似のできない高度な知識やスキルを提供するという「技術的側面」、自律的に意思決定することができ、組織に縛られることなく、同僚との連携を重視するという「管理的側面」、そして、他者に奉仕することに意義を感じ、金銭的な利害を超えて自身の職業にこだわりを持つ「精神的側面」によって特徴付けられる [4]。専門職の要件としては、リーバーマン（M. Lieberman）による下記の八つの項目が有名である [5]。①比類のない、明確で、かつ不可欠の社会的サーヴィスを提供する。②サーヴィスを提供する際に、知的な技能が重視される。③長期にわたる専門的訓練を必要とする。④個々の職業人およびその職業集団全体にとって、広範囲の自律性が認められている。⑤職業的自律性の範囲内で行われる判断や行為について広く責任を負うことが、個々の職業人に受け入れられている。⑥職業集団に委ねられた社会的サーヴィスの組織化および遂行の原理として強調されるのは、個人が得る経済的報酬よりも、提供されるサーヴィスの内容である。⑦包括的な自治組織を結成している。⑧具体的事例によって、曖昧で疑わしい点が明確化され解釈されてきた倫理綱領をもつ。

　教職については、公共的使命などの精神的側面が強調される一方で、必ずしも、専門性の根拠となる専門的知識が明確にされているわけではなく、専門家としての地位も自由も自律性も十分に保障されていないのが実態である。こうした「準専門職（semi-profession）」というべき現状から、教職の専門職化（専門性や専門職性の確立と高度化）を進めていくことが課題となっている [6]。この点について、先述の教員養成の修士レベル化による教職の高度化政策は、

210

第11章　現代日本における教師教育改革の展開

大学院レベルにふさわしい教職の待遇改善の議論を欠いて、大学院における教師教育プログラムの効果を問うことに傾斜しがちであり、いわば専門職性改革として遂行すべき改革を、専門性改革としてのみ遂行しようとするものと捉えられるだろう。

第2項　日本的な教師の専門職像の成立

専門職としての教師像の確立を考える上で、日本における教師像の基底をなしてきた聖職者像には、専門職としての教師につながる契機も内在していた点に注目しておくことが有効だろう。先述の森有礼においても、国体（天皇を中心とした国家体制）の形成という至上目的への教職を通じての献身と禁欲を説く一方で、当時の教職観のベースにある儒教主義思想と異なる近代合理主義を基にした教育観に立って、教師の任務と役割が説かれており、聖職者論と専門性論の二つの契機を看取することができる[7]。

たとえば、大正期の「教育者の精神」を説く澤柳政太郎の教師論においても、精神主義的な聖職者論の展開として、教科書に対する主体性を持った授業のスペシャリストとして、自律的な研究者としての教師像の萌芽を見て取ることができる。国家と子どもへの献身を説く澤柳の教師像は、「教師の経済的社会的な地位の低さを、美化された子どもとナショナリズムによって補完するもの」[8]であった。その一方で、澤柳は、ペスタロッチを教育者の模範とし、教員とは異なる教育者としてのあり方を説くとともに、『実際的教育学』において、教師を教育研究者として位置づけていた。

こうした「教員」ではなく「教育者」や研究的実践者としての教師のありようは、近年諸外国からも注目されている「授業研究（lesson study）」（授業公開とその事前・事後の検討会を通して教師同士が学び合う校内研修の方法）をはじめ、日本の教師たちの実践研究の文化において追求されてきた。日本における授業研究の歴史的起源は、明治初期にさかのぼる。欧米式の一斉授業方式の導入と普及がめざされる中、模範とされる方法を実践的にマスターするために、詳細な指導案を作成し、研究授業を公開し、観察者を交えた授業批評会を行うという形での教師の研修が実施されるようになった（効果検証志向の授業

211

第Ⅲ部　教師教育改革の展開

研究)。

　他方、こうした授業方式の開発・普及を志向する授業研究を、教育の実際から問い直す動きが、大正期の新教育運動において出現する。大正自由教育の代表的な実践校の一つである、「児童の村小学校」の教師たちは、私小説をモデルとする物語調の実践記録のスタイルを生み出した[9]。実践記録は、授業の方式よりも、教室での固有名の教師や子どもたちの生きられた経験を対象化するものである。それは、国家の意思を内面化した教師を超えて、自分たちの実践経験を自分たちの言葉で語り意味づけていく、そうした研究的な実践家としての教師の誕生を意味していた（経験理解志向の授業研究）。

　以上のような日本の教師たちの実践研究の文化については、単に事例研究を通じて効果的な授業方法を実践的に検証している、授業や子どもの見方を豊かにしているといったレベルを超えて、哲学することをも伴って研究する志向性を持っていた点を認識しておく必要がある。教師自身が、教室での固有名の子どもたちとの出来事ややりとりを、一人称の視点から物語調で記述する実践記録が多数刊行されてきたことを抜きに、日本の教師たちの実践研究の文化は語れない。多種多様な教師向けの教育雑誌、書店に並ぶ教師による多数の実践書や理論書は、諸外国には見られない特徴であり、日本の教師たちの読書文化や研究文化の厚みを示すものであった。

　さらに言えば、日本の教師たちは実践記録を綴るのみならず、実践に埋め込まれた「実践の中の理論（theory in practice）」を自分たちの手で抽象化・一般化し、それを比喩やエピソードも交えながら明示的かつ系統立てて語ってきたという事実に注目する必要がある。またそこでは、単なる技術や手法だけではなく、教育の目的、授業の本質、教科の本質、子ども観など、実践経験に裏付けられた豊かな哲学や思想も語られていた。芦田恵之助、木下竹次、及川平治、国分一太郎、斎藤喜博、東井義雄、大村はまといった著名な実践家の一連の著作は、実践記録という域を超え、いわば「求道者としての教師」の道を説く側面を持ち[10]、良質の教育思想や教育理論のテキストでもあった。戦後に活発化する大学の研究者による授業研究や教授学創出の試みは、教師たち自身による「実践の理論化（theory through practice）」の蓄積の上に成り立っていた

212

と言っても過言ではないだろう。

第2節　教職の専門性をめぐる議論の構図

　ここで、米国での議論を手がかりに、教職の専門性の内実や特徴をめぐる議論の構図を整理しておこう。教職の専門性については、教える専門的内容さえ十分に理解していれば授業はできる、あるいは逆に、実践的・実務的な技能を訓練しさえすれば教師は務まるという見方も根強い。アカデミズムとプロフェッショナリズムという古典的な論点は、こうした「学問的知識人としての教師」と「職人としての教師」の対立として理解されがちであった。だが、これらは対極に見えて、教師の仕事を「イージー・ワーク」とみなす点において共通している[11]。

　これに対して、1980年代以降、米国においては教師の実践を支える知識や思考に関する研究が進展し、専門職としての教師に固有の資質能力や学習の内実を明らかにしてきた。特に、教師の専門職としての知識基礎に関するシュルマン（L. S. Shulman）の研究と、専門職像に関するショーン（D. A. Schön）の研究は、教師教育の理論と実践に大きな影響を与えた。そして、両者は、教師の専門職性を追求する二つのアプローチを提起するものと言える。

第1項　シュルマンらによる教師の「知識基礎」に関する研究

　シュルマンは、教師が知っておくべき「知識基礎（knowledge base）」（効果的な学習とそれを促す授業に関する基本的な概念や方略）を明らかにする研究を進めた[12]。シュルマンは、教師の教育実践を行動ではなく判断のプロセスとして捉え、その判断を支える知識の内実を明確化した。そして、教職に固有の知識として、教科内容に関する知識を教育実践の文脈において「翻案」するプロセスとそれによって形成される、「授業を想定した教科内容に関する知識（Pedagogical Content Knowledge: PCK）」の重要性を指摘した。

　こうしたシュルマンの知識基礎に関する研究の成果は、1980年代以降の米国における専門職性スタンダードの開発にも影響を与えた。さらにそれは、認

第Ⅲ部　教師教育改革の展開

知心理学の熟達者研究とも結びつき、2005年、全米教育アカデミーの教師教育委員会により、教師の知識基礎や学習過程に関する知見を総括するものとして提出された報告書『変動する世界に対応する教員養成』に結実していく[13]。そこでは、知識基礎を柔軟に駆使して不確実な問題を解決していく「適応的熟達者（adaptive expert）」が、目指すべき教師像として提起されている。

第2項　ショーンの省察的実践論

一方、ショーンは、専門職の専門職たるゆえんを、科学的に基礎づけられた理論や技術を保持しそれを厳密に適用する「技術的熟達者（technical expert）」である点にではなく、複雑で不確実な実践場面でなされる直観的な判断過程に見出した（「省察的実践家（reflective practitioner）」概念の提起）[14]。有能な実践者は、日々の実践の中で判断規準を説明できないまま、無数の適切な判断を行っているし、規則や手続きを説明できないまま、熟練したふるまいを行っている。実践者の「知（knowing）」は行為の外にあるのではなく、その中において機能しているのである。しかも、実践者は、行為や、行為の中の知について、あるタイミングで振り返ったり（「行為についての省察（reflection-on-action）」）、行為の最中に考え自らの行為を調整したりする（「行為の中の省察（reflection-in-action）」）。専門家は、実践とその省察を通して、「行為の中の省察」それ自体を厳密なものとし、発展させるとともに、実践を規定している枠組み（「実践の中の理論」）をも発見し編み直していく（「枠組みの再構成（reframing）」）。

こうしてショーンは、省察的実践家という専門職像を提起することで、基礎科学や応用技術を厳密化することが困難なためにマイナーな専門職とされてきた、教師、ソーシャルワーカー、都市プランナーといった実践家の専門性を、その実践の複雑性やそこに働く高度で総合的な見識において基礎づけた。それは、基礎科学を学んだ後に実践に適用するという、理論と実践の分離、および、それを基礎にした段階的な専門職教育のあり方に再考を迫るものであり、事例研究（case method）の有効性を提起するものであった。さらにそれは、研究者の実践者に対する、また、プロフェッショナルのクライアントに対する権

214

威的な関係を問い直し、現実的な問題の前に彼らが協働で問題解決を行う民主的な関係性や機構の必要性を提起するものであった。

第3項　教師教育カリキュラムの構成原理

　これらの研究は、教師の仕事の知的性格を実践それ自体の中に見出し、実践研究の主体として教師を位置づける意味を持っていた。そしてそれは、アカデミズムとプロフェッショナリズム、理論と実践といった二項対立図式の中で見えにくくなっていた、教師の専門性の中核にある実践的思考過程（実践の中の配慮や熟慮や判断のプロセス）に光を当てるものであった。

　専門教科の学問的内容を熟知しているだけ、あるいは、子どもたちの学習や発達の過程を深く理解しているだけでは、教育活動は成立しない。学問の論理と学習者の論理とは必ずしも一致せず、それをつなぐには、学習者を想定しながら学問の知や文化遺産を教育内容として系統化し、学習活動を教育的意図をもって組織化する、教育の論理や教える方法に関する知（教育学的知見）が必要となる。そして、こうした多様な領域にまたがる専門的知識を実践過程において統合する見識や判断力が、教師の専門性の核となる。

　シュルマンは、アカデミズムが陥りがちな単に学識があるだけでよいとの主張に対して、教えることを想定した「翻案」が重要であることを、他方、ショーンは、プロフェッショナリズムが陥りがちな単に技術があるだけでよいとの主張に対して、熟慮をともなう「省察」が重要であることを示した。教職の専門性について、シュルマンは、いわば「教えの専門職」としての側面から、実践的な理論的学びの必要性を提起するものであるのに対して、ショーンは、「学びの専門職」としての側面から、理論的な実践的学びの必要性を提起するものであると言えよう。

　なお、米国におけるスタンダードに基づく教育改革（共通教育目標としてのスタンダードを設定し、それに基づいて教育活動を行いその成果について評価しながら、質保証を図っていく）の展開の中で、エビデンスに基づく科学的な教育方法の採用が推奨され、教師の役割が「カリキュラム作成者（curriculum maker）」から「カリキュラム実行者（curriculum implementer）」へと変化する

第Ⅲ部 教師教育改革の展開

中で、「翻案」にしても「省察」にしても、価値的な検討の志向性が弱まり、心理主義的・技術主義的傾向が強まりがちである。たとえば、教師の知識基礎について、シュルマンの提案と、全米教育アカデミーの教師教育委員会による『変動する世界に対応する教員養成』の提案とを比べてみると、科学的・実証的な心理学研究（学習科学、およびその影響を強く受けた認知研究的な教科教育学）の知見が中心的な位置を占める一方で、教育の目的や価値を検討する哲学的・歴史学的研究の位置づけが弱くなっている。そして、PCK概念も取り込みつつ、指導法や学級経営に関する知識内容（「いかに教えるか」）が拡大する一方で、カリキュラムに関する知識内容（「何のために何を教えるか」）の位置づけが弱くなっている。

　教師教育のカリキュラムの設計においては、大きくは、学問・文化の研究、子ども研究、教育研究の三つの領域を意識しながらも、理論と実践を統合する学びを追求する中で、こうした領域の狭間で思考したり、各領域を融合する知を構成したりする機会を保障していくことが重要となる。また、それを実現する上で、大学と実践現場との機械的な役割分担や上下関係でない協働体制を構築していくことが必要となる。

　昨今の日本の教師教育改革においては、教科専門教育と教職専門教育とを架橋すること、実践とその省察を通して理論と実践を往還すること、養成・採用・研修それぞれの段階において、大学、教育現場、教育委員会等が連携していくことが強調されているが、それらは上記のような専門職論をベースにしているのである。また、「省察的実践」論は、実践研究の主体として教師を位置づける意味を持っており、それは特に日本において、先述のような日本の教師たちの自生的な実践研究の文化を再評価する動きにもつながっている。

▲ 第3節　現代日本の教師教育改革をめぐる課題 ▼

第1項　技術的熟達者と省察的実践家の二項対立図式の日本的特質

1990年代以降、日本では、教師の専門職像について、ショーンによる「技

第 11 章　現代日本における教師教育改革の展開

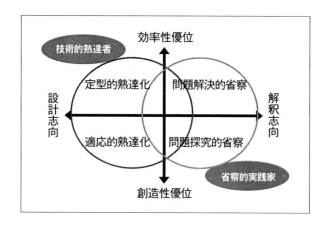

ⅰ）「熟達化」の二類型

定型的熟達化	特定の課題について決められた手順を速く正確に遂行できる。
適応的熟達化	状況に応じて適切な方法を選択したり創造したりできる。

ⅱ）「省察」の二類型

問題解決的省察	既存の枠組みを自明視したまま、出来事を解釈したり、問題発見・解決を遂行したりする（シングル・ループ学習）。
問題探究的省察	出来事や問題を捉える枠組み自体を吟味し、再構成する（ダブル・ループ学習）。

図11-1　技術的熟達者と省察的実践家の二項対立図式の再構成
出典：石井英真「教師の専門職像をどう構想するか――技術的熟達者と省察的実践家の二項対立図式を超えて――」『教育方法の探究』第16号、2013年の図に若干の修正を加えた。）

術的熟達者」と「省察的実践家」の二つの考え方が対立関係、あるいは相互補完関係として並置され、教師教育改革の議論を枠づけてきた。しかし、日本においてそれは、「教え」から「学び」への授業実践のパラダイム転換と結び付いて提起された[15]。「省察的実践」の重視は、事前の設計よりも事後の振り返

りを、そして、事後の振り返りにおいては、「教える」営みの検討よりも「学び」のプロセスの理解を、一面的に強調する傾向を生み出した。他方、「教える」営みや授業の技術的過程を強調することは、ただちに「教え込み」や教育実践の効率化・硬直化を招くものとみなされがちであった。

　図11-1に示したように、技術的熟達化にも、定型的熟達化と適応的熟達化の二つの可能性があるのであって、教えることや技術性を強調することがただちに効率性の強調を意味するわけではない。他方、省察も、そもそもの問題設定の枠組みの問い直しや知識創造に至る問題探究のサイクルとして遂行されなければ、既存の枠組みを強化し、実践の硬直化をもたらすことになる。「省察的実践家」概念が対象化しようとした、専門家の創造的な資質（状況への柔軟な対応力・判断力）は、実践をデザインする営みや、実践の外側で構成された知を学び、それを実践に適用する学習の道筋と必ずしも対立するものではない。

　特に、日本における技術的熟達者と省察的実践家の二項対立図式においては、事前・事中に実践をデザインする志向性をもって展開される創造的な思考過程が見落とされがちであった。しかしそれは、ヘルバルトの「教育的タクト」概念を持ち出すまでもなく、もともとショーンにおいても「行為の中の省察」として視野に入れられていたものであった。また、PCKの提起は、教師のデザイン過程での判断プロセスにおいて機能し理論と実践を架橋する、知識や実践的思考の内実を明らかにするものと言えるだろう[16]。

第2項　現代日本における教師の専門職性の危機

　現代の学校教育が直面している課題との関連で、教師教育の課題を整理してみよう。戦後教育改革で「大学における教員養成」を実現することで、1970年代くらいまでは日本の教師の教育歴は国際的に見て高水準であった。しかも、民主社会の担い手として、経済復興の担い手として、公共的使命と責務の遂行者として、教師は社会的に信頼されてきたし、待遇面も国際的に見れば比較的恵まれていた。こうした、日本の教師の状況は、臨時教育審議会の答申（1984年）から現在まで続く新自由主義的な政策の下で、急激に変化してきて

いる。

　佐藤学の整理に従えば、「新自由主義の政策とイデオロギーは、国家による集権的統制を市場競争による統制へと転換し、公的領域を私事化して極小化し、国家と社会の責任を自律的個人の自由な選択による自己責任へ転換し、命令と通達による管理統制から、査定と評価による管理統制へと転換させた」[17]と言う。そして、「グローバリゼーションによって『分権改革』が急速に進行し、学校行政は、中央集権的統制から『教育消費者』の市場のセクターと『納税者』の地域共同体のセクターによる統制へと移管されてきた。…今日の教師は日本社会の『公共的使命』を背にして立つ存在ではなく、『教育消費者』としての保護者や『納税者』としての市民に献身的にサービスを提供する『公衆の僕（public servant）』へと変化している」[18]と述べる。

　こうして、日本の教師たちの待遇や社会的地位は切り下げられ、公教育への不信ムードも高まる中、教師たちは、仕事への手応えも誇りも得られず、厳しい労働条件の下で徒労感を蓄積させている。しかも、国際的にも大学レベルどころか、修士レベルの教員養成が一般的になろうとしている中で、専門職としての自律性や待遇という面において、今や日本の教師をめぐる状況は、他国に比して著しく遅れているのである。

　上記のような状況に対して、佐藤は、教師の「声」の復権、専門家としての自律性の確立、専門職としての地位と待遇の改善の三つの原理で教師教育改革をデザインすることの必要性を説いている。専門職基準の確立と専門家協会の創設などを含んで、教職の高度化と専門職化を遂行することが急務なのである。

第3項　現代日本における教師の専門性の空洞化

　こうして教職の専門職性の危機が進行している一方で、教師の専門職としての内実（専門的力量）の空洞化も進行している。主に国や自治体の教員研修での実践を基礎づけている「技術的熟達者」モデルは、ともすれば教科内容や教材への理解を欠いたハウツーやスキルの習得に向かいがちであり、手続きの意味を熟考することなく効率的にこなす実践を生み出しがちである。一方、「省

第Ⅲ部　教師教育改革の展開

察的実践家」モデルを掲げた、校内研修、自主研究会、教職大学院での事例研究などは、子どもたちの「学び」の解釈に終始しがちであり、教師の「教え」との関連でそれを検討する視点を欠きがちである。しかも、事実の表層的な交流を越えて、その意味の解読や理論構築（暗黙知の形式知化）にまで至ることもまれである。「実践的指導力」が過度に強調される中で、「技術的熟達化」は「定型的熟達化」に、「省察」は「問題解決的省察」に矮小化される傾向が見られる。

　現代社会は、学校が知識・技能を量的に保障するだけでは満足せず、高度で柔軟な知的能力や、異質な他者とのコミュニケーション能力といった資質・能力の育成をも学校に求める。考える力や態度を育てるには、内容を学び深めることが必須であり、そのプロセスでその教科の知的営みの本質に触れるような授業（「教科する（do a subject）」授業）が目指される必要がある[19]。そして、そうした「教科する」授業は、教科のより高い専門性を教師に要求するし、「総合的な学習の時間」などでの探究的な学びを指導する上では、教師自身の学問する・研究する経験が重要である。また、思考力・判断力・表現力等の育成は、一朝一夕になされるものではなく、中長期的な視野での実践が求められる。しかし、1990年代以降、教育研究においても、教師教育改革においても、教科の専門性（教科内容構成や教材開発の力量）よりも、授業の指導技術や学級経営力などが強調されがちであった。

　また、学校教育をめぐる問題が複雑化する中、教師個々人や教師集団の問題解決能力や変化への対応力が求められている。そしてそれらは、実践的な問題解決過程において、「なぜ」と問いを立て探究を進め、理論的知識をアレンジしたり、暗黙知から形式知を創造したりしていくことで、より柔軟で汎用性を持ったものとなっていく。しかし、教育現場で知識創造に向かう余裕や日常的な語らいの機会が減少し、教師教育改革において即戦力的な「実践的指導力」や職業人（公務員）としての心構えが強調される中で、教育の理念や子どもや授業に関する観について学び深めていく機会が空洞化し、教師や学校の実践研究・理論創出の能力や問題を深く洞察する能力がやせ細ることが危惧される。

220

第11章 現代日本における教師教育改革の展開

第4節 教師教育のカリキュラム改革をどう構想するか

第1項 「学問する」教師という教師像の意識化

前節で述べたような問題を是正し、教職の高度化・専門職化につながる教師教育改革を実現していく上で、「大学における教員養成」原則が追求してきた価値や大学の教育機能の内実を、「学問する」教師といった形で概念化し、教師教育システム全体の中で自覚的に追求していくことが重要だと考える（図11-2）。すなわち、教科の専門分野や教育分野における、さらにはそれらに直接的に関係のない分野における、学問的知識や教養（探究の結果）、および、学問する・研究する経験（探究のプロセスや、それに伴う発見の悦びなどの情

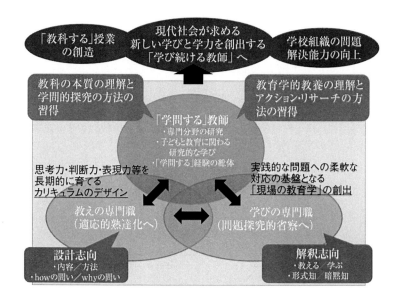

図11-2 「学問する」教師を基軸とした教職の高度化のモデル
出典:石井英真「教員養成の高度化と教師の専門職像の再検討」『日本教師教育学会年報』第23号、2014年。

動体験）の意味（例：教科の本質の理解と学問的探究の方法の習得、教育学の理解とアクション・リサーチの方法の習得など）に注目するわけである。

技術的熟達者という言葉で語られてきた「教えの専門職」としての教師、省察的実践家という言葉で語られてきた「学びの専門職」としての教師、そして、「学問する」教師、これら三つの教師像のどれを強調するかは、各大学・学部等の教員養成のミッションに応じて変わってくるだろう。「学問する」教師という概念は、特に中学校・高等学校の教員の養成と親和性を持った概念であるが、その概念で重視したいエッセンスは、小学校教員の養成でも追求されるべきものである。

「学問する」教師という軸を明確にすることは、学問と教育、理論と実践などの間のずれを改めて顕在化させるかもしれない。「教職の高度化」という場合、教員養成段階で専門職業人としての準備性を高め、大学から職場への円滑な移行を図ろうとするあまり、学問的思考と実践的思考との間の振れ幅が短くなってはいないか。むしろ学問的思考と実践的思考との往還の振れ幅を長くし、異なる文化の狭間で思考し、異文化間を行き来する力量を育てることこそが、大学院レベルの教員養成カリキュラムの課題であろう。

第2項　教科の専門性の高度化との往還

では、図11-2のモデルをふまえて、「教職の高度化」のカリキュラムをどう構想していけばよいのか。まず、「学問する」教師を意識化することは、「教えの専門職」としての側面に対して、カリキュラム・デザインや教材開発の力量の育成し、長期的な見通しの中で授業を構想する力を育むことの重要性を提起する（教科の専門性の高度化との往還）。大学院生の多くは、卒業論文や卒業研究を体験しており、各分野の専門的な研究に従事している。そうした大学院生自身の学問する・研究する経験を、教科や「総合的な学習の時間」での学習を指導する力量へとつないでいく学びの機会を保障することが重要だろう。

たとえば、北海道大学の教職課程を担当する大野栄三は、ヘルシンキ大学の"Conceptual foundations of physics"に学び、既習知識（概念や命題だけでなく実験・観察も含むネットワーク構造）をマッピングしそれを書き換えていくこと

で、教科の専門知識の構造化や振り返りを促す取り組みを進めつつある (20)。また、京都大学の教職課程では、理学研究科の大学院生が京都府のスーパーサイエンスハイスクールでの探究的な学びを支援する教育ボランティアの経験を、一定の条件を満たせば教育実習として認定したり、学部レベルでの取り組みであるが、理学研究科（社会交流室の科学コミュニケーション事業）や総合博物館と連携し、初等・中等学校の子どもたちを対象とした大学のアウトリーチ活動（科学コミュニティーが、研究成果をわかりやすく説明するなど科学コミュニティーの外にいる国民を対象として行う科学コミュニケーションの取り組み）を教職実践演習での課題探究的な学びの機会として生かしたりする取り組みを行ってきた。

　各学問分野で専門的な学識があるからといってそれをわかりやすく教えられるとは限らないし、自身が研究できるからといって研究することを指導できるとは限らない。そもそも、「学問の系統」は、その内容の社会的・発達的・教育的意味を考えることではじめて「教育の系統」になる (21)。大学全体で社会交流や高大連携が活発化している現状を鑑みれば、各分野の専門基礎教育の総仕上げとして、研究や研究指導の能力を育成する機会としても位置づけられるような形で、教科の専門性の高度化と教職の専門職化との往還をデザインすることが必要である。こうして教科の専門的な研究力量の高さを生かすことは、教員養成系以外の修士課程における教職の高度化の一つの形となりうるだろう。

第3項　教育学の高度化との往還

　また、「学問する」教師の意識化は、「学びの専門職」としての側面に対して、実践的な問題を研究的に対象化し、実践知を吟味・一般化して、教師が自分たちの言葉と論理（「現場の教育学」）を創ったり再構成したりする力を高めることの重要性を提起する（教育学の高度化との往還）。理論と実践の往還において、体験と省察という道筋に注目が集まる一方、教育学的教養と教育学教育のあり方を問い直す作業は十分になされてきたとは言えない (22)。

　先述のように、実践的指導力が強調される中、理想とする教育のイメージや実践の方向性を内的に熟考し、人間や子どもや教育に関する観や思想を深めて

いく学びの機会が、養成段階でも現職研修の段階でも空洞化している。そうして教師たちは、教育の理念や方向性を、自らの実践の意味を、学習指導要領などからの借り物の言葉でしか語れなくなってしまってはいないだろうか。こうした状況に対して、教師の教育、学習、子どもなどに関する観や思想の根っこを構成しうる良質の教育学的教養の中身（古典的著作や基本概念）を明確化すること、それらを教師の専門職性スタンダードや教育学の分野別参照基準の議論ともつなげて問うていくことが求められる。その上で、個々人の学校経験や通俗的な教育談義に規定された素朴な見方や考え方を、より視野の広い洗練されたものへと再構成していくような、そして、理論的言語の生産過程を知ることでむしろ理論の限定的性格を理解し、理論とうまく付き合う力を育てるような教育学教育の実践を構築していく必要があろう。

　また、修士論文を課さない教職大学院のカリキュラムの是非、そして、より本質的には学術的研究でも実践報告でもない実践研究の固有性やその望ましいあり方を問うていくことも課題である。たとえば、日本教育心理学会での実践研究のあり方をめぐる議論において、通常の学術的な研究論文と実践研究論文との違いとして、市川伸一は、「対象が日常的な教育実践であり、自らの実践を通して、他者の教育実践に役立ちうる知見を生み出している」点を指摘し、鹿毛雅治は、実証的な研究を構想し解釈し表現するのみならず、教育的に意味のあることを見抜く洞察力を伴い、「実践的インスパイア」を生じさせる点を指摘している。そして、実践報告との分かれ目は、先行研究の検討や理論的考察の有無に求められ、「開発志向」（新しい教育実践の提案を重視）と「分析志向」（緻密な実証的分析を重視）とのバランスをどう考えるかが論点になるとされている。

　このように、実践研究というと、実践的な課題の解決を志向した開発・実証型のスタイルが想起されがちである。しかし、課題解決への実践的関心をしばし中断して、類似の問題に取り組んだ過去の、あるいは諸外国の事例（実践家、理論家、制度やプロジェクト等）を取り上げ、それがどのような背景と問題意識をもって、どのように理論や実践を構想し、それをめぐってどのような議論や論争が生じたのかを明らかにするような、文献研究を中心とした方法も

有効だと考える。こうした方法は、目の前の実践に直接的に役立つ知見を導き出すことに必ずしもつながらないかもしれない。しかし、自身の問題意識や考え方や実践を、先行研究・先行実践の中に位置づけることで、そもそもの問題設定とその背後にある枠組み自体を対象化し、自らの軸足を明らかにすることにつながるだろう。

　教育については、一般大衆のみならず教師自身もステレオタイプや固定観念にとらわれがちである。それゆえ、どのような研究方法をとるにしても、教育学や人間・社会諸科学の概念を眼鏡に、実践的課題の背景にある本質的な論点や問題の構図を探り当てる、そうした教育学的思考を磨くことが重要である。そして、「役立つかどうか」のみで情報・知識の価値を判断しがちな思考の習慣を中断し、問題探究的に回り道して広く深く考えようとする習慣（問題設定の公共性と思考の体系性への志向性）を形成することが重要である。

　以上のように、「学問する」教師を意識し、教科の専門性の高度化や教育学の高度化と教職の専門職化との往還を実現していくことで、「教えの専門職」という側面については、「適応的熟達化」へと導き、他方、「学びの専門職」という側面については、「問題探究的省察」へと導くわけである。何より、自分なりの問いをとことん追究する、大学での研究的な学びは、「学び続ける教師」の基盤となる経験を準備するだろう。

〈注〉
(1)　教師像の歴史的展開をまとめるに当たっては、唐澤富太郎『教師の歴史』創文社、1955年、寺崎昌男編『近代日本教育論集第6巻　教師像の展開』国土社、1973年などを参照した。

(2)　浅井幸子「教師の教育研究の歴史的位相」佐藤学他編『岩波講座　教育　変革への展望4　学びの専門家としての教師』岩波書店、2016年を参照。

(3)　市川昭午編『教師＝専門職論の再検討』教育開発研究所、1986年などを参照。

(4)　松尾睦『経験からの学習——プロフェッショナルへの成長プロセス』同文舘出版、2006年、51頁。

(5)　今津孝次郎『変動社会の教師教育』名古屋大学出版会、1996年、42頁を参照。

第Ⅲ部　教師教育改革の展開

(6) 先述のILO・ユネスコの「教員の地位に関する勧告」でも、専門職としての仕事から要求されるものとして、研修の意義、労働条件の改善、教育政策決定への参加、学問の自由、市民的権利の保障等が提起された。しかし、日本政府は勧告の趣旨を具体化しているとは言えない（堀尾輝久・浦野東洋一編『日本の教員評価に対する・ユネスコ勧告』つなん出版、2005年などを参照）。

(7) 寺崎昌男「解説　教師像の展開」寺崎昌男編『近代日本教育論集第6巻　教師像の展開』国土社、1973年、15-19頁を参照。

(8) 浅井、前掲論文、2016年、39頁。

(9) 浅井幸子『教師の語りと新教育』東京大学出版会、2008年を参照。

(10) 澤柳とともに成城学園の創設に関わった小原国芳による、教師のありようを説いた著作が、『教師道』(1939年) というタイトルであったことは象徴的であるし、芦田は、『綴り方教授に関する教師の修養』(1915年) を著し、教師の「修養」(日本の自力主義的な自己教育の思想) について説いた。

(11) 佐藤学「教師教育の国際動向＝専門職化と高度化をめぐって」『日本教師教育学会年報』第20号、2011年を参照。

(12) Shulman, L., "Knowledge and Teaching: Foundation of the New Reform", *Harvard Educational Review*, 57 (1), 1987.

(13) Darling-Hammond, L. and Bransford, J. eds., *Preparing Teachers for A Changing World: What Teachers Should Learn and Be Able to Do*, San Francisco: Jossey-Bass, 2005.

(14) Schön, D. A., *The Reflective Practitioner: How Professionals Think in Action*, New York: Basic Books, 1983.訳書に、柳沢昌一・三輪建二監訳『省察的実践とは何か――プロフェッショナルの行為と思考』鳳書房、2007年。

(15) 佐藤学『教師というアポリア――反省的実践へ』世織書房、1997年を参照。

(16) ソーントン（Thornton, S. J.）のゲートキーピング（教師が教室での実践過程で下す判断を通じてなされる、カリキュラムの主体的な調整活動）への着目や、バートン（Barton, K.C.）やレヴスティク（Levstik, L. S.）の「ねらいの議論（aim talk)」(なぜその内容を学ぶのかという教育の理念や目的に関する問い) の強調も同様の志向性を持っている（ソーントン, S. J.（渡部竜也他訳）『教師のゲートキーピング』春風社、2012年、バートン, K. S. ＆レヴスティク, L. S.（渡部竜也他訳）『コモン・グッドのための歴史教育』春風社、2015年)。

(17) 佐藤学「学びの専門家としての教師」佐藤学他、前掲書、2016年、3頁。

(18) 佐藤学「教育改革の中の教師」佐藤学他、前掲書、2016年、14頁。

(19) 石井英真『今求められる学力と学びとは―コンピテンシー・ベースのカリキュラム

第11章　現代日本における教師教育改革の展開

の光と影─』日本標準、2015年などを参照。

(20) 大野栄三「基幹・研究・重点大学における教員養成教育の高度化と専門基礎教育──
大学間協定校交流事業の報告より」『北海道大学教職課程年報』第4号、2014年。

(21) 西岡加名恵・石井英真・北原琢也・川地亜弥子『教職実践演習ワークブック──ポー
トフォリオで教師力アップ』ミネルヴァ書房、2013年、第5章などを参照。

(22) 市民的教養という視野も持ちつつ、教育学的教養と教育学教育をどう構想するかに
ついては、長尾十三二『教師教育の課題』玉川大学出版部、1994年を参照。

(23) 市川伸一・鹿毛雅治・山本力「『教育心理学研究』実践研究のあり方、書き方、通し
方を考える」『教育心理学年報』第46巻第28号、2007年。

〈推薦図書〉

寺崎昌男編『近代日本教育論集第6巻　教師像の展開』国土社、1973年。

佐藤学他編『岩波講座　教育　変革への展望4　学びの専門家としての教師』岩波書店、
2016年。

佐藤学『専門家として教師を育てる』岩波書店、2015年。

西岡加名恵・石井英真・北原琢也・川地亜弥子『教職実践演習ワークブック──ポート
フォリオで教師力アップ』ミネルヴァ書房、2013年。

ショーン, D.（柳沢昌一・三輪建二監訳）『省察的実践とは何か──プロフェッショナルの
行為と思考』鳳書房、2007年。

第12章

大学における教師教育

はじめに

　教師は、生涯にわたって学び、成長していくことが求められる職業である。教師としての力量形成の機会は、教育職員免許状（以下、教員免許状と記す）を取得するまでの養成課程と、教師になってからの研修に大きく分けることができる。養成課程については、主として課程認定を受けた大学が担っている。一方、教員研修は、様々な実施主体によって行われている。本章では、それぞれについての制度や政策動向を概観するとともに、京都大学教職課程、ならびに京都大学大学院教育学研究科の教員研修の取り組みを紹介しよう。

　教師教育をめぐる改革動向については、中央教育審議会の答申から探ることができる。特に、「今後の教員養成・免許制度の在り方について（答申）」[1]（2006（平成18）年7月。以下、2006年答申）は、教員養成のための教職課程に必修科目として教職実践演習を新設する、「教職大学院」制度を創設する、教員免許更新制を導入する、といった改革を提言し、その後、実現された。2015年12月には「これからの学校教育を担う教員の資質能力の向上について——学び合い、高め合う教員育成コミュニティの構築に向けて——（答申）」[2]（以下、2015年答申と記す）が出された。2016年11月、2015年答申にもとづき教育職員免許法が改正され、2019年度から新課程が実施される予定である。そこで本章では、現行の仕組みを確認しつつ、2015年答申で提案された改革

229

第Ⅲ部　教師教育改革の展開

動向についても検討する。

　なお、教師のライフコース（教師として歩んできた軌跡）に関する研究によれば、教師たちはそれぞれの時代や職場によって異なる課題に直面し、変容をとげていくことが明らかになっている。「教師が発達するということは、どの時代の、どの教師にも、共通で、右肩上がりの連続した段階を上るような、力量を量的に蓄積していくようなモデルを描くことはできない」(3)。しかしながら、どんな教師であれ、授業を通して学習を指導する、学校生活を通して子どもたちの人格形成を図る、という課題には、生涯を通して取り組むこととなるだろう。そこで、そのように教職のキャリア全体を貫く視点を持ちつつ成長・発達を支援する上で、大学が果たしうる役割について考えてみたい。

◤ 第1節　教員養成の制度と政策 ◢

第1項　教員免許状のとり方——大学の教職課程

　幼稚園、小学校、中学校、高等学校の教員になるためには、原則として、該当する学校（中学校・高等学校の場合は教科）の教員免許状を取得したうえで、教員として採用されることが必要である。特別支援学校の教員になるには、特別支援学校と特別支援学校の各部（幼稚部・小学部・中学部・高等部）に相当する学校種の両方の教員免許状が必要である。

　教員免許状（普通免許状 (4)）を取得するためには、取得したい免許状に対応した教職課程のある大学・短期大学等に入学し、法令で定められた科目及び単位を修得する。普通免許状には、専修免許状・一種免許状・二種免許状があり、それぞれ大学院修士課程修了、大学卒業、短期大学卒業が求められる。必要な単位・学位を得た上で、都道府県教育委員会に教員免許の授与申請を行うこととなる。表12-1には、現在（2017年8月）、中学校の普通免許状に必要な科目と単位数を示している。

　2015年答申では、教員養成段階について「教員になる際に最低限必要な基礎的・基本的な学修」を行う段階だと確認し、必要な単位数は現状を維持した

230

第12章　大学における教師教育

まま、教職課程の内容を精選・重点化するという方針が示されている。その際、学校現場の要望に柔軟に対応しつつ、大学が創意工夫して教職課程を柔軟に改善できるよう、「教科に関する科目」と「教職に関する科目」等の科目区分を撤廃することが望ましいとされるとともに、「教科及び教科の指導法に関する科目」というカテゴリーも提案されている（表12-3）。これは、「教科に関する科目」と教科の指導法に関する科目との連携の強化をめざすものである。ただし、このカテゴリーの導入により、教科の背景にある学問についての深い理解がおろそかになってはならないだろう。戦後の日本において「開放制の教員養成」という原則が採用された背景には、戦時中、学問と教育の分離を行ったために、学問的に解明されている科学的知識が教育内容とならなかったという反省があったことに留意しておきたい[5]。

　さらに、2017年11月には、現行の「教職に関する科目」（教職実践演習を除く）について「教職課程コアカリキュラム」が策定された[6]。これは、「教育職員免許法及び同施行規則に基づき全国すべての大学の教職課程で共通的に修得すべき資質能力を示すもの」である。

　「教職課程コアカリキュラム」は、教職課程の各事項について、「当該事項を履修することによって学生が修得する資質能力を『全体目標』、全体目標を内容のまとまり毎に分化させた『一般目標』、学生が一般目標に到達するために達成すべき個々の規準を『到達目標』」として表している。

　たとえば、「教職の意義及び教員の役割・職務内容（チーム学校運営への対応を含む。）」という事項については、「現代社会における教職の重要性の高まりを背景に、教職の意義、教員の役割・資質能力・職務内容等について身に付け、教職への意欲を高め、さらに適性を判断し、進路選択に資する教職の在り方を理解する」という全体目標が示されている。また、「(1) 教職の意義」「(2) 教員の役割」「(3) 教員の職務内容」「(4) チーム学校運営への対応」という4つの「内容のまとまり」について、一般目標と到達目標が示されている。たとえば、「(1) 教職の意義」について示されている一般目標は「我が国における今日の学校教育や教職の社会的意義を理解する」、到達目標は「公教育の目的とその担い手である教員の存在意義を理解している」「進路選択に向け、他の

231

第Ⅲ部　教師教育改革の展開

表12-1　教員免許状の取得に必要な科目と単位数（中学校の場合）：2016年の法改正以前 [7]

	各科目に含めることが必要な事項	専修	一種	二種
教科に関する科目		20	20	10
教職に関する科目　教職の意義等に関する科目	教職の意義及び教員の役割	2	2	2
	教員の職務内容（研修、服務及び身分保障等を含む。）			
	進路選択に資する各種の機会の提供等			
教育の基礎理論に関する科目	教育の理念並びに教育に関する歴史及び思想	6	6	4
	幼児、児童及び生徒の心身の発達及び学習の過程（障害のある幼児、児童及び生徒の心身の発達及び学習の過程を含む。）			
	教育に関する社会的、制度的又は経営的事項			
教育課程及び指導法に関する科目	教育課程の意義及び編成の方法	12	12	4
	各教科の指導法			
	道徳の指導法（一種：2単位、二種：1単位）			
	特別活動の指導法			
	教育の方法及び技術（情報機器及び教材の活用を含む。）			
生徒指導、教育相談及び進路指導等に関する科目	生徒指導の理論及び方法	4	4	4
	教育相談（カウンセリングに関する基礎的な知識を含む。）の理論及び方法			
	進路指導の理論及び方法			
教育実習		5	5	5
教職実践演習		2	2	2
教科又は教職に関する科目		32	8	4
		83	59	35

第 12 章　大学における教師教育

表12-2　教員免許状の取得に必要な科目と単位数（中学校の場合）：
2016年の法改正以降 [8] 見直しのイメージ

■の事項は備考において単位数を設定

	各科目に含めることが必要な事項	専修	一種	二種
教科及び教科の指導法に関する科目	イ　教科に関する専門的事項 ロ　■各教科の指導法（情報機器及び教材の活用を含む。）（一定の単位数以上修得すること）	28	28	12
教育の基礎的理解に関する科目	イ　教育の理念並びに教育に関する歴史及び思想 ロ　教職の意義及び教員の役割・職務内容（チーム学校への対応を含む。） ハ　教育に関する社会的、制度的又は経営的事項（学校と地域との連携及び学校安全への対応を含む。） ニ　幼児、児童及び生徒の心身の発達及び学習の過程 ホ　■特別の支援を必要とする幼児、児童及び生徒に対する理解（1単位以上修得） ヘ　教育課程の意義及び編成の方法（カリキュラム・マネジメントを含む。）	10	10	6
道徳、総合的な学習の時間等の指導法及び生徒指導、教育相談等に関する科目	イ　■道徳の理論及び指導法（一種：2単位、二種：1単位） ロ　総合的な学習の時間の指導法 ハ　特別活動の指導法 ニ　教育の方法及び技術（情報機器及び教材の活用を含む。） ホ　生徒指導の理論及び方法 ヘ　教育相談（カウンセリングに関する基礎的な知識を含む。）の理論及び方法 ト　進路指導（キャリア教育に関する基礎的な事項を含む。）の理論及び方法	10	10	6
教育実践に関する科目	イ　■教育実習（学校インターンシップ（学校体験活動）を2単位まで含むことができる。）（5単位） ロ　■教職実践演習（2単位）	7	7	7
大学が独自に設定する科目		28	4	4
		83	59	35

※「教科に関する科目」、「教職に関する科目」、「教科又は教職に関する科目」の3区分は廃止し、総単位数以外は全て省令において規定。
※「教科及び教科の指導法に関する科目」、「教育の基礎的理解に関する科目」、「道徳、総合的な学習の時間等の指導法及び生徒指導、教育相談等に関する科目」においては、アクティブ・ラーニングの視点等を取り入れること。
※教育実習に学校インターンシップを含む場合には、当該学校種の教育実習の機会を提供するため、他の学校種の免許状取得における教育実習の単位流用を認めない場合も考えられる。

第Ⅲ部　教師教育改革の展開

職業との比較を通して、教職の職業的特徴を理解している」である。

　「教職課程コアカリキュラム」は、教職課程全体の質保証をめざすことを目的として作成されている。ただし、地域・学校現場のニーズや大学の自主性・独自性を教職課程に反映させることを阻害するものとならないか、今後、注視していかなくてはならないだろう。

第2項　教職実践演習の「到達目標及び目標到達の確認指標例」

　さて、教職課程の修了時までに育成が求められている力量とは、どのようなものであろうか。ここで、「教職実践演習」に注目してみよう。教職実践演習は、2010（平成22）年度に学部に入学した学生から、4年生の後期に履修することが求められるようになった必修科目である。

　教職実践演習の趣旨について、2006年答申では、「教職課程の他の授業科目の履修や教職課程外での様々な活動を通じて、学生が身に付けた資質能力が、教員として最小限必要な資質能力として有機的に統合され、形成されたかについて、課程認定大学が自らの養成する教員像や到達目標等に照らして最終的に確認するもの」[9] であると述べられている。

　表12-3には、教職実践演習に「含まれることが必要な事項、到達目標及び目標到達の確認指標例」を示している。教職実践演習の導入にあたっては、このような到達目標を踏まえつつ、「履修カルテ」を作成することが大学に求められた。「履修カルテ」は、教員として最小限必要な資質能力を評価するための基準を示すものである。

　教職実践演習が導入された背景には、「大学における教員養成」と「開放制の教員養成」という原則の意義を認めつつも、教職課程における「実践的指導力」の育成が必ずしも十分ではない、という認識があった。ただし、ここで言う「実践的指導力」は、狭い意味での「即戦力」のみとして理解されてはならないだろう。教師には、単なる表面的な指導技術ではなく、人間や社会、教育内容についての深い理解が求められる。

　なお、2015年答申においては、教職課程の各科目に含めることが必要な事項として、新たに「教員の役割・職務内容（チーム学校への対応）」、「学校と

第12章　大学における教師教育

表12-3　教職実践演習の「到達目標及び目標到達の確認指標例」[10]

含めることが必要な事項	到達目標	目標到達の確認指標例
1. 使命感や責任感、教育的愛情等に関する事項	○　教育に対する使命感や情熱を持ち、常に子どもから学び、共に成長しようとする姿勢が身に付いている。 ○　高い倫理観と規範意識、困難に立ち向かう強い意志を持ち、自己の職責を果たすことができる。 ○　子どもの成長や安全、健康を第一に考え、適切に行動することができる。	○　誠実、公平かつ責任感を持って子どもに接し、子どもから学び、共に成長しようとする意識を持って、指導に当たることができるか。 ○　教員の使命や職務についての基本的な理解に基づき、自発的・積極的に自己の職責を果たそうとする姿勢を持っているか。 ○　自己の課題を認識し、その解決に向けて、自己研鑽に励むなど、常に学び続けようとする姿勢を持っているか。 ○　子どもの成長や安全、健康管理に常に配慮して、具体的な教育活動を組み立てることができるか。
2. 社会性や対人関係能力に関する事項	○　教員としての職責や義務の自覚に基づき、目的や状況に応じた適切な言動をとることができる。 ○　組織の一員としての自覚を持ち、他の教職員と協力して職務を遂行することができる。 ○　保護者や地域の関係者と良好な人間関係を築くことができる。	○　挨拶や服装、言葉遣い、他の教職員への対応、保護者に対する接し方など、社会人としての基本が身についているか。 ○　他の教職員の意見やアドバイスに耳を傾けるとともに、理解や協力を得ながら、自らの職務を遂行することができるか。 ○　学校組織の一員として、独善的にならず、協調性や柔軟性を持って、校務の運営に当たることができるか。 ○　保護者や地域の関係者の意見・要望に耳を傾けるとともに、連携・協力しながら、課題に対処することができるか。
3. 幼児児童生徒理解や学級経営等に関する事項	○　子どもに対して公平かつ受容的な態度で接し、豊かな人間的交流を行うことができる。 ○　子どもの発達や心身の状況に応じて、抱える課題を理解し、適切な指導を行うことができる。 ○　子どもとの間に信頼関係を築き、学級集団を把握して、規律ある学級経営を行うことができる。	○　気軽に子どもと顔を合わせたり、相談に乗ったりするなど、親しみを持った態度で接することができるか。 ○　子どもの声を真摯に受け止め、子どもの健康状態や性格、生育歴等を理解し、公平かつ受容的な態度で接することができるか。 ○　社会状況や時代の変化に伴い生じる新たな課題や子どもの変化を、進んで捉えようとする姿勢を持っているか。 ○　子どもの特性や心身の状況を把握した上で学級経営案を作成し、それに基づく学級づくりをしようとする姿勢を持っているか。

235

4. 教科・保育内容等の指導力に関する事項	○ 教科書の内容を理解しているなど、学習指導の基本的事項（教科等の知識や技能など）を身に付けている。 ○ 板書、話し方、表情など授業を行う上での基本的な表現力を身に付けている。 ○ 子どもの反応や学習の定着状況に応じて、授業計画や学習形態等を工夫することができる。	○ 自ら主体的に教材研究を行うとともに、それを活かした学習指導案を作成することができるか。 ○ 教科書の内容を十分理解し、教科書を介して分かりやすく学習を組み立てるとともに、子どもからの質問に的確に応えることができるか。 ○ 板書や発問、的確な話し方など基本的な授業技術を身に付けるとともに、子どもの反応を生かしながら、集中力を保った授業を行うことができるか。 ○ 基礎的な知識や技能について反復して教えたり、板書や資料の提示を分かりやすくするなど、基礎学力の定着を図る指導法を工夫することができるか。

地域との連携及び学校安全への対応」、「特別の支援を必要とする幼児、児童及び生徒に関する理解」、「カリキュラム・マネジメント」、「道徳の理論」、「総合的な学習の時間の指導法」、「キャリア教育に関する基本的な事項」などを加えることが提案されている。今後、2015年答申を踏まえた法改正を受けて、各大学において教職課程の改訂が進められることとなる。

第2節　京都大学教職課程の取り組み

第1項　「教師に求められる力量」の五つの柱

前節では、「教師に求められる力量」として政策的に求められている内容を確認した。この時、様々な到達目標（表12-3）を要素的に蓄積することによって力量を形成できるという考えは、教師としての発達の実態に合うものではないだろう。これらの要素は、まさしく「有機的に結合」されることが必要なのである。そこで次に、そのような「有機的な結合」を促進するための工夫の一例として、京都大学教職課程の取り組みを紹介しよう。

第 12 章　大学における教師教育

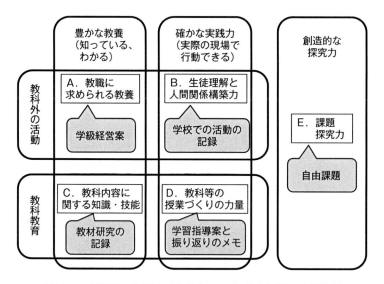

図12-1　「教師に求められる力量」の五つの柱と必須の成果資料
（京都大学教職課程）

　京都大学教職課程では、教職実践演習を導入するにあたって、まず「教師に求められる力量」の五つの柱を整理した。五つの柱とは、「A. 教職に求められる教養」「B. 生徒理解と人間関係構築力」「C. 教科内容に関する知識・技能」「D. 教科等の授業づくりの力量」「E. 課題探究力」である（図12-1）。ここでは、表12-3に示されていた「4．教科・保育内容等の指導力に関する事項」が、CとDの柱に分けられている。これは、京都大学の場合、中学校・高等学校の教諭を養成する教職課程となっているため、教科内容についての理解を重視するという方針があったからである。さらに、「E. 課題探究力」を独自に設定することで、与えられた枠に適応するにとどまらず、自ら設定した課題に即して研究的に学び続けることの重要性が強調されている(11)。
　このような整理を行った背景には、「逆向き設計」論において想定されている「知の構造」があった。「逆向き設計」論とは、ウィギンズ（G. Wiggins）とマクタイ（J. McTighe）が、『理解をもたらすカリキュラム設計』(12)という

第Ⅲ部　教師教育改革の展開

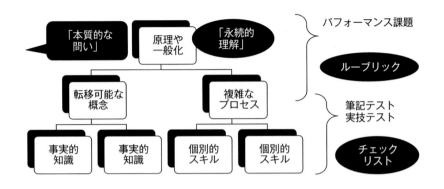

図12-2　「知の構造」と評価方法・評価基準の対応[13]

著書の中で提唱しているカリキュラム設計論である。「逆向き設計」論では、単元設計や学校教育課程全体の設計を行う際に、「求められている結果（目標）」「承認できる証拠（評価方法）」「学習経験と指導（授業の進め方）」を三位一体のものとして考えることが提唱されている（詳細については、本講座第4巻第5章・第6章参照）。

「逆向き設計」論では、図12-2の左側に示したような「知の構造」が想定されている。まず最も低次には、「事実的知識」と「個別的スキル」が存在している。教育方法学で言えば、たとえば著名な実践家や団体名といった知識、指示・板書といったスキルが考えられる。これらはもちろん知っておく価値があるものの、それだけで現実的な状況の中で使いこなせる力となるとは限らない。より重要な知識・スキルとして、「転移可能な概念」や「複雑なプロセス」がある。たとえば、「目標」「教材・教具」「指導過程と学習形態」「評価」といった概念、「学習を促進するために、発問・指示・説明といった指導言を組み合わせる」といったプロセスが考えられるだろう。

さらに、それらの概念やプロセスを総合して「永続的［に］理解」しておくべき「原理や一般化」がある。たとえば、「良い授業とは、子どもたちにとって魅力的で効果的な授業である。良い授業を実践するには、目標と対応する主発問を明確にし、教材や学習活動を工夫するとよい」といった理解が考えられ

第 12 章　大学における教師教育

るだろう。このような理解は、「良い授業とは何か？　良い授業を実践するには、どうすればよいのか？」という「本質的な問い」に対応している。教職課程において「本質的な問い」は、教育方法論、教科教育法、教育実習、教職実践演習といった複数の科目の中で、実際に学習指導案を書く、（模擬）授業を行う、といったパフォーマンス課題に取り組む中で、繰り返し問い直されることとなる（パフォーマンス課題とは、知識やスキルを総合して使いこなすことを求めるような複雑な課題を意味している。本講座第 4 巻第 6 章参照）。それにより、「素朴な理解」からより深く「洗練された理解」へと、学生の理解が深まっていく。

　図12-1に示した五つの柱は、このような「知の構造」の捉え方を背景として、「生徒をどう理解し、どのように人間関係を作ればよいのか？」（B）、「そのためにどのような教養が必要か？」（A）、「教科等の授業をどのように実践すればいいのか？」（D）、「そのためにどんな知識・技能を身につけておく必要があるのか？」（C）、「どのように自らの課題を設定し、探究していけばよいのか？」（E）という五つの問いに対応するものとして設定されたものである。

　「履修カルテ」については、「履修カルテ（単位修得状況）」「履修カルテ（自己評価用チェックリスト）」「履修カルテ（自己評価用ルーブリック）」「履修カルテ（大学への提出用）」という 4 種が用意されることとなった。「履修カルテ（自己評価用チェックリスト）」では、確認指標が五つの柱に即して整理されているのに対し、「履修カルテ（自己評価用ルーブリック）」（表12-4）では、「学び始め」「教育実習1年前」「教育実習前」「教職課程修了時」のそれぞれにおいて期待されるレベルが端的に示されている。すなわち、チェックリストに示された諸要素が「有機的に結合」された姿としてどう成長するのかをルーブリックの形で明示することによって、個々の科目で身につけた力を実践の場面で総合的に発揮できるような力量として育てることがめざされている [14]。

第2項　教職課程ポートフォリオ

　さらに京都大学の教職課程では、教職課程ポートフォリオが活用されている。ポートフォリオとは、学習者の作品や自己評価の記録、教師の指導と評価

第Ⅲ部　教師教育改革の展開

表12-4　京都大学教職課程の「履修カルテ（自己評価用ルーブリック）」

※達成できたレベルの□を■に変えること。　　　　　所属：

Ⅱ. 求められる力量	A. 教職に求められる教養	B. 生徒理解と人間関係構築力
6. 合格レベル（優）（教職課程修了時）	□単位修得した科目で得た知識をもとに、学校で起こる様々な事象について的確に観察し、その知見を踏まえて、生徒の発達を効果的に促すような学級経営案を書くことができる。	□多様な生徒たちの様々なニーズに配慮し、公平かつ受容的な態度で接するとともに、一人ひとりの生徒を伸ばすような関わりができる。様々な関係者の理解や協力を得ながら、自分の職務を効果的に果たすことができる。
5. 合格レベル（良）（教職課程修了時）	□単位修得した科目で得た知識をもとに、学校で起こる様々な事象について観察し、その知見を踏まえて、生徒の発達を促すような学級経営案を書くことができる。	□様々な生徒に対し、積極的に関わることができる。指導教員からのアドバイスを取り入れつつ、生徒への関わりを改善することができる。
4. 合格レベル（可）（教職課程修了時）	□単位修得した科目で得た知識をもとに、学校で起こる様々な事象について観察し、その知見を踏まえた学級経営案を書くことができる。もしくは、学級経営案の項目を視点に実践事例を分析することができる。	□生徒に対し、自分から関わろうとする姿勢を示している。求められている職務を自主的に、期限を守って行うことができる。
3. 教育実習前に求められる準備レベル（およそ3回生終了時）	□必要な単位の少なくとも3分の2程度を修得している。学級経営案の基本的な書き方を知っている。	□生徒に対し、親しみをもった態度で接した経験がある。（介護等体験において、適切に行動できる。）
2. 教育実習1年前に期待されるレベル（およそ2回生終了時）	□必要な単位の少なくとも3分の1程度を修得している。	□社会人としての基本的なマナー、ルールを守って行動できる。
1. 学び始めのレベル（およそ1回生終了時）	□日本国憲法の単位を修得している。	□様々な友人と接したり、深く語り合ったりして、人間としての幅を広げている。

第12章　大学における教師教育

入学年度：　　　　　　　学生番号：　　　　　　　氏名：

C. 教科内容に関する知識・技能	D. 教科等の授業づくりの力量	E. 課題探究力
□教科内容を幅広く深く理解し、魅力的・効果的な指導を展開できる知識・技能を身につけている。二つ以上の単元について、生徒たちの発想やつまずきを予め想定し、生徒たちを引きつけつつ力をつける授業づくりに役立つような教材研究を行っている。	□生徒の特徴を把握し、それに対応できる様々な指導上の工夫を行って、すべての生徒に効果的な学習を促すような魅力的な授業を実践することができる。	□常に新しいことにチャレンジする姿勢をもち、自己研鑽に努めている。自分の資質・能力を活かすような、優れた創造力を発揮している。
□教科書の基本的な内容を、的確に理解している。二つ以上の単元について、魅力的・効果的な指導に役立つような教材研究を行っている。	□生徒の特徴を把握し、それに対応できる様々な指導法を用いて、多くの生徒の集中を途切れさせないような授業を実践することができる。	□教育実習を修了するとともに、自分の到達点と課題を的確に自覚している。様々な学習機会を積極的に活用し、効果的に力量形成を図っている。
□教科書の内容を、一通り理解している。少なくとも一つの単元について、指導に役立つような教材研究を行っている。	□基本的な指導技術を使って、筋の通った1時間の授業を実践することができる。	□教育実習を修了するとともに、自分の到達点と課題を自覚している。課題を克服するための努力を始めている。
□必要な「教科に関する科目」の単位について少なくとも3分の2程度を修得している。教育実習で教える単元について、必要な知識・技能を身につけている。	□教科教育法を少なくとも一つは履修し、学習指導案の基本的な書き方を知っている。模擬授業を少なくとも1回は行い、多人数に対して話すことのイメージを把握している。	□教育実習生であっても、生徒の前では一人の教師としての責任を担うことを自覚している。「生徒にこれだけは伝えたい」と思えるような体験談、メッセージなどを持っている。
□必要な「教科に関する科目」の単位について、少なくとも3分の1程度を修得している。	□様々な人に対して、自分の思いや意見を、わかりやすく伝えることができる。	□課題探究の基本的な方法（調査の仕方、ゼミ発表の仕方、レポートの書き方など）を身につけている。
□体育、外国語コミュニケーション、情報機器の操作などの単位を修得している。	□身近な人に対して、自分の思いや意見を伝えることができる。	□自己成長にとって必要だと自分で確信できるような体験をしている。

241

第Ⅲ部　教師教育改革の展開

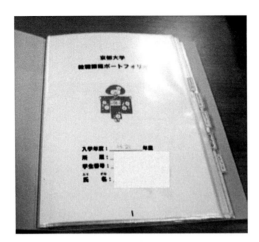

図12-3　京都大学の教職課程ポートフォリオ

の記録などの資料を、ファイルなどに系統的に整理していくもののことである。ポートフォリオ作りを通して、学習者が自らの学習のあり方について自己評価することを促すとともに、教師も学習者の学習と自らの教育活動について評価するアプローチを、ポートフォリオ評価法と言う[15]。

　京都大学の教職課程ポートフォリオの場合は、「教師に求められる力量の五つの柱」に即して、「学級経営案（柱A）」「学校での活動の記録［生徒等との人間関係を構築した様子を示すもの］（柱B）」などの必須資料（図12-1）など、関連する資料を整理していくものとなっている。

　これにより、学生たちは、まず、教職課程全体を通してどのような力量を形成することが求められているのかを、具体的に把握することができる。柱に即して資料を整理することにより、たとえば教科教育法で学んだことを教育実習の際に振り返って授業づくりの参考にする、さらに教育実習の授業での反省点を踏まえて、教職実践演習での取り組みに活かすといった関連づけが可能になる。あるいは、たとえば柱Bの資料が残っていない場合、正規の教職課程の履修にとどまらず、学校現場などでのボランティアに積極的に参加する、生徒との人間関係を築くことが課題だという明確な意識をもって教育実習に取り組む、といった例も生まれている。

第12章　大学における教師教育

◤第3節　教員研修の制度と政策◢

第1項　教員研修の様々な機会

　第3節では、教員研修の制度と政策について紹介しよう。教員研修は、様々な実施主体によって行われている。教員研修については、教師が職務として参加する職務研修と、自主的に参加する研修とに大別される。職務研修は、さらに行政研修と校内研修に分けられる[16]。

　行政研修とは、都道府県や市区町村教育委員会、教育センター等の行政機関が主催するものである[17]。校内研修とは、「校内の全教職員が自校の教育目標と対応した学校としての教育課題を達成するために共通のテーマ（主題）を解決課題として設定し、それを学内・学外の関係者との連携を踏まえながら、学校全体として計画的、組織的、科学的に解決していく実践の営み」[18] である。校内研修は、授業研究、外部の専門家を招いた講演、ワークショップなど様々な形で行われている。

　一方、日本においては、民間教育研究団体や大学等が主催する研修に教員が自主的に参加する例も少なくない。そのような教員の自主研修を基盤として、多種多様な民間教育研究団体が結成され、定期的な研究会を行ったり雑誌を発行したりといった活動が行われてきた。教師たちの自主的・自律的な活動として行われてきた民間教育研究運動の存在は、日本の教育の特筆すべき特長と言えるだろう[19]。

第2項　教員免許状更新講習と教職大学院

　教員研修における大学の役割を拡大したのが、2006年答申であった。2006年答申では、教職実践演習と教員免許更新制を導入するとともに、「教職大学院」制度の創設が提案された。

　教員免許更新制は、教員免許状に10年間の有効期限を設け、更新にあたって教員免許更新講習の修了を義務づけるものである。その趣旨としては、「教

243

第Ⅲ部　教師教育改革の展開

員が、社会構造の急激な変化等に対応して、更新後の10年間を保証された状態で、自信と誇りを持って教壇に立ち、社会の尊敬と信頼を得ていくという前向きな制度である」とされている。また、教員免許更新講習の開設主体としては、課程認定大学のほか、大学の関与や大学との連携協力のもとに都道府県・指定都市・中核都市・中核市の教育委員会等も開設できるとされた。大学における学問的な知見を教員免許更新にも活かそうとする意図がうかがわれる。

　現在、教員免許更新講習は、①全ての受講者が受講する必修領域（6時間以上）、②受講者が所有する免許状の種類、勤務する学校の種類又は教育職員としての経験に応じ、選択して受講する選択必修領域（6時間以上）、③受講者が任意に選択して受講する選択領域（18時間以上）から構成されている[20]。

　ただし、教員免許更新講習については、「更新方法が講習受講のみであり、自分の10年間の実践を踏まえ、あるいは先行研究や先行実践を学んで、今後の実践課題の在り方をまとめる小論文作成などの方式がない」、「講習内容が公式の教育改革動向に限定」されすぎている、といった問題点も指摘されている[21]。講習の内容や方式については、さらに改善の余地があると言えるだろう。

　一方、「教職大学院」は、2006年答申において、「当面、1）学部段階での資質能力を修得した者の中から、さらにより実践的な指導力・展開力を備え、新しい学校づくりの有力な一員となり得る新人教員の養成、2）現職教員を対象に、地域や学校における指導的役割を果たし得る教員等として不可欠な確かな指導理論と優れた実践力・応用力を備えたスクールリーダーの養成の2つの目的・機能とする」とされた。

　2007（平成19）年度に制度化されて以来、教職大学院は、2017年5月現在で45都道府県の53大学に設置されている。2015年答申では、教職大学院について、「実習を中心として、理論と実践を往還する探究的な省察力を育成する体系的な教育課程、実務家教員と研究者教員から構成されるチームによる指導体制、現職教員学生と学部新卒学生が協働して学び合う学修形態、学校現場の今日的な課題を題材とした、事例研究や討論を中心とした授業方法」などの特色を有し、「質的な面から教員の高度化に貢献してきた」と評価されている。

244

その上で、「現職教員の再教育の場としての役割に重点を置きつつ、学部新卒学生についても実践力を身につける場として質的・量的充実を図る」方針が示されている。

ただし、「教職大学院」に課せられている実務家教員4割以上という要件は大学院教育としてふさわしいのか、350時間の教育実習は特に現職教員には教育的意義が認められないのではないかといった疑問の声や、「高度専門職としての教師の養成を謳いながら、教科専門の知識も教科教育法の知識もカリキュラムから除外している」点についての批判の声もある[22]。現在、地方国立大学の教員養成系大学院のすべてが教職大学院に改組されることが決定しているものの、教職大学院の制度設計については改めて検討することが求められていると言えよう。

第3項 「教員育成指標」

2015年答申では、教育委員会と大学等との協議・調整のために「教員育成協議会（仮称）」を構築するとともに、両者の協働により「教員育成指標」を策定することが提案されている。「教員育成指標」とは、「高度専門職業人として教職キャリア全体を俯瞰しつつ、教員がキャリアステージに応じて身につけるべき資質や能力」を明確化するものである。さらに教育委員会には、「教員育成指標」を活用して研修計画を整備することも推奨されている。

答申で教員育成指標の一例として紹介されている横浜市のものでは、「児童生徒指導」「授業力」「マネジメント力」「連携・協働力」の四つの柱に即して14項目が整理されており、それぞれについて「着任時」、「実践力を磨き教職の基盤を固める」段階、「専門性を高めグループのリーダーとして推進力を発揮する」段階、「豊富な経験を生かし広い視野で組織的な運営を行う」段階という「キャリアステージ」ごとに期待されるレベルが明示されている。

このような見通しを共有することは、力量形成に取り組む教員にとっても、研修を提供する教育委員会や大学にとっても、一定の意義が認められる。しかしながら、適切な教員育成指標を設定できなければ、かえって効果的な研修を阻害するものとなる点に留意が必要であろう。

245

第Ⅲ部　教師教育改革の展開

第4節　E.FORUM の取り組み

第1項　活動内容

　ここで、京都大学大学院教育学研究科教育実践コラボレーション・センターにおける E.FORUM（2006年創設）の取り組みについて紹介しておこう。E.FORUM は、研修やセミナーを提供するとともに、参加者の間の実践交流や共同研究開発を推進している。2012（平成24）年度からは、教師をめざす学生たちにも積極的な参加を呼び掛け、教師のライフコース全体を見通した力量向上のネットワークを築くことをめざしている。

　E.FORUM の最大の特徴は、一過性の研修に終わらせないために、会則を定め会員制を取っていることである。また、研修の成果を蓄積し、ネットワークとしての継続性を創出するため、2006年の設立と同時に「カリキュラム設計データベース（CDDB）」を開設した。2013年度からは、後継のデータベースとして、「E.FORUM Online（EFO）」を開設している。EFO は、各種の実践資料を蓄積するデータベース部分と、メール配信機能を備えた掲示版部分から構成されている。さらに、E.FORUM のウェブサイト（http://e-forum.educ.kyoto-u.ac.jp/）では、研修案内のほか、E.FORUM で生み出された研究成果、過去の研修の記録などを掲載している。

　具体的な活動としては、第一に、2006年度より毎年、夏と春に「全国スクールリーダー育成研修」を実施している。夏に行う研修では、最新の研究成果や政策動向を踏まえた内容などを提供している。その特長は、そもそも「教育とは何か？」を考えるものから明日の実践に役立つものまで多彩な内容を提供している点、また講演やワークショップ、実践報告など、様々な活動を組み合わせている点である。

　一方、春の研修は、参加者が各自の実践の計画や報告を持ち寄り、交流する「実践交流会」を基本としている。これは、2006年度夏の研修参加者から、「折角これだけのメンバーが集まっているのだから、もっと参加者同士で実践を交

246

流する場が欲しい」という要望が寄せられたことがきっかけで開始されたものである。

第二に、実践改善のための研究開発に取り組んでいる。2009年度からは、共同研究開発プロジェクト「スタンダード作り」が実施されている。スタンダードとは、社会的に共通理解された目標・評価基準を指す。2014年には各教科（主に小・中学校）における典型的な「本質的な問い」やパフォーマンス課題を整理した「E.FORUMスタンダード（第1次案）」が完成した [23]。これについては、現在も改訂作業が進められている。

第三に、2012度から、時事的なテーマを取り上げる「教育研究セミナー」も開催している。現在までに開催された教育研究セミナーでは、教師教育や、高校と大学の教育接続・教育改善などがテーマとして扱われてきた。当日の動画や配付資料の多くは、京都大学のオープン・コースウェア（OCW）サイト（http://ocw.kyoto-u.ac.jp/ja）でも公開されている。

第2項　学びを深めるための工夫

ここで、E.FORUMが提供している学びの特長を整理しておこう。

第一の特長は、一過性の研修に終わらせず、「研修→現場での実践→研修→……」というサイクルが組み込まれていることである。夏の「全国スクールリーダー育成研修」には毎年、複数回参加した経験を持つリピーターが3割から5割程度、参加している。このようなリピーターからは、たとえば「前回とはちがう立場や視点で話を聴くこともできました。また何か一つ二学期から実践してみて、また来年も来させてもらいたいと思います」といった声が寄せられている（2014年度夏の研修参加者より）。自らの実践を振り返り、今後の改善につなげるというサイクルを実現する機会として、E.FORUMの研修を活用している様子がうかがわれる。このようなリピーターは、E.FORUMの研修に新規の参加者に、研修成果を活かした実践事例を紹介してくれる存在でもある。

第二は、大学での研究成果を踏まえ、多彩で質の良い研修内容を提供していることである。「全国スクールリーダー育成研修」では、毎回、講師たちの多

様な専門性を活かし、授業づくりやパフォーマンス課題づくりなどの実践的な内容とともに、哲学的な考察、子どもの発達、社会の動向など教育の原理に関わる内容も提供している。受講者からは、「普段、学校現場で埋没していると、出会えないような話［に触れ］、経験のつみかさねを、理論を学ぶことで補強できたり、位置づけしたりできるようになってきた」(2014年度夏)、「勤務校で多様な業務を回さないといけなくて、表面的に今の『はやり』を言葉だけで扱っていたことが多く、自分自身が嫌だったのですが、この研修会を機に、これからの社会や本質的なことをじっくり考えていきたいです」(2015年度夏)といった声が寄せられている。

第三は、E.FORUM自体が、新たな研究的知見を生み出す研究開発ネットワークとして機能していることである。「E.FORUMスタンダード」の開発は、とりまとめ担当の研究者を中心として、学界の知見も踏まえつつ、実践交流の場やデータベースに寄せられた事例や意見を集約する形で行っている。その策定プロセスそのものが参加する教員にとっての研修となっており、参加者たちの参画意識を高める契機ともなっている。たとえば、「E.FORUMスタンダード」再検討のためのワークショップの参加者からは、「高校数学［のスタンダード］をぜひ作ろうということで盛り上がりました」(2015年夏)といった声が寄せられた。

さらに、教育研究セミナーは、現代的な教育課題について、小・中・高等学校の教員と大学の教員がともに考える場として機能している。このことが、京都大学教育学部における特色入試の導入 (24) など、具体的な大学の教育改革にもつながったことを特筆しておきたい。

おわりに

以上を踏まえ、教師教育において大学が果たす役割について、確認しておこう。まず、養成課程については、「教員になる際に最低限必要な基礎的・基本的な学修」を提供する役割を担っている。養成課程では、教師としての仕事を行う上で必要な能力を諸要素として身に付けるだけでなく、それらを「有機的に統合」していく学びが求められる。教職課程で学ぶ学生たちには、「良い授

業を実践するためには、どうすればよいのか？」「生徒をどう理解し、どのように人間関係を作ればよいのか？」「自らの課題は何か？」といった「本質的な問い」を意識しながら、様々な学習機会での学びを総合していくことが期待される。

　研修について見ると、大学は、矮小化された「即戦力」にとどまらない、学術的に深い知見を提供する役割を担うことができる。一人ひとりの教師は、それぞれの学校の状況や担当している学級・教科などにより、多様な課題に直面している。それぞれの現場での課題に即した研修という点では、校内研修の意義が最も大きいと言えるだろう。しかしながら、E.FORUM に参加した教師たちの声からは、現場を離れ、大学に集うことの意義も大きいことがうかがわれる。各自が直面する課題を大局の中に位置づける、実践を振り返り、自らにとっての次の課題を明確化する、といった点で、大学が提供する研修ならではの良さもあると言えるだろう。

〈注〉

(1) 中央教育審議会「今後の教員養成・免許制度の在り方について（答申）」2006年7月11日（以下、2006年答申。http://www.mext.go.jp/b_menu/shingi/chukyo/chukyo0/toushin/1212707.htm, 2017年11月8日確認）。

(2) 中央教育審議会「これからの学校教育を担う教員の資質能力の向上について——学び合い、高め合う教員育成コミュニティの構築に向けて——（答申）」2015年12月21日（以下、2015年答申。http://www.mext.go.jp/b_menu/shingi/chukyo/chukyo0/toushin/1365665.htm、2017年11月8日確認）。

(3) 山﨑準二「教師としての発達と力量形成を支え促すもの——二〇人の教師のライフコースから学ぶもの」山﨑準二編著『教師という仕事・生き方——若手からベテランまで　教師としての悩みと喜び、そして成長——』日本標準、2005年、202頁。

(4) 教員免許状には、普通免許状のほか、特別免許状、臨時免許状がある。

(5) 新井保幸「教師教育の制度（1）——教員養成——」新井保幸・江口勇治編著『教職論』培風館、2010年、82-98頁。舟木俊雄「教育教育史研究の方法と課題——日本教育史研究の立場から——」（岩田康之・三石初男編『現代の教育改革と教師——これからの教師教育研究のために——』東京学芸大学出版会、2011年、115-127頁）も参照されたい。

第Ⅲ部　教師教育改革の展開

(6) 教職課程コアカリキュラムの在り方に関する検討会「教職課程コアカリキュラム（案）」2017年11月17日。

(7) ここでは2015年答申より引用。

(8) 同上。

(9) 2006年答申の別添１.「教職実践演習（仮称）について」より。

(10) 同上。

(11) 詳細については、西岡加名恵・石井英真・川地亜弥子・北原琢也『教職実践演習ワークブック――ポートフォリオで教師力アップ――』ミネルヴァ書房、2013年を参照。

(12) G. ウィギンズ・J. マクタイ（西岡加名恵訳）『理解をもたらすカリキュラム設計――「逆向き設計」の理論と方法――』日本標準、2012年（原著の初版は1998年、増補第２版は2005年）。

(13) 西岡加名恵『教科と総合学習のカリキュラム設計――パフォーマンス評価をどう活かすか――』図書文化、2016年、82頁。

(14) 西岡・石井・川地・北原、前掲書。

(15) 同上。

(16) 佐藤晴雄『教職概論――教師を目指す人のために――』（第１次改訂版）、学陽書房、2003年、132-148頁。

(17) 文部科学省ウェブページ「教員の免許、採用、人事、研修等」(http://www.mext.go.jp/a_menu/01_h.htm、2017年11月８日確認) 参照。

(18) 中留武昭「校内研修」安彦忠彦ほか編集『新版　現代学校教育大事典』第３巻、ぎょうせい、2002年、72頁。

(19) 碓井岑夫「民間教育研究運動」安彦忠彦ほか編集『新版　現代学校教育大事典』第６巻、ぎょうせい、2002年、215頁。田中耕治編著『戦後日本教育方法論史（上・下）』ミネルヴァ書房、2017年も参照されたい。

(20) 文部科学省ウェブページ「教員免許更新制」(http://www.mext.go.jp/a_menu/shotou/koushin/index.htm、2017年11月８日確認)。

(21) 桑原敏明「教育制度としての教員免許更新制」鈴木正幸・加藤幸次・辻村哲夫編著『教員免許更新制と評価・認定システム』黎明書房、2008年、40-41頁。

(22) 佐藤学『専門家としての教師を育てる――教師教育改革のグランドデザイン――』岩波書店、2015年、162-165頁。

(23)「E.FORUMスタンダード（第１次案）」(2014年４月30日。http://e-forum.educ.kyoto-u.ac.jp/seika/、2017年11月８日確認)。西岡加名恵編著『「資質・能力」を育てるパフォーマンス評価――アクティブ・ラーニングをどう充実させるか――』明治図書、2016年は、

E.FORUMのネットワークで研究開発された成果を集約した一冊である。

(24) 楠見孝・南部広孝・西岡加名恵・山田剛史・斎藤有吾「パフォーマンス評価を活かした高大接続のための入試——京都大学教育学部における特色入試の取り組み——」京都大学高等教育研究開発推進センター『京都大学高等教育研究』第22号、2016年、55-66頁。

〈推薦図書〉

岩田康之・三石初男編『現代の教育改革と教師——これからの教師教育研究のために——』東京学芸大学出版会、2011年。

西岡加名恵編著『「資質・能力」を育てるパフォーマンス評価——アクティブ・ラーニングをどう充実させるか——』明治図書、2016年。

西岡加名恵・石井英真・川地亜弥子・北原琢也『教職実践演習ワークブック——ポートフォリオで教師力アップ——』ミネルヴァ書房、2013年。

山﨑準二編著『教師という仕事・生き方——若手からベテランまで　教師としての悩みと喜び、そして成長——』日本標準、2005年。

山﨑準二・矢野博之編著『新・教職入門』学文社、2014年。

第13章
諸外国の教員養成・教師教育制度

第1節　教員養成の機関とレベル

　歴史的に多くの国において教員養成は二つの機関カテゴリーに分かれて行われてきた。すなわちおよそ初等学校・前期中等学校の教員の養成は中等教育機関に属する師範学校・教員養成施設において、後期中等学校の教員の養成は大学などの高等教育機関において分担されてきた。中等教育機関としての教員養成組織としては、日本の戦前の師範学校、フランスでは新教育基本法による統合まで存在したエコール・ノルマル（école normale）やドイツにおける教育アカデミー（Pädagogische Akademie）がその例である。世界の多くの国で、この初等学校・前期中等教育の教員の養成を大学・大学院などの高等教育機関に移行させていこうという努力を行っており、このことが、世界の教員養成の「開放制」化と制度的な「高度化」の潮流と言える。

　師範学校や教育大学など教員養成を目的とする学校においてのみ教員が養成される制度は「閉鎖制」と呼ばれ、それ以外の一般的学校や大学でも行われる場合には「開放制」と呼ばれる。日本でも戦前は原則的には師範学校や高等師範学校など、教員養成を目的とする学校の卒業生にのみ教員免許状を授与するという「閉鎖制」の免許制度をとってきた。閉鎖制の教員養成制度は、国内の

第Ⅲ部　教師教育改革の展開

教員の養成を教員養成専門機関に限ることによって、教職課程における教育諸学の側面を重視し、また教員養成カリキュラムや教授法の国家管理が容易となる利点がある。しかし、「閉鎖制」では養成される教員の数が限られ、教育拡大および就学率の上昇に伴う大量の教員需要には十分に対応できないという問題がある。

　今日、日本、アメリカ、イギリス、北欧諸国、中華人民共和国（以下中国）など多くの国で「開放制」をとる国が主流となっており、純粋な「閉鎖制」の国は少なくなっている。主要国ではシンガポールの国立教育学院（Institute of Education）、フランスの教職専門大学院（ESPE）（後述）などがあげられ、初等教員養成を12校の国立教育大学と私立の梨花女子大のみで行っている大韓民国（以下韓国）なども一部「閉鎖制」の国と言うことができる[1]。台湾は1994年まで「閉鎖制」の教員養成システムを維持してきたが、9校の師範学院（初等教員養成）と3校の師範大学（中等教員養成）が合併による総合大学への昇格、単科のままの教育大学への昇格によって、大学における「開放制」養成システムに移行した[2]。

　Hayhoo R.(2002)によれば、師範学校中心の「閉鎖制」の教員養成システムが「開放制」に移行する過程においては、師範学校が総合大学の教育学部に吸収されるパターン（アメリカ、イギリス）、師範学校が教育大学や総合大学の教育学部に昇格したパターン（日本、ドイツ）、師範学校が大学から独立した機関に昇格し、大学と協力して教員を養成するパターン（フランス）、師範学校が師範大学に昇格したパターン（中国、台湾）に分類できるとしている[3]。

　高等教育における教員養成のレベルには世界で大きく二つのタイプがある。一つは大学の学部レベルで履修する学部並行型学位（concurrent programme）と、もう一つは学卒後もしくは大学院レベルで集中的に履修する大学院付加学位（consecutive programme）である。学部並行型学位は日本の従来の大学学部における教職課程プログラムに代表されるもので、専門分野の教育と教育学のプログラムを同時並行的に学ぶもので、教育学士（B.Ed=Bachelor in Education）や一般の学士号（B.A.、BSc.など）が授与される。このプログラムでは専門課程と教職課程の授業を限られた時間で履修するために、学生はその入学ととも

第13章　諸外国の教員養成・教師教育制度

に教職を目指す決意を求められることになる。一方、専門課程科目と教職課程科目に共通する授業がある場合、それらを兼ねて履修し、時間を節約することも可能である。

　大学院付加学位は欧州の教員養成に多く見られるもので、それぞれの専攻において第一学位（学士号）を取得したあと、1〜2年間大学院に残り、大学院教育学ディプロマ（Post-graduate Diploma of Education）や教職修士号（日本の場合）などを取得するプログラムである。このコースは学生が民間企業に進むか、教職につくか、学部教育の終わりや終了後に選択できるので、就職状況に柔軟に対応できるという長所はあるが、一方で、1年間のプログラムの場合、教育実習の時間の確保や教育学関係の理論や専門性を習得するのに十分とは言えないという欠点がある。

　このほかに、必ずしも学士号を要求しないで教員資格を取得する道もある。これは大学進学の機会の限られていた時代から現職についている教員や見習い教員への資格取得ルートという性格もある。たとえば、イギリスの「学校に基礎を置く教員研修（スキット＝SCITT）」では、初等学校や中等学校が連携して、教員訓練庁（TTA）によって課程認定を受け、教員資格を認定する場合がある[4]。またフランスの教員養成組織の受験資格には、通常学士号が要求されるが、特例として「少なくとも三人の子どもを育てた、あるいは育てている」者という規定があった[5]。

　教員資格の取得のための基礎資格としての学歴要件を引き上げようという動きは、教員養成の制度上の「高度化」の流れの一部である。日本においては、1947（昭和22）年の学校教育法および1949年の教育職員免許法において、幼稚園から高等学校までの教員の基礎資格が大学（短大を含む）に引き上げられた。アメリカにおいては、全州で中等教育教員免許に学士号が要求されるようになったのは1963年から、初等教育教員免許に全州で学士号を要求されるようになったのは1974年からである[6]。イギリスでも教員資格（QTS）（後述）の取得には、大学卒業によるB.EdやB.A.、B.Sc.などの学位取得が必要である。私立学校の教員には法的にはQTSは要求されていないが、就職希望は多いので、事実上、QTSは必須であるとされている。フランスは上述の例外規定以外

255

第Ⅲ部　教師教育改革の展開

には学士号の取得や、バカロレア取得後３年間の学習（事実上の大卒相当）が
要求されている (7)。

　フィンランドは初等・中等教員の基礎資格となる学歴に大学院修士号を要求
する国として知られている。教員資格としては初等教育段階において全教科の
指導にあたる「クラス担当教員」資格と中等学校段階において教科の指導にあ
たる「教科担当教員」資格があり、「クラス担当教員」資格には教育学に関す
る修士号を取得すること、「教科担当教員」資格には担当する分野の修士号を
取得し、１年間の教職課程を履修することが要求されている。もともと中等レ
ベルの教員は教育学部以外の学部卒業生が多く、大学院付加学位で修士号を取
得していたが、1979年からこれを初等中等の全教員の基礎資格に拡大したも
のである。フィンランドでは教員の人気が高く、また研究志向の教員養成理念
が伝統的に強かったことに由来している (8)。

　中国の教員養成は、伝統的に小学校教員は中等師範学校、中学校教員は高等
師範系学校専科、高等学校教員は高等師範系学校本科（短大相当）によって養
成されてきた。1990年代の高等教育制度改革により、高等師範系学校の大学
昇格あるいは総合大学移行が行なわれ、大学における教員養成が主流となりつ
つある。中国の大学は1994年から学費徴集を開始したが、2007年より一部教
員養成大学の学費と宿舎費の免除が復活し、出身地域での10年以上の就職が
義務付けられている。

　教員資格の学歴要件としては、幼稚園・小学校の教員資格を取得するには中
等専門学校（標準16－20歳）卒業以上、初級中学（日本の中学校相当）の教
員資格には高等教育の専科課程（短大相当）以上、高級中学（日本の高校に相
当）の教員資格には高等教育の本科課程（４年制大学相当）卒以上が必要であ
る (9)。

　韓国では初等教員養成は前述のとおり国立教育大学と梨花女子大学で、中等
教員養成は、「開放制」をとっており、一般大学の教員養成課程、総合教員養
成大学、教育大学院などで行われている (10)。

第2節　教員免許制度と教職課程

　日本の教員資格は免許状制度（教育職員免許状）によって規定され、特別免許状と臨時免許状を除く96％が普通免許状である。免許状はさらに教員の学歴によって、一種（学部卒）、二種（短大卒）、専修免許状（修士課程修了）に分かれ、学校種別によって幼稚園、小学校、中学校、高等学校、特別支援学校などに区別される。各免許状は教えることのできる科目によって中学校の場合で15種類以上になる。従来日本の教員免許は終身制であったが、2007（平成19）年の改正教職員免許法によって、教員免許の更新制が導入され、2009年より普通免許状の有効期間が10年とされた。

　教員免許（teaching license/certificate）制度を持つ代表的な国はアメリカである。先進国で唯一19世紀から教員免許に更新制を採用している国でもある。各州が資格試験を管理し、教員免許を発行しているが、ほとんどの州が更新制・上進制またはその組み合わせを採用しており、当初から終身制の教員免許を発行する州はほとんどなくなっている。また免許の有効性は通常取得した州内に限られる。

　おおよそのシステムとしては、（1）州が大学の教員養成課程卒業者に有効期限付の仮免許状を発行し、その後（2）一定期間の職務経験もしくは上級学位・必要単位数を取得、研修などによって正規の普通免許状を取得するという形になる。この正規免許状には（A）終身制、（B）更新制、（C）上進制のものがあり、更新制の場合、一定期間内に大学・大学院での単位取得や州・学区が提供する研修機会の履修が求められ、上進制の場合は等級別の免許状を上級のものに変更してゆくことが求められる[11]。

　具体的な事例ではニューヨーク州、テキサス州などでは学士号の取得と一定の教職コース修了で5年間有効な仮免許状（provisional certificate）を取得し、その間に最低2年間の教職経験を持ちながら修士号を取得すると、終身免許状（permanent certificate）が取得できるパターンである。あるいはミネソタ州、カリフォルニア州などでは、学士号の取得と一定の教職コース修了により、2年

第Ⅲ部　教師教育改革の展開

間有効の入門免許（entrance license）取得後、その後5年間有効な継続免許
（continuing license）に切り替え、現職教育125時間などで毎回更新し続けると
いうパターンである。アメリカでは教員免許を大学の伝統的な教員養成課程で
とった者はおよそ70％、大学院の教員養成課程で取得した者が24％、その他
のルートで取得したものが6％程度である[12]。

　一方、イギリスでは教員免許制度ではなく、教員資格（QTS=Qualified
Teacher Status）という国家資格によって公立学校の初等・中等学校教員の資格
を管理している。教員資格とは、大学における規定の学位取得と一定の教職課
程の履修により取得されるもので、州や教育委員会などの教員資格の授与権限
者は存在せず、教員資格には学校種・教科の別はなく、更新制もない。公立初
等学校には1970年、中等教員には1974年以降、教員資格が求められるように
なった。

　イギリスの教員養成は主として次の三つのプログラムによって行われてい
る。第一は高等教育機関の学部教育による教員養成で、通常3年間の学士コー
スに加えて1年間大学に残り、教育学士（B.Ed.）や、B.A.、B.Sc.の学位を取
得するパターンである。第二のパターンは大卒教員資格（PGCE=Postgraduate
Certificate in Education）で、大学卒業者が大卒教員訓練課程（GTTR）に登録
している高等教育機関に登録し、1年または2年のコースを受けて教員資格を
とるケースで、学位はディプロマ（Diploma）が与えられる。また、Teach First
というプログラムでは、大学卒業後、困難校などで教師をして給与を受けなが
ら、PGCEを履修しQTSを取得することも可能である。このほかに、前述のと
おりの公立の学校が連合を組んで教員養成コースを提供する「学校に基礎をお
く教員研修（SCITT=School-centred Initial Teachers Training）」がある。2013／
14年度の教員養成定員における比率は学部並行型資格が17.4％、大学院付加資
格（PGCE）が51.4％、SCITTが6.5％である[13]

　フランスの教員養成は伝統的に2元的系統があり、初等学校教員は独占的に
師範学校で養成され、中等教育学校の教員は大学の文学部・理学部などで養成
されてきたが、1989年の新教育基本法（ジョスパン改革）により両者が統一
された。2013年には各大学区に複数の大学組織の集合体である教職専門大学

院（ESPE=École Supérieure du Professorat de l'Éducation）が設置された。この大学院は修士課程2年間のプログラムで、1年目の終わりに国家試験があり、合格者は国家公務員研修生としてフルタイムの給与が支給されて、学校での「責任実習」を行う。教授は大学関係者だけでなく、教育行政や各種学校関係者など幅広い講師が含まれ、志望する教員資格にかかわらず、全ての学生が保育学校から高校までの教育課程全般を学ぶことも特徴の一つである[14]。

　ドイツの場合、教員養成制度は各州で異なるが、例えばノルトライン・ウェストファーレン州では2009年に教員養成法が改革され、小学校からギムナジウムまでの教員養成課程がすべて5年（学士3年と修士2年に相当）に統一された。5年の修了時に教育学修士号を取得したあと、実践教員養成センターが管轄する1年間の試補勤務をした後、国家試験（Staatsprüfung）に合格する必要がある。教員資格は州の資格で、州によって授与される。教員資格は学校種類別教員資格と教育段階別教員資格に分けられ、どちらを授与するかは州によって異なる[15]。

　中国の教員養成制度は1994年の中華人民共和国教師法によって教員資格が整備されてきた。中国の高等教育における教員養成には大学院付加型と本科課程分離型の二つのパターンが展開している。大学院付加学位は「4＋X年型」と呼ばれるもので、4年間の本科課程で専門分野に関する専攻で学び、卒業後2年ないし3年の期間で教職関係科目を履修するタイプで、Xには1、2または3が入る。本科課程分離型学位は前半の段階では専門分野に関する科目を学び、後半の段階で教職関係科目を学ぶ方式で「3＋1」や「2＋2」と呼ばれる[16]。

第3節　教育実習

　教職を志望する学生が教員になる過程で、実際の学校現場で実地訓練を行う教育実習・臨床経験（teaching practice, student teaching, school practicum）はほとんどの国で義務付けられている。日本の教育実習は小学校で4週間（5単位、中学校で3週間（5単位）、高等学校で2週間（3単位）が配当されてい

第Ⅲ部　教師教育改革の展開

る（事前事後指導を含む）。さらに小・中学校の免許には介護等体験1週間が課せられている。教育実習は、教職課程で学んだ知識・理論・技能を、実際の現場に応用する試行機会であり、同時に教職志望学生の教職適性を判断する試行期間でもある。国によっては、この機能を試補制度や臨時任用に持たせている場合もある。

諸外国の教員養成制度における教育実習の長さなどは以下のとおりである。アメリカの教員養成課程において、教育実習に参加するには、大学コース履修中に教員免許試験（PRAXIS II）を受験し、合格した場合フルタイムの教育実習生となることができる。教育実習は8ヶ月から1年間の間におよそ250から400時間程度が必要である（州によって異なる）[17]。

イギリスの教育実習はそのレベルと課程により18週間から32週間が課せられ、複数の実習校での実習が必要である点が特徴である。PGCE中等教員養成課程の場合、実習は24週間であるが、たとえば、秋学期に1校目の実習校で1週間の観察と7週間の実習を行い、春学期に同校で4週間の実習、2校目の実習校に移り1週間の観察と5週間の実習、最後に夏学期に2校目の実習校で6週間の実習（計24週）を行うことになる。

PGCEのコースに在籍する学生については実習に教育実習経費（協力費）が提携校に支払われるほか、学生にも担当科目に応じて補助金が出る。教員不足の深刻な科目でさらに追加の補助金が支給される[18]。

フランスではESPE（前述）の2年間の教育課程において17週間の教育実習を行う。ヴェルサイユ市の場合、1年目は学生の身分で各種教員の採用試験の準備を行い、6週間（500時間）の教育実習を行う。1年目終了時に仮採用試験を受け、合格すると見習い教員として国から給費を受けながら正式任用試験

表13-1　イギリスの教員養成課程ごとの教育実習要件

教育課程	学部レベル課程 B.E d.		学卒者教職課程 PGCE	
	4年制課程	2または3年制課程	中等教員課程	初等教員課程
実習期間	32週（160日）	24週（120日）	24週（120日）	18週（90日）

のための訓練を受ける。

　2年目はいわゆる試補期間として指導つきの実習2週間と単独責任での実習9週間を行い、専門論文の執筆が課せられている。最終審査はESPEの教員2名と国民教育省視学官1名を含む委員会による最終審査に合格すると正規の教員となる[19]。

　オーストラリアの教員養成においても、教育実習は学部並行型で少なくとも80日間、大学院付加型で少なくとも45日間が認定要件とされている。教育実習終了後、さらに指導教員の指導のもと週3から4日程度のインターンシップを実習校で行い、論文を執筆することになっている[20]。

　中国では、たとえば北京師範大学の修士課程では、10週間の教育実習が必要で、そのうち8週間は科目教授の実習、2週間はクラス担任の実習を行うことになっている[21]。韓国は従来、初等教育課程での参与実習・授業実習4週間以上、実務実習2週間以上であったが、2005年から段階的延長を行い、初等課程15週以上、中等課程8週以上に延長されている[22]。

　以上のように各国の教員養成課程における教育実習の日数を概観すると、アメリカが8ヶ月から1年間に300時間、イギリスで18週間から32週間、フランスで17週間、オーストラリアでは45日＋インターン36日、中国でも10週間となっており、日本の2週間から4週間というのは、主要国の中では極端に短い教育実習期間となっている。日本の現場から見れば、この程度が教育実習生に機会を提供できる限界であると考えると、逆になぜ、他の国々はこれほど長い実習期間を手配できるのか、ということが疑問になる。

　まず、他の多くの国々が日本と異なる点は、（1）教員の厳しい雇用環境と不安定な教員の定着率により慢性的な教員不足が見られる点である。教員採用時の採用率（応募倍率）によって、教育実習生がのちに実際に教職につく可能性は大きく異なり、日本では教育実習生が一般職につく可能性はかなり大きい。（2）さらに教員採用試験の時期も大きな影響を与えている。アメリカやフランスでは、教職課程の早い段階で、試験があり、これに合格した学生はフルタイム実習生の資格を得、事実上の教員として給与や補助金が支給されている。それに対して、日本では多くの場合、教育実習の後に採用試験があるため、受験

第Ⅲ部　教師教育改革の展開

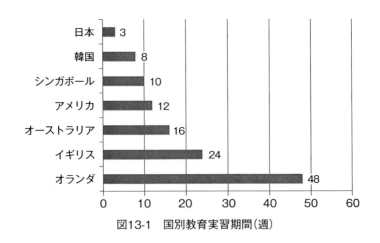

図13-1　国別教育実習期間(週)

希望者は全員、教育実習を行わなくてはならず、基本的に実習生は無給の学生の身分と認識されている。それに対して、多くの国では実習生はほぼ（未来の）教員であり、給与や補助金を受けるだけの責任ある身分ということになる。

学校現場は実習生のためにあるのではなく、それぞれの子どもの一度きりの人生の一部である。親や保護者の立場から見れば、自分の子どもの教育を長期間任せ得る対象として、予備試験に合格し、すでに給与をもらい、やがて教師になるであろう実習生と、単なる学生とでは大きな違いがある。(3) また日本やアジアの学校では厳しい受験圧力とそれにともなうタイトな授業スケジュールもこのことをさらに難しくしている。

第4節　教員の任用と教員評価

教員の任用については任用権限の所在（任命権者）が重要な比較項目になる。日本では公立学校教員の任命権者は、都道府県の教育委員会である。私立学校教員の任用は各学校において行われている。任命権限が学校などの末端に

第13章　諸外国の教員養成・教師教育制度

ある場合は、採用人事が学校や地域の個別の需要をこまやかに反映した選考が可能である一方、地方自治体などの上層で選考が行われる場合には、教員の質の均質化をはかりやすいという特徴がある。

　アメリカの教員の採用については、募集は学校単位もしくは地方教育組織単位で行い、基本的には学区（school district）に採用権限がある。しかし学区と学校の力関係により、実質的権限が学校にある場合は、学区当局は不適格者審査のみ行う場合と、学区当局・校長・担当教科主任による面接を行い、推薦された教員について教育長・教育次長が追認する場合がある。

　公立学校教員の場合、各学区等で採用後1〜3年程度の試用期間があり、少なくとも20州以上で新任者研修期間（Induction Period）が全新任教員に課され、校長や指導教員の指導と3回の評価を受ける。終身在職権（テニュア）を獲得したあとでも、少なくとも数年に一度は教員評価を受けなくてはならない。教員評価の項目には、州学力テスト、生徒の卒業率、出席率、学校全体の状況、生徒の行動特性、保護者の学校参加度などが含まれている。教員の定着率向上が目的であるが、一部で不適応教員の排除機能も果たしている。基準に満たなければ新任研修期間の延長や不合格による離職もある[23]。

　イギリスの教員採用は学校単位で行われ、個々に契約するので、原則として転勤や異動はない。採用後の1年間は初任者研修期間として特別にプログラムされた研修INSETが行われる。教員の人事評価制度（appraisal）は1991年の勤務評定規則（Education Regulation）によって規定され、教員と評定者の協議と同意を基本にした参加型の評価制度である[24]。1999年に新教員評価制度が開始され、教師の業績評価と給与を連動させる業績給（メリット・ペイ（merit pay/ performance based pay）最高10％）が導入された。

　教員のキャリアとしては、他の教員への指導・助言を行う上級能力教員（スーパー教員AST=Advanced Skills Teacher）、授業負担が軽減される管理職候補教員（ファスト・トラック教員）があり、一般のクラスルーム・ティーチャーと異なる俸給表が適用される[25]。

　シンガポールにも同様の教育のキャリア・トラックがあり、現場で子どもたちの指導と教育活動に専念する教員専門コース（training track）、コンピュータ

第Ⅲ部　教師教育改革の展開

や芸術、スポーツ、カウンセリング、保健、栄養など各分野の専門技能の向上
とその教授法の研究を行う、上級専門家コース（senior specialist track）と、管
理職への早い昇進を目指すリーダーシップコース（leadership track）など、同
様のポストが見られる[26]。教員採用は国立教育学院が募集し、実際の選考は
各学校レベルで行われる。

　フランスの教員採用は小学校教員の場合は大学区レベルで行われる。教員の
評価は小学校教員については県を担当する大学区視学官が行う。中等学校教員
は、教育方法・指導力は視学官が、勤務態度面については校長が資料を作成す
る。

　日本の公立小中高等学校では、定期的に教員が３年から数年程度で近隣学校
へ異動するシステムがあるが、このシステムは学校間の教員格差を最小限にと
どめる機能があるが、同時に教員の学校定着を阻害する。このような人事異動
（mutation）はフランスに見られ、小学校教員は県内で、中等学校教員では全
国規模の異動となる[27]。

　ドイツでは第一次国家試験と第二次国家試験の間のおよそ２年間が試補期間
とみなされている。試補期間の終了時に第二次国家試験に合格すると、正規の
採用を求めて志願する。応募・採用は通常州の学校監督庁で行われるが、特定
の学校については直接学校に応募する。公立学校に採用されると終身官吏（公
務員）となり、単純業務職、中級職、上級職、高級職などの職位がある。教員
研修は19世紀から行われており、州の教育局の責任で、中央レベル、郡レベ
ル、市町村レベル、校内レベルの研修がある[28]。

　中国では1994年の教師法により終身雇用制から契約制（聘用制）に移行し、
教員の任用は各学校によって行われている。任期は３～５年で、地域によって
は毎年更新契約制もある。中国の教員の職位としては、学歴と勤続年数に応じ
て、初等学校教員は小学３級から小学高級の４ランク、中等学校教員は中学３
級から中学高級までの４ランクがあったが、1993年から特級が設定されて５
ランクになっている。中学２級と小学高級がともに大学等の本科課程（４年
制）卒で同等の学歴によるランクになっている。

　1980年代から教員評価が導入されているが、1995年に「徳」（政治思想）

「能」（業務水準）「勤」（勤務態度）「績」（勤務成績）という項目に細分化された。教員の研修には職位別（主任・教頭・校長）、経験年数別研修（初任者、中堅、10年経験者）、専門別研修（各教科、特別活動、生徒指導など）がある[29]。ただし給与には初級中学と高級中学では差はない。

第5節　勤務環境・給与

OECD（経済協力開発機構）国際教員指導環境調査（TALIS = Teaching and Learning International Survey）は世界の前期中等教育教員に対して、学校の学習環境と教員の勤務環境に焦点を当てた国際調査である。2008年第1回調査には24ヶ国・地域、2013年第2回調査には34ヶ国・地域が参加し、日本も第2回調査に参加した。

この調査により、日本の教員の勤務環境に関する国際的な状況が明らかになった。そのなかで、一週間当たりの仕事にかける時間は参加国平均38時間に対して日本は最も多く54時間であり、教員が指導（授業）に使った時間は参加国平均19時間に対して、日本の教員は18時間程度であった。すなわち、日本の教員は授業時間などの負担は国際的な平均以下であるが、事務作業や課外活動など授業以外の業務に多くの時間を費やしている。特に日本では放課後のスポーツ活動など課外活動にかける時間が週8時間で、参加国平均の週2時間よりも顕著に多かった。学校内外で個人で行う授業の計画や準備に費やす時間は、参加国平均は週7時間である一方、日本の教員は週9時間であった[30]。

学級運営や教科指導といった「自己効力感（指導力）」についての自己評価はいずれも参加国平均を大きく下回った。「勉強にあまり関心を示さない生徒に動機付けをする」という問いに「非常によくできている」「かなりできている」と答えた教員は計21.9%で、参加国平均（85.8%）を50ポイント近く下回り、「生徒に勉強ができると自信を持たせる」の問いに日本は17.6%と参加国平均の85.8%を大きく下回った。「学級内の秩序を乱す行動を抑えられるか」の問いに52.7%で、参加国平均（87.0%）より30ポイント以上低いなど、教員の学級運営や教科指導能力に対する自己評価が著しく低かった。国立教育政策

第Ⅲ部　教師教育改革の展開

研究所は日本の教員が他国の教員に比べ、指導において高い水準を目指しているために自己評価が低くなっている可能性を指摘している[31]。

日本の教員給与は、職位等級と勤続年数を基本とする年功序列スケールに加えて、一般の公務員より優遇することを定める1974年の「学校教育の水準の維持向上のための義務教育諸学校の教育職員の人材確保に関する特別措置法」（人材確保法）により優遇されてきたが、この法律を廃止して、教員の業績に応じて給与を付加する業績給制度の導入が検討されている。しかし教員の業績とはどのように査定されるべきかについて、いまのところ誰もが納得する基準についての合意には至っていない。

アメリカの教員給与は日本と類似した学位プラス経験年数で規定される俸給表（salary scale）に従っているが、一部の州ではスポーツコーチやクラブ顧問は追加的給与で加算される、業績給が導入されている。また州によっては教員が不足しがちな理数科担当に賞与を加算する場合もある。アメリカの一般教員は長期休暇を除いた日数（180〜190日）について契約しており、1日の勤務時間の上限は8時間とされている。従って、教員の中心的職務は授業とそれに付随する職務であり、放課後や長期休暇の勤務拘束には大きな抵抗がある。ただし、校長は12ヶ月契約により、長期休暇中でも管理業務に就く必要がある。アメリカの教員給与は一般労働者の平均給与を下回っており、新任教員は1年後に15％、7年後に40から50％が離職するというデータもある[32]。

イギリスでは全国共通の俸給表による年俸制（12ヶ月）が設定され、ロンドンでの勤務には調整手当てが付く。最近の教員給与は他の業種に比較してそれほど不利ではなくなってきているが、特に理系の教員が企業などに引き抜かれることはしばしばある。

諸外国教員給与研究会（2007）によれば、8ヶ国の教員の勤務時間の概念について、(a) 授業とその付属作業の時間数として規定する国はドイツ、フランス、フィンランド、(b) 学期中に割り振られる学校内勤務時間等として規定する国はイギリス、スウェーデン、アメリカ（州により異なる）、(c) 勤務時間全体として規定する国は日本、韓国、シンガポールであった[33]。

教員給与がどの国が高いか、低いかという比較は、給与の定義、拘束時間、

266

第13章　諸外国の教員養成・教師教育制度

表13-2　一般大卒労働者（25-64歳）の平均給与（1.00）と比較した教員平均給与

教員給与／一般給与	初等学校	前期中等学校	後期中等学校
ルクセンブルク	1.11	1.26	1.26
ニュージーランド	1.04	1.06	1.08
オーストラリア	0.93	0.93	0.93
デンマーク	0.92	0.92	1.06
日本*	0.90	0.92	0.97
フィンランド	0.89	0.97	1.09
ドイツ	0.88	0.97	1.05
イギリス	0.86	0.95	0.95
フランス	0.72	0.86	0.95
アメリカ	0.67	0.68	0.70
イタリア	0.60	0.65	0.69
30ヶ国平均	0.85	0.88	0.92

出典：OECD, *Education at a Glance 2015*, Education Indicators in Focus, p.469, Table D3.2 本表は実
　　測統計値のある主要国に限った。＊日本のデータは欠損値となっていたので、筆者が算
　　出した。データについては注（35）参照。

為替レートの変化、各国の物価に対する相対価値など、多くの変動要因があり
難しい。OECDの2010年の調査によれば、数字上の日本の教員給与はOECD
平均を上回っており、ルクセンブルク、スイス、ドイツ、韓国、アイルラン
ド、オランダに次いで、32ヶ国中7位であったが、その後同様のOECD調査に
は日本のデータが欠損値になっている[34]。

　OECDのEducation at a Glance各年度版では、各国の前期中等教員の平均給与
と、同国の25歳から64歳までの大卒一般勤労者の平均給与の比較が行われて
いる。2015年度版では、20ヶ国のデータがあり、その平均は初等0.85、前期
中等0.88、後期中等0.92といずれも一般労働者平均給与（1.00）を下回ってい
た[35]。ただし、ほとんどの国で教員の女性比率が高いので、男性の多い一般
職に合わせて教職平均給与も男性に限ると1.00を超える場合が多い。

　給与と年齢の関係から見た給与構造については、比較的若年で昇給しその後

267

第Ⅲ部　教師教育改革の展開

固定される国として、オーストラリア、ドイツ、イタリア、北欧諸国が、比較的経験ある教員を厚遇する国として、フランス、アイルランド、韓国、メキシコなどをあげられていた。日本も初任給と最高級の格差でみると、年功を重視している国であると言える[36]。

　また能力・実績に基づく給与、すなわち業績給の実施については、2006年の時点で本格的に導入していたのはイギリスとスウェーデンであったが、アメリカでは州や学区により、勤続年数に基づく要素が強いところと、能力・実績に基づく要素が強いところがあり、様々であった。そのほか、一定期間の勤務の評価に基づき賞与を支給する国が韓国とシンガポール、評価による給与への反映がなかったのはドイツ、フランス、フィンランドであった[37]。

　優秀な人材を教員に確保するには、労働市場においても魅力あるだけの教員給与が必要であり、途上国で見られるような、教員が生活費をかせぐために放課後や休暇に副業（アルバイト）をするような状況は、決して望ましいものではない。また、ある程度の社会的競争力がないと、多くの教員が学校を腰掛的職場としたり、民間企業から引き抜きにあったりして、教員の生活や学校運営が安定しない。一方、社会的に身分が比較的安定している場合には、一部教員の労働意欲や研究意欲を向上させる方向のインセンティブが働かない場合がありうる。教員が国家自治体に公務員として保護され、追加的職務や熱心な指導などの努力が報われにくい環境では、教員の欠勤や怠業が頻繁にみられる国もある。個々の教員の努力を正当に評価したうえで、その努力が報われる環境を整備するとともに、その評価基準が教員どうしの競争や目に見える指標に過度に依拠することのないような、おだやかな評価制度が必要であろう。

〈注〉

(1) 田崎徳友「3　フランスの教員養成」50-53頁、日本教育大学協会編『世界の教員養成Ⅱ　欧米オセアニア編』学文社、2005；佐野道夫「2　韓国の教員養成」40-41頁；池田充裕「6　シンガポールの教員養成」日本教育大学協会編、同上書Ⅰ、144-146頁。フランスの教員養成はESPE（大学院）が独占的に管理しているが、アグレガシオン資

格（1級教員資格）などは一般大学で準備されるなど完全な閉鎖制とは言えない。

(2) 小川佳万「第5章　台湾　厳しい選抜過程に支えられた質保証」小川佳万・服部美奈編著『アジアの教員　変貌する役割と専門職への挑戦』ジアース教育新社、2012、142-143頁。

(3) Routh Hayhoo, 2002, "Teacher Education and the University: a comparative analysis with implications for Hong Kong", *Teaching Education*, Vol.13, No.1, pp.5-23.

(4) 米川英樹・冨田福代「2　イギリスの教員養成」日本教育大学協会編、前掲書（Ⅱ）、31頁。

(5) 田崎、日本教育大学協会編、前掲書（Ⅱ）、58頁。このほか、スポーツにおいて高度な記録を持つ者なども例外規定として志願資格を持つ。

(6) 八尾坂修・貞廣斎子「1　アメリカの教員養成」、日本教育大学協会編、前掲書（Ⅱ）、6-7頁。

(7) 文部科学省『諸外国の学校制度及び教員免許制度の概要』2014、1-2頁。
　　http://www.mext.go.jp/b_menu/shingi/chukyo/chukyo3/051/siryo/__icsFiles/afieldfile/2014/11/17/1353036_7.pdf（最終アクセス 2017.3.26）

(8) 隼瀬悠里『フィンランドにおける教員養成の高度化に関する研究』博士論文、2015。

(9) 南部広孝「1　中国の教員養成」日本教育大学協会編、前掲書（Ⅰ）、学文社、16-17頁。張揚『現代中国の「大学における教員養成」への改革に関する研究』学文社、2014、49-81頁。

(10) 田中光晴「教育・IT先進国を目指す学校　韓国」二宮晧『世界の学校　教育制度から日常の学校風景まで』学事出版、2014、198頁。

(11) 八尾・貞廣、日本教育大学協会編、前掲書（Ⅱ）、4頁。

(12) 同上書、6頁。

(13) 山崎智子「イギリスにおける『学校ベース』の教員養成政策の動向と課題」『教師教育研究』第7号、2014、186頁。

(14) 松浦京子「20フランス」大谷泰照編集代表『国際的にみた外国語教員の養成』東信堂。2015、292-293頁。

(15) 杉谷眞佐子「19ドイツ」、同上書、2015、275-277頁；長島啓記・大野亜由未「4　ドイツの教員養成」、日本教育大学協会編、前掲書（Ⅱ）、78-86頁。

(16) 南部、日本教育大学協会編、前掲書（Ⅰ）、16-17頁。

(17) National Council of Teaching Quality, 2011, *Student Teaching in the United States*,
　　http://www.nctq.org/dmsView/Student_Teaching_United_States_NCTQ_Report　（最終アクセス　2017.3.26）

第Ⅲ部　教師教育改革の展開

(18) 米川・冨田「2　イギリスの教員養成」、日本教育大学協会編、前掲書（Ⅱ）、2005,
　　 29-45頁。

(19) 田崎、日本教育大学協会編、同上書、59-60頁。

(20) 佐藤、日本教育大学協会編、前掲書（Ⅱ）、132頁。

(21) 南部、日本教育大学協会編、前掲書（Ⅰ）、30頁。

(22) 佐野、日本教育大学協会編、同上書、24頁。

(23) 八尾坂・貞廣、日本教育大学協会編、前掲書（Ⅱ）、11-12頁。

(24) 米川・冨田、日本教育大学協会編、同上書、36-37頁。

(25) 同上書、31-32頁。

(26) 金井里弥「第11章　シンガポール　能力主義を基盤とするキャリア形成」小川・服
　　 部編著、前掲書、272-274頁。

(27) 米川・冨田、日本教育大学協会編、前掲書（Ⅱ）、4-68頁。

(28) 長島・大野、日本教育大学協会編、同上書、86-91頁。

(29) 南部、日本教育大学協会編、前掲書（Ⅰ）、22-25頁。

(30) 国立教育政策研究所編『教員環境の国際比較——OECD国際教員指導環境調査
　　（TALIS）2013年調査結果報告書』明石書店、2014、173-175頁。

(31) 同上書、193-195頁。

(32) 八尾・貞廣、日本教育大学協会編、前掲書（Ⅱ）、7頁。

(33) 諸外国教員給与研究会『諸外国の教員給与に関する調査研究報告書』、2007、8頁。
　　 www.mext.go.jp/a_menu/shotou/kyuyo/07061801/003.pdf（最終アクセス2017.3.25）

(34) OECD, *Education at a Glance 2010*, OECD Indicators, Chart D3.1
　　 http://www.oecd.org/edu/skills-beyond-school/educationataglance2010oecdindicators.htm
　　（最終アクセス2017.3.26）

(35) OECD, *Education at a Glance 2015*, Education Indicators in Focus, 本表は実測統計値のあ
　　 る主要国に限った。法定値の国を含めると、韓国（初等1.36）、スペイン（初等1.20）、
　　 ポルトガル（初等1.23）などの上位の国々があった。日本のデータは欠損値であったの
　　 で、文部科学省、「学校教員基本調査」、2015年、厚生労働省、「平成25年賃金構造基本
　　 調査」2015、より筆者が算出した。教員平均給与／一般労働者給与の比較は月額給与の
　　 比較である。

(37) 諸外国教員給与研究会、2007、前掲書、7頁。

〈推薦図書〉
日本教育大学協会編『世界の教員養成Ⅰ・Ⅱ』学文社、2005

第13章　諸外国の教員養成・教師教育制度

諸外国教員給与研究会『諸外国の教員給与に関する調査研究報告書』2007
小川佳万・服部美奈編『アジアの教員　変貌する役割と専門職への挑戦』ジアース教育新
　　　　社、2012
大谷泰照編集代表『国際的にみた外国語教員の養成』東信堂、2015

索引

【ア行】

挨拶‥‥‥‥‥‥‥‥‥‥‥‥‥‥‥ 99
アカデミズム‥‥‥‥‥‥‥‥213, 215
秋津モデル‥‥‥‥‥‥‥‥‥‥‥181
アクティブ・ラーニング‥‥‥‥ 93, 233
芦田恵之助‥‥‥‥‥‥‥‥‥‥‥212
イエス‥‥‥‥‥‥‥‥‥‥ 13-15, 24
生きる力‥‥‥‥‥‥‥‥‥‥‥‥179
意志決定‥‥‥‥‥‥‥‥‥‥‥‥140
『一般教育学』‥‥‥‥‥‥‥‥‥100
伊能忠敬‥‥‥‥‥‥‥‥‥‥‥‥199
イメージ‥‥‥‥‥‥‥‥‥‥‥‥105
インクルーシブ教育‥‥‥‥‥‥‥ 93
ウィギンズ（Grant Wiggins）‥‥‥‥237
ヴィジョン‥‥‥‥‥‥‥‥‥‥‥104
ウォーラー（Willard Waller）‥‥‥ 73
失われた10年‥‥‥‥‥‥‥‥ 47-48
大宇宙（マクロコスモス）‥‥‥‥103
小宇宙（ミクロコスモス）‥‥‥‥103
ウッズ（Peter Woods）‥‥‥‥‥ 78
浦野東洋一‥‥‥‥‥‥‥‥‥‥‥169
営利企業等の従事制限‥‥‥‥‥‥ 38
エコール・ノルマル‥‥‥‥‥‥‥253
エビデンス・ベースド‥‥‥‥142-143
エリクソン（Erik H. Erikson）‥‥‥190
演技‥‥‥‥‥‥‥‥‥‥‥‥‥‥106
及川平治‥‥‥‥‥‥‥‥‥‥‥‥212
大野栄三‥‥‥‥‥‥‥‥‥‥‥‥222
大村はま‥‥‥‥‥‥‥‥‥‥‥‥212

教えの専門職‥‥‥‥‥‥ 215, 221-222, 225
小原国芳‥‥‥‥‥‥‥‥‥‥‥‥226
小野田正利‥‥‥‥‥‥‥‥ 167-168, 184

【カ行】

灰白質（gray matter）‥‥‥‥‥136
外部性‥‥‥‥‥‥‥‥‥‥‥152-154
開放制‥‥‥‥‥‥‥‥‥‥‥231, 253
カウンセリング‥‥‥‥‥‥‥147, 184
　　──・マインド‥‥‥‥‥‥‥149
科学革命‥‥‥‥‥‥‥‥‥‥‥‥101
学社
　　──融合‥‥‥‥‥‥‥‥‥‥180
　　──連携‥‥‥‥‥‥‥‥‥‥180
学習
　　──指導案‥‥‥‥‥‥‥101, 239
　　──症（ディスレキシア等）‥‥128
　　──到達度調査（Programme for International
　　Student Assessment: PISA）‥‥‥ 51
覚醒‥‥‥‥‥‥‥‥‥‥‥‥‥‥ 13
学部並行型学位‥‥‥‥‥‥‥‥‥254
可塑性（plasticity）‥‥‥‥‥142, 191
学校
　　──運営協議会‥‥‥‥‥‥ 93, 180
　　──カウンセラー‥‥‥‥‥‥149
　　──行事‥‥‥‥‥‥‥ 65, 99, 175
　　──参加‥‥‥‥‥‥‥‥165, 184
　　──支援地域本部事業‥‥‥‥180
　　──臨床心理士（スクールカウンセラー）

　　　　　　　　　　　　　　　　　147
　　――を開く･････････････････ 169, 183
地域運営――･･･････････････････ 180
チーム――･･･････････ 93, 156, 200
チームとしての――･･･ 30-31, 201
開かれた――･････････････････ 164
保護者の――参加･･････ 170, 178, 183
保護者の――参加支援･････････ 178
家庭的機能の外部化･･･････････････ 166
カリキュラム
　　――作成者（curriculum maker）･･････215
　　――実行者（curriculum implementer）215
　　――づくり･･････････････ 111, 116
　　潜在的――････････････････ 97
刈り込み（pruning）･･･････････ 137-138
川端裕人･･･････････ 171-172, 176-178
環境適応･････････････････････ 142
感情･････････････････････ 52, 139
　　――労働･･････････････････ 86
歓待･･･････････････････････ 24
官僚制組織･･･････････････････ 75
技術主義･････････････････････ 124
「規制改革・民間改革推進会議」第二次答申
　　　　　　　　　　　　　　　 167
帰属意識･････････････････････ 99
喜多明人･････････････････････ 170
木下竹次･････････････････････ 212
虐待･･･････････････････････ 128
「逆向き設計」論 ･････････････ 237
逆 U 字型の発達 ･･･････････ 136-138
キャリア・トラック･････････････ 263
教育
　　――アカデミー･･･････････････ 253

　　――運動･･･････････････････ 175
　　――サービスの受益者である児童生徒・保
　　　　護者･････････････････････ 167
　　――再分肢論･･･････････････ 175
　　――実習･･･････････････ 223, 259
　　――術･･･････････････････ 102
　　――職員免許状･･･････････ 229, 257
　　――する家族･･･････････････ 166
　　――的実践知 ･････ 103-104, 106
　　――のサービス化･･･････････ 82
　　――評価づくり･･･････････････ 124
　　――目標づくり･･･････････････ 120
　　――労働運動･･･････････････ 209
教育委員会の公選制･･･････････ 173
教育学
　　――教育･･･････････････････ 223
　　――的教養･･･････････････････ 223
　　――的思考･･･････････････････ 225
　　――の高度化･･･････････ 223, 225
　　現場の――･･･････････････ 223
教育基本法･･･････････････････ 148
　　――改正･･･････････････････ 180
　　――第 13 条 ･････････････ 180
教員　　　　　　　　　　　　　 29
　　――育成指標･･･････････････ 245
　　――研修･･･････････････ 229, 243
　　――資格･･･････････････ 255-259
　　――とスクールカウンセラーの連携･･･154
　　――免許更新講習･･･････････ 244
　　――免許更新制度･･･････ 34-35, 41, 243
　　――免許試験･･･････････････ 260
国際――指導環境調査･･･････ 31, 265
上級能力――･････････････････ 263

教員養成

 開放制の——……………… 33, 231

 ——の「修士レベル化」……207, 210

 大学における ——…… 33, 208, 218, 221

『教員の地位に関する勧告』………209, 226

「教科する（do a subject）」授業 …………220

教材・教具づくり……………………121

教師

 「学問する」——…………221-223, 225

 学問的知識人としての——……213

 求道者としての——………212

 ——たちの実践研究の文化…………212

 ——の専門職性……………218

 ——の専門性という神話……………61

 ——の専門性……………………219

 ——文化……………74, 79, 97

 研究的実践者としての——………211-212

 職人としての——………213

 聖職者としての——………208

 専門職としての——………211

 学び続ける——………208, 225

 モンスター——………200

 労働者としての——………209

教授行為と学習形態……………………123

教職

 ——員……………………29

 ——員評価……………………43

 ——課程……………………230

 ——課程コアカリキュラム…………231

 ——課程ポートフォリオ…………239

 ——実践演習……………234

 ——修士号……………255

 ——専門大学院……………258-259

——大学院……………224, 244

——の高度化…………208, 210, 222-223

——の専門性……………………213

——の専門職化…………210, 225

——のメリトクラシー化……………83

業績

 ——給……………263, 266

 ——評価制度……………………44

教頭……………………36

教諭……………………36

 栄養——……………………36

 司書——……………………32

 指導——……………………36

 主幹——……………………36

 養護——……………………36

儀礼……………………98

 通過——……………………99

勤務評定……………44, 173

苦情……………………167

経験……………………104

ゲートキーピング……………226

ケーブ（Peter Cave）……………64-65

グレーザー（Nathan Glazer）…………54-56

研究……………………114

研修……………40, 114

 教員——……………40, 229, 243

 事務職員——……………………42

 校内——……………111, 243

 指導改善——……………42-44

 10 年経験者——……………………41

 職専免——……………………41

 初任者——……………37, 41

 新任者——……………263

学校経営―――・・・・・・・・・・・・・・・・・・・・・・・・・・ 41
孔子・・・・・・・・・・・・・・・・・・・・・・・・・・・・・ 13-15, 72
向社会的行動・・・・・・・・・・・・・・・・・・・・・・・・134
公衆の僕・・・・・・・・・・・・・・・・・・・・・・・・・・・・219
更新制・・・・・・・・・・・・・・・・・・・・・・・・・・・・・257
校長・・・・・・・・・・・・・・・・・・・・・・・・・・・・・・・ 36
　　――・教員の欠格事由・・・・・・・・・ 33
　　――の資格・・・・・・・・・・・・・・・・・・・・ 31
高度化・・・・・・・・・・・・・・・・・・・・・・・・・・・・・253
降任・・・・・・・・・・・・・・・・・・・・・・・・・・・・・・・ 37
校務・・・・・・・・・・・・・・・・・・・・・・・・・・・・・・・ 36
　　――分掌・・・・・・・・・・・・・・・・・・・・・・・148
国分一太郎・・・・・・・・・・・・・・・・・・・・・・・・212
国民教育・・・・・・・・・・・・・・・・・・・・・・・ 15-17
国立教育学院・・・・・・・・・・・・・・・・・254, 264
個人差・・・・・・・・・・・・・・・・・・・・・・・・・・・・・143
小関禮子・・・・・・・・・・・・・・・・・・・・・・・・・・・164
個体発生・・・・・・・・・・・・・・・・・・・・・・・・・・・127
言霊・・・・・・・・・・・・・・・・・・・・・・・・・・・・・・・ 99
子どもの権利・・・・・・・・・・・・・・・・・・・・・・170
個別型の支援・・・・・・・・・・・・・・・・・・・・・・143
コミュニティ・スクール・・・・・・・・・・・180-181
「今後の学校運営の在り方について」・・・・・・180

【サ行】

斎藤喜博・・・・・・・・・・・・・・・・・・・・・・・・・・・212
採用・・・・・・・・・・・・・・・・・・・・・・・・・・・・・・・ 37
サクセスフル・エイジング（successful aging）
　・・・・・・・・・・・・・・・・・・・・・・・・・・・・・・・・191
佐藤学・・・・・・・・・・・・・・・・・・・・・・・・・・・・219
澤柳政太郎・・・・・・・・・・・・・・・・・・・・・・・・211
産婆術・・・・・・・・・・・・・・・・・・・・・・・・・・・・・ 12

シアトル縦断研究（Seattle Longitudinal Study）
　・・・・・・・・・・・・・・・・・・・・・・・・・・・・・・・・191
ジェネラリスト（generalist）・・・・・・・・・・・・189
軸索・・・・・・・・・・・・・・・・・・・・・・・・・・・・・・・136
自己
　　――効力感・・・・・・・・・・・・・・・・・・・・265
　　――主導型学習（SDL）・・・・・・・・・・174
　　――評価・・・・・・・・・44, 239, 242, 265
自主学習サークル・・・・・・・・・・・・・・・・・・178
思春期（puberty）・・・・・・・・・・・・・・・・・・135
司書教諭・・・・・・・・・・・・・・・・・・・・・・・・・・・ 32
実践
　　――記録・・・・・・・・・・・・・・・・209, 212
　　――研究・・・・・・・・・・・・・・・・・・・・・224
　　――的思考過程・・・・・・・・・・・・・・・215
　　――的指導力・・・・・・・・・207-208, 234
　　――的熟慮・・・・・・・・・・・・・103-105
　　――的智恵・・・・・・・・・・・・・ 96, 100
　　――の中の理論（theory in practice）
　　　・・・・・・・・・・・・・・・・・・・・・212, 214
　　――の理論化（theory through practice）212
指導の文化・・・・・・・・・・・・・・・・・・・・ 79-80
児童の村小学校・・・・・・・・・・・・・・・・・・・212
シナプス・・・・・・・・・・・・・・・・・・・・・・・・・・・136
　　――の密度・・・・・・・・・・・・・・・・・・・137
師範タイプ・・・・・・・・・・・・・・・・・・・・・・・・208
自閉スペクトラム症（ASD）・・・・・・・・・・・・128
シミュレーション説・・・・・・・・・・・・・・・・・・132
事務職員・・・・・・・・・・・・・・・・・・・・・・・・・・・ 36
シャイエ（Warner Schaie）・・・・・・・・・・・・191
社会教育関係団体・・・・・・・・・・・・・・・・・・170
終身制・・・・・・・・・・・・・・・・・・・・・・・・・・・・・257
集注・・・・・・・・・・・・・・・・・・・・・・・・・・・・・・・101

275

修養‥‥‥‥‥‥‥‥‥ 40, 226

授業研究‥‥‥‥‥‥‥‥‥‥ 112, 211

　経験理解志向の──‥‥‥‥‥‥‥212

　効果検証志向の──‥‥‥‥ 211-212

授業の四つの要素‥‥‥‥‥‥‥‥119

授業批評会‥‥‥‥‥‥‥‥‥‥‥211

授業を想定した教科内容に関する知識

　（Pedagogical Content Knowledge: PCK）

　‥‥‥‥‥‥‥‥‥‥213, 216, 218

熟達‥‥‥‥‥‥‥‥‥‥‥‥‥‥104

　技術的──化‥‥‥‥‥‥‥218, 220

　技術的──者（technical expert）‥216-219,

　222

　──化（expertise）‥‥‥‥‥‥189

　──教師（expert teacher）‥‥‥‥191

　定型的──化‥‥‥‥‥ 217-218, 220

　適応的──化‥‥‥‥ 217-218, 221, 225

　適応的──者（adaptive expert）‥‥214

樹状突起‥‥‥‥‥‥‥‥‥‥‥‥136

シュルマン（Lee S. Shulman）‥‥‥ 213, 215

生涯

　──学習（life-long learning）178-181, 190

　──発達（life-span development）‥‥190

消極的資格‥‥‥‥‥‥‥‥‥‥‥ 31

条件附採用制度‥‥‥‥‥‥‥‥‥ 37

上進制‥‥‥‥‥‥‥‥‥‥‥‥‥257

象徴‥‥‥‥‥‥‥‥‥‥‥‥‥‥ 99

衝動性‥‥‥‥‥‥‥‥‥‥‥‥‥138

情動的共感（emotional empathy）‥‥130

昇任‥‥‥‥‥‥‥‥‥‥‥‥‥‥ 37

ショーン（Donald A. Schön）‥‥‥ 213-216

触覚‥‥‥‥‥‥‥‥‥‥‥‥‥‥102

事例研究（case method）‥‥‥‥‥214

進化‥‥‥‥‥‥‥‥‥‥‥‥‥‥128

シングル・ループ学習‥‥‥‥‥‥‥217

神経

　──細胞（ニューロン）‥‥‥‥‥136

　──伝達物質‥‥‥‥‥‥‥‥‥137

人事異動‥‥‥‥‥‥‥‥‥‥‥‥264

新自由主義‥‥‥‥‥‥‥‥‥‥‥219

信頼の論理‥‥‥‥‥‥‥‥‥ 61-62

人類学‥‥‥‥‥‥‥‥‥‥‥‥ 97

　──的思考‥‥‥‥‥‥‥‥‥106

人類の先生‥‥‥‥‥‥‥ 13, 15, 23-26

スキット‥‥‥‥‥‥‥‥‥‥‥‥255

「スクールカウンセラー活用調査研究委託」事

　業‥‥‥‥‥‥‥‥‥‥‥‥‥150

「スクールカウンセラー活用補助」事業

　‥‥‥‥‥‥‥‥‥‥‥‥‥150

スクール・コミュニティ‥‥‥‥ 181-182

スタンダード‥‥‥‥‥‥‥‥‥‥247

　──に基づく教育改革‥‥‥‥‥215

　専門職性──‥‥‥‥‥‥‥ 213, 224

ステフィ（Steffy, B. E.）‥‥‥‥‥‥197

ストラテジー‥‥‥‥‥‥‥‥ 78-79

　サバイバル・──‥‥‥‥‥‥ 79

スペシャリスト（specialist）‥‥‥‥189

墨塗り教科書‥‥‥‥‥‥‥‥‥‥176

生活様式‥‥‥‥‥‥‥‥‥‥‥ 97

省察‥‥‥‥‥‥‥‥‥ 214-215, 218

　行為についての──（reflection-on-action）

　‥‥‥‥‥‥‥‥‥‥‥‥‥214

　行為の中の──（reflection-in-action）

　‥‥‥‥‥‥‥‥‥‥‥ 214, 218

　──的実践‥‥‥‥‥‥‥‥‥216

　──的実践家（reflective practitioner）214,

216-220, 222

問題解決的———————217, 220

問題探究的———————217, 221, 225

政治的行為の制限———————38

脆弱性———————142

成熟———————142

成人

　———教育———————172, 176

　———教育学＝アンドラゴジー（andragogy）

　———————165

　———教育活動———————174

精神

　———疾患———————136, 138, 142

　———発達———————128

　———発達の脆弱性———————135

性

　———成熟———————135

　———ホルモン———————138

生存戦略———————142

生徒

　———指導———————148

　———文化———————97

制度的指導———————73

青年期（adolescence）———————135

積極的

　———教育（active teaching）———————134

　———資格———————31

線形的な発達———————136

前頭前皮質———————132, 136-140

専門

　———職（profession）———————209-210

　———職基準———————219

　———職性（professionalism）———————210

———職の要件———————210

———性（professionality）———————210

教科の———性の高度化———————222-223, 225

専門家（professional）———————210

　———協会———————219

総合的な学習の時間———————51, 64, 69, 220

想像の共同体———————17

贈与———————14, 22

　純粋———者———————12

ソーントン（Stephen J. Thornton）———————226

ソクラテス———————9-15, 72

ソフィスト———————10

【タ行】

第 1 回日本母親大会———————173

大学院———————

　———教育学ディプロマ———————255

　———修学休業制度———————41

　———付加学位———————254

対人関係———————128

タイトな統制———————58

第二次性徴———————142

大脳辺縁系———————130, 138

タクト———————102

　教育的——————————100, 218

脱連結———————60

ダブル・ループ学習———————217

「地域の教育力に関する実態調査」———————179

チームとしての学校———————30-31

知識

　———基礎（knowledge base）———————213, 216

　———創造———————218, 220

注意欠如多動症（ADHD）———————128

277

中央教育審議会………35, 51, 156, 200, 229

懲戒………………………………39

　県費負担教職員の──………39

　──免職………………………40

町支大祐………………………195

つまずき………………………125

適応的意義……………………130

伝承……………………………99

転任……………………………37

東井義雄………………………212

同型化（isomorphism）………59-60

道徳

　──教育………………………93

　──的判断……………………141

【ナ行】

２関門同定手続き（two-gate identification procedure）……………192

日本教職員組合（日教組）………209

日本子どもを守る会……………173

日本臨床心理士資格認定協会………150

人間的指導……………………73

任用………………………37, 262

脳と心の科学的理解……………143

ノールズ（Malcom S. Knowles）………174

【ハ行】

バーガー＆バーガー（Peter L. Berger& Brigitte Berger）………………75

パーフェクト・ペアレンツ（perfect parents）………………166

パーマー（Douglas J. Palmer）………191

白質（white matter）……………136

発達障害………………………143

パフォーマンス…………………98

　──課題………………………239

原岡一馬………………………193

バルテス（Paul Baltes）…………191

パルメ（Sven O. J. Palme）………190

比較認知発達科学………………127

ヒト特有の心的機能……………127

表情……………………………98

ビヨルク（Christopher Bjork）………66

広田照幸………………………166

フィールド……………………108

フィヒテ（Johann G. Fichte）… 16-18, 20-22

不確実性………………………94-96

不均衡…………………………138

副校長…………………………36

　──および教頭の資格…………32

服務……………………………38

　職務上の──…………………38

　身分上の──…………………38

舞台……………………………106

ブッダ………………………13-15, 24

不登校………………………74, 81, 152

『父母と先生の会─教育民主化の手引─』………………172

振る舞い………………………99

プロフェッショナリズム………213, 215

プロフェッショナル（professional）……190

雰囲気…………………………106

文化学習………………………97

分限……………………………39

　──免職………………………40

索引

「米国教育使節団報告書」··············176
閉鎖制···253
『平成 19 年度版 国民生活白書』········179
ペスタロッチ（Johann H. Pestalozzi）···18-22, 24
ペダゴジー（pedagogy）···············165
ヘルバルト（Johann F. Herbart）·········100
扁桃体（amygdala）····················139
ポートフォリオ··························239
ホックシールド（Arlie R. Hochschild）···86
ボランティア活動·····················175
翻案······························213, 215-216
本質的な問い··························239

【マ行】

マイヤー（John W. Meyer）············57
マクタイ（Jay McTighe）···············237
マップ···104
学びの専門職············215, 221-223, 225
ミエリン（髄鞘）························136
ミニマム・エッセンシャルズ··········96
身振り···98
ミメーシス（創造的模倣）···············107
宮原誠一·······························172-178
ミラーニューロン・システム·······129-132
──不全説（broken mirror theory）······131
民間教育研究団体·····················209, 243
無着成恭·························21-22
無理難題要求（イチャモン）···········167
メハン（Hugh Mehan）··············77
免許
仮──状·····························257
特別──状·····················34, 257

普通──状·················34, 230, 257
──主義の原則····················33
──状の種類························34
臨時──状·················34, 257
メンター（mentor）··············194-196
メンタライジング（mentalizing）·········132
──・システム····················132
メンティ（mentee）··············195
森有礼·······························208, 211
モンスターペアレンツ··········164, 167, 200

【ヤ行】

安井克彦···198
『山びこ学校』·····························21
ゆとり教育·················51, 63, 68-69
「よい授業」の条件·····················118
要望·······························167, 195

【ラ行】

ライフコース·····························230
ライフサイクル（life cycle）18, 190-191, 197
ラングラン（Paul Lengrand）···········190
リーバーマン（Myron Lieberman）·········210
リカレント教育（recurrent education）190, 199
履修カルテ·····························234, 239
リズム···103
──感覚·····························102
利他行動···134
臨時教育審議会第二次答申··············164
ルースな統制··························58
ルーブリック··························239
ルソー（Jean-Jacques Rousseau）·········18-19
霊長類···128

レオナルド・ダ・ヴィンチ（Leonardo da Vinci）
………………………… 189
レジリエンス（resilience）……………… 191

【ワ行】

脇本健弘…………………………… 195
枠組みの再構成（reframing）…………… 214
わざ………………………………… 100

【アルファベット】

CIE（民間教育情報令局）……………… 172
E.FORUM …………………………… 246
fMRI …………………… 129, 139-141
ICT ……………………………… 93
──支援員………………………… 201
PTA ……………………… 170-178
──解体論………………………… 171
──活動…………………… 173-175
──再生論………………………… 171
──の潜在的機能………………… 176
「全国──実態調査」………………… 172
日本──全国協議会………………… 173

教職教養講座　第 1 巻　教職教育論
編著者・執筆者一覧

［編著者］

高見　茂（たかみ　しげる）………………………………………… 第 2 章
京都大学白眉センター特任教授。京都大学大学院教育学研究科博士課程単位取
得満期退学後、奈良大学教養部助教授、京都大学教育学部助教授・教育学研究
科教育助教授・教授を経て、現職。京都大学大学院前教育学研究科長・前教育
学部長。主要著作：『よくわかる教育原論』（共著、ミネルヴァ書房、2012 年）、
『教育法規スタートアップ ver.3.0　教育行政・政策入門』（共編、昭和堂、2016
年）。『教育行政提要（平成版）』（共編著、協同出版、2016 年）。

田中耕治（たなか　こうじ）………………………………………… 第 6 章
佛教大学教育学部教授。京都大学大学院教育学研究科博士課程単位取得満期
退、京都大学教育学部助手・大阪経済大学経営学部講師・助教授、兵庫教育大
学学校教育学部助教授、京都大学教育学部助教授・教授、京都大学大学院教育
学研究科教授を経て、現職。京都大学名誉教授。主要著作：『グローバル化時
代の教育評価改革―日本・アジア・欧米を結ぶ―』（日本標準、2016 年）、『教
育評価』（岩波書店、2008 年）。『戦後日本教育方法論争史　上下』（編著、ミネ
ルヴァ書房、2017 年）。

矢野智司（やの　さとじ）………………………………………… 第 1 章
京都大学大学院教育学研究科・教育学部教授、1981 年京都大学大学院教育学研
究科博士課程中退、博士（教育学）。大阪大学人間科学部助手・香川大学教育
学部助教授を経て現職。京都大学大学院元教育学研究科科長・元教育学部長。
主要著作：単著『贈与と交換の教育学―漱石、賢治と純粋贈与のレッスン』（東
京大学出版会、2008 年）、『幼児理解の現象学―メディアが開く子どもの生命世
界』（萌文書林、2014 年）など。

［執筆者］

岩井八郎（いわい　はちろう）……………………………………… 第 3 章
京都大学大学院教育学研究科教授

稲垣恭子（いながき　きょうこ）…………………………………… 第 4 章
京都大学大学院教育学研究科長・教授

鈴木晶子（すずき　しょうこ）……………………………………… 第 5 章
京都大学大学院教育学研究科教授

明和政子（みょうわ　まさこ）……………………………………… 第 7 章
京都大学大学院教育学研究科教授

桑原知子（くわばら　ともこ）･････････････････････････････････････ 第 8 章
　京都大学大学院教育学研究科教授

渡邊洋子（わたなべ　ようこ）･････････････････････････････････････ 第 9 章
　新潟大学人文社会・教育科学系（創生学部）教授・東京医科大学兼任教授、
　京都大学学際融合教育研究推進センター特任教授

子安増生（こやす　ますお）･･･････････････････････････････････････ 第 10 章
　京都大学名誉教授、甲南大学文学部特任教授

石井英真（いしい　てるまさ）･････････････････････････････････････ 第 11 章
　京都大学大学院教育学研究科准教授

西岡加名恵（にしおか　かなえ）･･･････････････････････････････････ 第 12 章
　京都大学大学院教育学研究科教授

杉本　均（すぎもと　ひとし）･････････････････････････････････････ 第 13 章
　京都大学大学院教育学研究科教授

［索引作成協力者］

若松大輔（わかまつ　だいすけ）
　京都大学大学院教育学研究科修士課程

教職教養講座　第1巻

教職教育論

平成 29 年 12 月 18 日　　第 1 刷発行

監修者	高見　茂
	田中耕治
	矢野智司
	稲垣恭子
編著者	高見　茂 ©
	田中耕治 ©
	矢野智司 ©
発行者	小貫輝雄
発行所	協同出版株式会社
	〒 101-0054　東京都千代田区神田錦町 2-5
	電話 03-3295-1341
	振替 00190-4-94061

乱丁・落丁はお取り替えします。定価はカバーに表示してあります。

ISBN978-4-319-00322-8

教職教養講座

高見 茂・田中 耕治・矢野 智司・稲垣 恭子　監修

全15巻　A5版

第1巻　教職教育論
京都大学特任教授　高見 茂／京都大学名誉教授　田中 耕治／京都大学教授　矢野 智司　編著

第2巻　教育思想・教育史
京都大学教授　鈴木 晶子／京都大学教授　駒込 武／東京大学教授・前京都大学准教授　山名 淳　編著

第3巻　臨床教育学
京都大学教授　矢野 智司／京都大学教授　西平 直　編著

第4巻　教育課程
京都大学教授　西岡 加名恵　編著

第5巻　教育方法と授業の計画
京都大学名誉教授　田中 耕治　編著

第6巻　道徳教育
京都大学名誉教授　田中 耕治　編著

第7巻　特別活動と生活指導
京都大学教授　西岡 加名恵　編著

第8巻　教育心理学
京都大学教授　楠見 孝　編著

第9巻　発達と学習
京都大学名誉教授　子安 増生／京都大学教授　明和 政子　編著

第10巻　生徒指導・進路指導
放送大学教授・前京都大学准教授　大山 泰宏　編著

第11巻　教育相談と学校臨床
京都大学教授　桑原 知子　編著

第12巻　社会と教育
京都大学教授　稲垣 恭子／京都大学教授　岩井 八郎／京都大学教授　佐藤 卓己　編著

第13巻　教育制度
京都大学特任教授　高見 茂／京都大学教授　杉本 均／京都大学教授　南部 広孝　編著

第14巻　教育経営
京都大学特任教授　高見 茂／京都大学准教授　服部 憲児　編著

第15巻　教育実習 教職実践演習 フィールドワーク
京都大学准教授　石井 英真／新潟大学教授・京都大学特任教授　渡邊 洋子　編著

協同出版